얼룩무늬 청춘 5
계룡② 편

얼룩무늬 청춘 5 계룡② 편

발행일	2025년 11월 28일

지은이	조자룡	일러스트 히에누	
펴낸이	손형국		
펴낸곳	(주)북랩		

출판등록 2004. 12. 1(제2012-000051호)
주소 서울특별시 금천구 가산디지털 1로 168, 우림라이온스밸리 B동 B111호, B113~115호
홈페이지 www.book.co.kr
전화번호 (02)2026-5777　　　　　팩스　(02)3159-9637
ISBN 979-11-7224-998-4 04810 (종이책)　　979-11-7224-999-1 05810 (전자책)
　　　979-11-6836-417-2 04810 (세트)

잘못된 책은 구입한 곳에서 교환해드립니다.
이 책은 저작권법에 따라 보호받는 저작물이므로 무단 전재와 복제를 금합니다.
본 도서는 (주)북랩이 보유한 리코 인쇄 장비 등 자체 생산 인프라를 통해 제작되었습니다.

작가 연락처 문의 ▶ ask.book.co.kr
전용 게시판에 문의를 남기시면 저자에게 직접 전달됩니다.

(주)북랩 성공출판의 파트너

북랩 홈페이지와 SNS에서 다양한 출판 솔루션을 만나 보세요!

홈페이지 book.co.kr　•　블로그 blog.naver.com/essaybook　•　출판문의 text@book.co.kr
카톡채널 북랩

조자룡 자전에세이 ❺

얼룩무늬 청춘 5
계룡 ② 편

북랩

프롤로그

아이들의 고향 계룡대

　나에게 공군본부는 신세계였다. 근거 없는 자신감으로 하늘을 찌를 듯하였으나 실상은 우물 안 개구리란 걸 깨닫게 하였다. 군 구조와 임무도 모르는 초급장교였던 나의 비행단 생활은 무지한 하루살이였다. 거창한 꿈을 가졌으면서도 그 길을 걷기 위한 세부계획이 없었다. 생전 처음으로 맞이한 풍족한(?) 생활에 만족하여 그날그날을 즐겼을 뿐이다.
　뜻하지 않게 근무하게 된 공군본부는 나의 정신세계를 완전히 바꾸었다. 비로소 군이 보였다. 국가에서 차지하는 공군의 위상과 내 위치를 짐작할 수 있었다. 완전하지 않지만 내가 군에서 나아갈 바와 인생의 궁극적 목적을 가다듬었다. 초등학교 2학년 때 처음 접한 삼국지가 내 삶의 방향을 잡았듯이 공군본부는 군 생활을 포함한 인생 전체를 구상하는 단서를 제공하였다.

만나는 사람이 모두 스승이다. 세 사람 중 한 명이 스승이라는 공자의 말이 아니더라도 우리는 모든 사람이 스승이라는 걸 안다. 개인의 시비선악을 떠나서 누구에게나 배울 건 있다. 좋은 점을 따를 타산지석이냐 좋지 않은 점을 본보기로 삼을 반면교사냐의 차이만 있을 뿐이다.

공군본부에서 만난 장교는 모두 타산지석이었다. 지식이나 재능이 나보다 더 뛰어났음에도 훨씬 겸손하면서 더 노력하였다. 비행단에서 수많은 사병 위에 군림하는 장교와는 다른 모습이었다. 공군본부가 장교 집단이라서 내 위치를 쉽게 깨닫게 되었는지도 모른다. 내가 살아온 잘못을 바로잡고 새로운 삶을 시작한 건 내가 만난 훌륭한 여러 선배 장교 덕분이다.

업무적으로 개과천선하였다면 개인적인 삶도 극적으로 바뀌었다. 간절하게 꿈꾸던 배우자를 만나서 가정을 이루었다. 이전까지 삶이 불우하고 고독한 삶이었다면, 결혼은 처음으로 내게 남부럽지 않은 삶을 선사하였다. 아내는 모든 면에서 훌륭하였으나 특히 현실 감각이 뛰어났다. 맞닥뜨리는 모든 일에 계획적으로 완벽하게 대처했다. 말로는 큰소리치지만 늘 꿈속에서 헤매는 나와는 전혀 다르게 사고하고 행동했다.

아내는 영리하다. 평범한 나와는 비교되지 않는다. 게다가 군 생활 중 겪은 경험으로 겸손과 예절과 배려가 몸에 배었다. 누구에게나 사근사근하고 친절하다. 전화 받는 목소리는 자신의 기분에 무관하게 늘 청아하고 낭랑하다. 내가 직장 일에 몰두하는 동안 아내는 복잡다단한 우리 부모 형제의 갈등을 혼자서 감당하였다. 대가족인 처가와도 조화로운 관계를 유지하였다. 주변 장교 선후배 가족한테도 현명하게 처신하였다. 업적이랄 게 없는 본부 생활이었으나 그 정도라도 업무에 집중할 수 있었던 건 아내의 완벽한 내조 덕이다.

장교의 보직 기간은 짧다. 보통 일이 년이고 길어봐야 삼 년이다. 하던 일이 인원 교체가 곤란한 정보체계 개발사업이라서 뜻하지 않게 한 보직에서 오래 근무하였다. 소속은 몇 번 바뀌었으나 하던 일은 그대로였다. 팔 년 가까이 공군본부에서 근무하는 동안 아내와 세 아이를 모두 얻었다. 아이들의 고향은 모두 계룡대다. 장교의 다자녀가 고향이 같은 건 드문 일이다. 덕분에 세 아이 삶의 무대는 완벽하게 같다. 많은 공통점을 정체성으로 공유하였다.

계룡대는 내 삶의 토대다. 고향 부여, 금오공고와 금오공대가 있는 구미가 나를 성장시킨 세상이었다면, 공군본부가 있는 계룡대는 내 삶의 뿌리가 되었다. 군 업무는 제대할 때까지 공군본부에서 얻은 지식이 바탕이었다. 사랑하는 가족을 만난 것도 계룡대다. 계룡대는 나에게 은혜의 땅인 셈이다.

이 책은 꿈과 희망으로 불꽃같이 살았던 삼십 대 전반기 내 삶의 기록이다. 아무리 일해도 힘든 줄 몰랐다. 어떤 곤란한 일도 문제 되지 않았다. 실제로 그런 게 아니라 내 마음의 자세 덕택이었다. IMF라는 미증유의 사태를 맞이했음에도 나는 조국의 번영과 영광을 의심하지 않았다. 가족의 행복한 미래를 확신했다. 군건한 믿음을 가진 종교인이 흔들리지 않듯 사랑하는 조국과 가족과 나를 믿었기에 행복하였다.

나에게 가장 힘이 된 건 당연히 아내였으나 아이들도 적지 아니 도움이 되었다. 아무리 힘들어도 천진난만하게 활짝 웃는 아이 모습에 피로가 날아갔다. 남자는 지킬 게 있어야 힘이 나는 존재다. 가족은 내 삶의 원천이요 충전기였다.

아내와 아이들에게 고맙다. 지금까지 무수한 난관을 뚫고 세 아이를 훌륭하게 키워낸 사랑하는 아내 안삼숙과 빗나가지 않고 건강한 몸과 건전한 마음으로 힘차게 살아가는 하연이, 준연이, 예연이에게 이 책을 바친다.

'세상이 너를 속일지라도 결코, 슬퍼하거나 노여워하지 말라'는 푸시킨의 말처럼 어떤 어려움에도 굴하지 말고 견디면서 힘차게 나아가길 바란다. 항상 만족하고 감사하며 살기를 바란다. 성취가 아니라 만족과 감사에서 행복을 얻기 바란다.

2025. 12.

조자룡

목차

4	프롤로그
	아이들의 고향 계룡대

17장 / 1996

12	응급실 찾아 네 시간
19	음주운전
24	대성불패(臺晟不敗)
28	돌에 글 읽는 딸

18장 / 1997

34	엄마 뭐해
38	만취(滿醉)
42	탄약 자료집
48	사무실 회식
55	입덧
61	둘째 외삼촌
68	도쿄 대첩
78	국군의 날
85	돼지족발
90	IMF, 국가 부도
98	김대중 대통령

19장 / **1998**

110	아들의 아토피
116	금 모으기 운동
121	아아, 장인어른
128	박세리
133	아들과 딸의 차이
138	아찌, 미워!
142	탄약시스템 운영

20장 / **1999**

150	육도삼략(六韜三略)
155	처장과 바둑
164	꼬마 청룡열차
168	수소폭탄주
173	카뮈의 철학적 문제
185	포대 화상 금복주
190	야구 중계
195	혈관 확장 주사
202	한화 이글스 한국시리즈 우승

21장 / 2000

- 218 에버랜드
- 225 막내딸
- 249 권총 사격
- 257 남북정상회담
- 264 스트레이트 플러쉬
- 275 시드니올림픽 야구 동메달
- 285 공본 탈출
- 292 유치원 등원 희망 조사

17장

1996

응급실 찾아 네 시간

인간과 동물의 차이는 무엇인가? 여러 가지를 꼽을 수 있으나 한 마디로 성대 차이다. 인간이 다른 동물보다 지능지수가 높다거나 우월한 신체 능력을 지녔다는 증거는 없다. 더 똑똑하거나 튼튼하지 않은 인간이 만물의 영장에 이른 까닭이 무엇인가? 소통에 따른 집단 지성이다. 혼자서는 맹수를 당해낼 수 없고 초식 동물을 사냥할 수 없으나, 공동체의 지식과 힘으로 다른 동물을 압도하였다. 인간의 쓸데없는 잔소리 능력은 교감과 공감 능력을 발전시켰고, 아주 작은 발성 능력 차이가 언어를 통하여 인류 번성을 이끌었다. 인간의 가장 큰 특징은 다른 동물보다 훨씬 다양한 소리를 내는 성대다.

인간은 생존에 취약한 동물이다. 부모의 헌신적인 보살핌이 없다면 생존할 확률이 거의 없다. 태어난 뒤 하루 이내에 달리기 시작하는 초식동물이나 몇 개월 뒤 사냥에 나서는 육식동물과 비교하면 천양지차다. 사람은 최소 십 년 이상의 극진한 보호가 필요하다. 보호자 없는 고아가 제대로 성장할 가능성은 거의 없다.

아이를 키우는 일은 쉽지 않다. 부모의 엄청난 헌신과 희생이 따른다. 쉽지 않은 일이지만 누구도 거역할 수 없는 지상 명령이다. 자식을 위하여 못할 일이 있는가? 없다. 부모가 되기 전에는 자기 자신이 최고지만 아이가 생기면 상황이 달라진다. 아이는 그저 한 사람에 불과한 존재가 아니다. 아이는 그 자체로 기적이다. 자식을 가져보지 못한 사람은 그 감동을 절대 알 수 없다. 그러기에 아이의 성장을 위해 스스로 자신의 모든 걸 바치는 거다.

아이가 가장 위험할 때가 돌 전이다. 성대 차이로 만물의 영장 자리에 오른 인간은, 말하기 전인 돌까지는 아직 인간이 아니다. 인간은 사회적 동물이다. 사회적 동물이란 다른 사람과 협력 없이는 살 수 없는 존재라는 의미다. 협력 수단이 무엇인가? 대화다. 사람은 의견을 나누며 일한다. 대화가 없다면 사회가 유지될 수 없을 뿐 아니라 모든 사람이 고독사하고 말리라. 사람은 말없이는 살 수 없는 존재다.

돌 전에는 사람의 가장 큰 특징인 대화로 소통할 방법이 없다. 말은 태어나자마자 할 수 있는 게 아니다. 수만 번의 시도 끝에 한 마디의 말을 배운다. 아이가 알아듣지 못하더라도 하루에 수백 수천 번 같은 말을 중얼거려야 배울 수 있다. 아무것도 모르는 채 눈만 멀뚱거리는 아이를 향한 엄마의 간절한 소망이 말하게 한다. 옆에서 지켜보면 흡사 미친 사람처럼 보이기도 한다. 무한 반복하는 엄마의 혼잣말이 아이를 말하는 사람으로 만든다.

보통 돌 전에는 말하지 못한다. 형상은 사람이되 아직 소통할 수 없으므로 완전한 사람이라고 보기 어렵다. 말하지 못하는 아이의 소통 방식은 무엇인가? 무조건 운다. 우는 이유를 알 수 없으므로 엄마는 울 만한 조건을 하나씩 실험하는 방식으로 아이의 요구 조건을 해결한다. 아이가 우는 이유는 배고프거나 똥오줌을 쌌거나 졸려서다. 간혹 엄마가 눈에 보이지 않아서 우는 경우가 있으나 대부분 우는 이유는 세 가지다. 아이가 울면 엄마는 일단 젖을 물려보고, 기저귀를 확인하며, 그래도 울음을 그치지 않으면 업어서 재운다.

보통 3단계를 거치면 울음을 그치게 마련이지만 그치지 않으면 어떤 문제가 생겼다는 뜻이다. 그 세 가지 이유가 아니라면 아이가 몸이 불편한 게다. 부모가 빨리 원인을 찾지 못한다면 심각한 위험에 처할 수도 있다. 까닭 없이 아이가 울면 부모는 더 아프다. 아이를 키워본 사람이라면 알리라. 그 느낌은 칼이나 송곳으로 심장을 푹푹 찌르는 것 같기도 하고, 내장이 갈기갈기 찢겨 나가는 듯하다. 내 몸이 아닌 타인의 고통으로 자기 몸이 아플 수 있다는 걸 비로소 깨닫는다. 애간장이 탄다는 말을 애 키워보지 않은 사람이 알 도리가 없다.

첫애인 큰딸이 돌이 되기 전 어느 날이었다. 침대 위에서 놀다가 아래로 굴러떨어졌다. 아이는 깜짝 놀라서 기함하며 울어 젖혔다. 놀라서든 아파서든 얼마간 울다가 그치는 게 보통인데 도무지 그

칠 기색을 보이지 않았다. 삼십 분, 한 시간을 업고 달래도 그치지 않았다. 아팠다. 애간장이 탔다. 아이가 그토록 오래 운다는 건 몸 어딘가에 이상이 생긴 게 틀림없다. 그걸 알 수 없으니 아내와 내가 얼마나 애탔겠는가? 어디가 어떻게 아픈지 모르기에 아내는 아이에게 이것저것 묻고 시켜봤다.

"만세!"

아내가 두 손을 번쩍 들어 올리며 외치자 우는 와중에도 아이는 따라 했다. 그런데 한 손만 번쩍 드는 것이었다. 나중에 안 일이지만 내 딸은 천재다. 몸은 다른 아이보다 성장이 느렸고 초등학교 6학년까지 또래에서 가장 작은 축이었으나 대화나 공부를 따라오는 아이가 없었다. 아직 말하지 못하였으나 대부분 알아듣고 시키는 대로 하였다. 그런데 만세를 하라고 하니 한 손만 든 것이다. 다시 말해도 여전히 왼손만 들었다. 오른손에 문제가 생긴 것이다.

아이 손에 문제가 생겼다는 걸 안 시간이 밤 열 시쯤이었다. 아내와 나는 급했다. 아이가 오른팔을 전혀 사용하지 못하니 빨리 조치해야 했다. 인터넷과 핸드폰이 없을 때다. 응급실이 어디에 있는지 어떤 병원에서 응급실을 운영하는지 알 수 없었다. 당시에는 119 응급구조시스템이 아직 정착하지 않았을 때다. 114와 이곳저곳에 물어서 가장 가까운 응급실로 차를 몰았다.

사람은 자신의 지식을 과신하지만 사실 제대로 아는 건 별로 없다. 일상에서 응급실은 흔하다. 거리를 지나가다 보면 자주 눈에 띄는 게 병원이요 응급실 아니던가? 개똥도 약으로 쓰려면 귀하다든가? 막상 찾으려니 서울 한복판에서 김 서방 찾기였다. 주변 사람에게 물어도 아는 사람이 없었다. 응급실에 가보지 않은 사람이 어디에 있는지 알겠는가? 인간의 지식이 대단한 거 같아도 겨우 경험한 것뿐이다. 겪지 않은 일에는 백지상태다.

물어물어 찾아가면 당번이 아니라서 문을 닫았거나 가는 길이 끊길 때가 한두 번이 아니었다. 아이는 계속 울었다. 공사 중이라서 길이 막히기도 하였고, 아예 병원이 없을 때도 있었다. 마음이 답답하고 다급하기로는 아이가 우는 이유를 모를 때와 다를 바 없었다. 사람은 겪어봐야 안다. 우리가 늘 접하는 일상이 얼마나 소중한가를. 아무 때나 찾아갈 수 있는 편의시설이 얼마나 중요한가를. 팔을 움직이지 못하지만, 까닭을 말할 수 없는 아이를 안고 응급실 찾아 헤매면서 쉽게 병원에 가서 치료할 수 있는 환경이 얼마나 고마운지를 깨달았다.

병원 몇 개를 들렀는지 모른다. 응급실에서 환자를 받을 수 없는 이유가 그렇게 많다는 걸 몰랐다. 다음 병원 찾기 급급하여 이유를 기억하지 못한다. 겨우 정형외과 의사가 당번인 응급실을 찾은 건 처음 출발할 때로부터 이미 네 시간이 지난 새벽 두 시가 넘어서였다. 계룡대에서 대전까지는 삼십 분 거리다. 네 시간 걸렸다는 건 얼마나 오래 병원을 찾아 헤맸는지를 증명한다. 병원 응급실 정형외과 의사가 그렇게 고마웠던 건 태어나서 처음이다.

"괜찮습니다. 팔이 약간 빠진 듯한데 이제 제 자리를 찾았습니다. 근육이 놀라서 얼른 회복되지 않은 듯한데 이제 괜찮을 겁니다."

천신만고 끝에 찾은 병원에서 담당 의사가 우리 말을 듣고 나서 팔을 주무르기 시작한 지 오 분이 채 되지 않아서 한 말이다. 의사가 팔을 넣었다 뺐다 할 때만 해도 까무러치게 울어 젖히던 아이는 어느새 울음을 그쳤다. 보고도 믿기지 않는 신기한 일이었다. 전문가가 확실히 다르긴 달랐다. 다섯 시간 넘게 전전긍긍한 우리를 무색하게 단 오 분 만에 문제를 해결하였다. 진료비 몇 푼 외에는 돈도 들지 않았다.

좋은 세상이다. 비록 평소 응급 병원 시스템을 알지 못해서 담당 의사를 찾기까지는 애니메이션 '엄마 찾아 삼만리'의 마르코가 이탈리아 제노바에서 아르헨티나의 부에노스아이레스까지 병든 엄마를 찾아 헤매는 과정처럼 우여곡절이 이어졌으나 딱 오 분 만에 아이가 울음을 그쳤다. 자본주의가 사랑으로 돌아가는 시스템은 아니지만 아주 적은 비용으로 원하는 걸 이루는 효과적인 시스템인 건 틀림없다. 선사시대 이래 인류는 늘 굶주리고 열악한 환경에 허덕였으나 내가 사는 세상은 딴 판이다. 나는 좋은 시대에 살아간다. 내 후손도 현재와 같거나, 더 나은 세상에서 살기 바란다.

집에 돌아오니 세 시였다. 어느새 새벽이 가까웠다. 그러나 이만한 게 어딘가? 아이가 무사하지 않은가? 사람은 누구나 언젠가 엄마의 자랑이었다. 빈부귀천 신분 고하를 막론하고 현재 살아가는 사람이라면 자긍심을 가져도 좋다. 아이가 태어난 순간 엄마는 행복하다. 아이와 자신이 무사한 데 감사하다. 엄마에게 아이보다 소중한 게 무엇이겠는가? 자신의 몸속에서 또 하나의 심장이 뛰는 느낌, 자신의 몸 밖에 또 하나의 자기가 존재한다는 경이로운 느낌을 누가 이해하겠는가? 모든 아이는 엄마의 자부심이다.

엄마가 만세 하라는 말에 울면서도 왼팔을 번쩍 들어 올리던 천진난만했던 딸의 모습이 기억에 영롱하다. 지금 다시 생각하니 웃음이 난다. 만세를 반복하는 엄마의 말에 왼손만 번쩍 들어 올리는 모습이 우습지 않은가? 그때는 애간장이 탔다. 왜 오른손을 올리지 못하는가? 엄마는 위대하다. 어쨌든 문제를 해결한다. 나는 마음만 끓였지 어찌할 바를 몰랐다. 엄마는 달랐다. 말 가르칠 때 혼잣말을 무한 반복하듯 이것저것 끊임없이 시키고 관찰하였다. 엄마가 아니라면 아이 팔이 빠졌다는 걸 어떻게 알았겠는가?

큰딸은 첫 아이였던 엄마에게 당연히 자부심이었으나 아빠인 내게도 자랑스러운 존재였다. 존재 자체로 기쁨이었다. 웃는 모습이나 우는 모습, 혹은 자는 모습만 봐도 가슴이 두근거리고, 몸을 뒤집거나 혼자서 일어나 앉고, 물건을 짚고 일어설 때는 천지창조와도 같은 기적처럼 보였다. 우리는 아이를 키우지만 사실 아이에게 배운다. 아이는 기억하지 못하는 어릴 적 내 모습을 보여주고, 부모가 가졌을 마음과 행동을 깨닫게 한다. 모든 아이는 부모에게 교사다. 키우는 건 부모지만 아이는 부모에게 새로운 사실을 가르친다. 첫딸은 나의 자부심이자 나를 다시 태어나게 한 스승이었다.

음주운전

동기 모임이 계획되었다. 주동자는 기억나지 않는다. 모이는 범위도 고등학교 동문이었는지 대학교였는지 기억나지 않는다. 어쨌든 금오공고 10기 몇 명이 대전에서 만나 저녁 식사하기로 하였다. 금오공고 졸업 11년, 금오공대 졸업 7년이 지나도록 동기 모임에 참석한 경우는 없다. 동기 모임이 없었는지 내가 외진 광주에서 근무해서인지 알 수 없다. 어쩌면 연락이 안 되었는지도 모른다. 오랜만에 고등학교 동기를 만난다는 마음에 일주일 전부터 마음이 설레었다.

핸드폰이 없을 때다. 당연히 밴드나 단톡방이 있을 리 없다. 요즘이야 밴드나 단톡방에 글을 올리면 단숨에 참석자와 만날 장소가 정해지지만 1996년 당시에는 주도면밀한 계획이 필요하였다. 일단 동기생은 전국에 흩어져 산다. 모이는 것 자체가 큰일이었고 식당이나 숙소 예약 모든 게 문제였다. 참석인원이 불확실한 데다 참석을 약속한 사람도 급한 일로 못 올 수 있다. 중간에 연락할 방법은 없다. 불확실한 시대였다. 기다림의 미덕이 남아 있을 때다. 차든 사람이든 30분은 기본이고 한두 시간 기다리는 게 예사였다. 서로 연락할 방법이 없는데 기다리지 않을 도리가 있는가?

사전 약속으로는 삼사십 명이 모이기로 했다. 토요일 오후에 애마인 빨간 프라이드를 몰고 대전 시내 모임 장소로 갔다. 예상대로 시간 안에 모인 인원은 얼마 되지 않았다. 전국에 흩어진 동기생이 자가용이나 대중교통으로 다 모이려면 적지 않은 시간이 걸리리라. 서너 명을 시작으로 잡담하며 기다렸으나, 모인 인원이 열 명이 채 되지 않았다. 마냥 기다리고만 있을 수 없어서 식사하면서 기다렸으나 두 시간이 지나도록 인원은 그대로였다.

처음 계획은 식사한 뒤 2차 맥주로 입가심하고, 3차 음주 가무를 즐긴 후 함께 숙박하고 아침 식사를 마치고 헤어지는 것이었다. 모처럼 만난 동기간에 할 말이 얼마나 많을 것인가? 밤새워 이야기해도 끝나지 않으리라. 그게 내 생각이었다. 모인 사람이 얼마 되지 않아서 흥이 나지 않았고 술도 마시는 둥 마는 둥 하였다. 술 좋아하는 나는 다른 사람은 아랑곳하지 않고 마음껏 들이켰다. 어차피 자고 갈 텐데 걱정할 게 무어란 말인가? 새벽까지 마시지만 않으면 문제가 없으리라.

저녁 식사를 마치자마자 약속이 있다면서 먼저 떠나는 친구가 있었다. 당연히 2차 갈 순서였는데 분위기가 묘했다. 한 사람이 떠나자 이 사람 저 사람 망설이는 기색이 역력했다. 나는 가만히 있을 수 없었다.

"모처럼 만나서 이게 뭐냐? 일단 맥주로 입가심하러 2차 가자."

"인원도 얼마 안 되는데 우리끼리 밤새울 수도 없으니 이대로 헤어지는 게 낫지 않을까?"

"그래, 우리 몇이 무슨 2차고? 다음에 묵자."

한 사람이 그만 헤어지자는 말을 꺼내자 기다렸다는 듯이 이 사람 저 사람이 동의하고 나섰다. 나는 안절부절 어쩔 줄 몰랐다.

"아니 이미 술을 마셨는데 이대로 헤어지면 어떡하냐? 음주운전 하고 갈 수도 없잖아? 이왕 술 마신 김에 더 마시고 자고 가자."

다른 사람은 술을 적게 마셔서 문제가 없을지 모르나 나는 이미 만취한 상태였다. 이대로 헤어진다면 초저녁부터 혼자서 여관 신세를 져야 할 판이다. 이러지도 저러지도 못할 형편인 나는 필사적이었으나 다른 친구 마음은 이미 결정된 상태였다. 이런저런 핑계를 대며 하나둘 모두 떠나버렸다.

나는 고민에 빠졌다. 여관에서 자고 아침에 귀가할 것인가, 택시를 타고 일단 집에 갔다가 내일 버스 타고 와서 자가용을 가져갈 것인가? 이도 저도 마땅치 않았다. 여관비 아까운 것보다 혼자 밤새울 일이 더 문제였고, 물어물어 찾아온 길을 다음날 다시 찾아올 자신이 없었다. 나는 길치다. 한번 간 길은 여간해서는 찾지 못한다. 달리 방법이 없었다.

'에라 모르겠다. 다른 방법이 없는데 우야겠노? 조심해서 운전하자. 경찰한테 걸려서 벌금 낸다 해도 할 수 없고.'

당시에는 음주운전으로 적발되어도 면허정지나 면허취소는 없고 벌금만 있었다. 지금처럼 음주운전이 심각한 범죄 행위 취급을 받지 않을 때다. 사고만 내지 않으면 큰 문제가 없다. 대전에서 계룡대까지는 적지 않은 거리다. 30km가 넘고 30분이 더 걸린다. 은근히 걱정되었으나 다른 방법이 없는 데야 어쩌겠는가? 만취한 상태여서도 정신을 집중해서인지 무사히 집에 도착하였다.

문제는 다음날 생겼다. 가족과 함께 근처에서 바람이나 쐬려고 나왔으나 주차장에 차가 없었다. 귀신이 곡할 노릇이었다. 분명히 대전에서 차를 타고 돌아온 건 기억이 나는데 주차한 기억은 없었다. 아무리 주차장 구석구석을 뒤져도 눈에 잘 띄는 내 빨간 프라이드는 보이지 않았다. 몇 시간을 헤맸다. 수색 범위를 넓혀 관사 주차장뿐 아니라 계룡대 남부상가 중부상가 북부상가까지 훑은 끝에 집에서 멀리 떨어진 북부상가 주차장에서 찾아내었다.

만취한 상태에서 무사히 주차장까지 돌아온 건 다행이었으나 차를 댈 곳이 없어 이곳저곳 헤매다가 북부상가까지 가서 주차한 것이다. 그게 기억이 없었다. 그뿐만 아니라 돌이켜보니 대전에서 출발한 것만 기억나고 돌아오는 과정은 기억에 없었다. 기가 막혔다. 만약 음주운전 중에 어떤 돌발상황이라도 발생했으면 무사하지 못했을 테다. 내가 정신 집중한 덕에 사고가 나지 않은 게 아니라 한마디로 운이 좋았던 거다. 아무것도 기억하지 못하는데, 정신을 집중했으면 얼마나 했겠는가?

머리끝이 쭈뼛했다. 교통사고로 내가 죽었거나 다른 사람을 죽였어도 전혀 이상하지 않을 상황이었다. 공든 탑을 쌓는 건 힘들어도 무너지는 건 한순간이다. 내게 무슨 일이 생긴다면 막 결혼한 아내와 돌도 안 된 딸은 어떻게 한단 말인가? 내가 영혼이 자유로운 성인이지만 이제 혼자가 아니다. 두 사람을 책임져야 할 가장이다. 음주운전 적발로 벌금 내는 게 문제가 아니다. 아무리 불편하더라도 음주운전으로 목숨 걸 일은 아니지 않은가?

그 후로 술을 끊었다면 정말 훌륭한 사람이겠으나 나는 그렇게 모진 사람이 아니다. 술을 끊어야 할 정도로 큰 실수였으나 차마 그 좋은 술을 끊지는 못하였다. 이후 음주운전은 하지 않았다. 당시만 해도 만취하지 않은 상태에서는 운전하는 게 보통이었다. 나는 만취 여부를 떠나 술을 입에 댄 날은 운전대를 잡지 않았다. 회식할 때는 아예 차를 가져가지 않았다. 참새가 떡방앗간을 그냥 지나칠 수 있는가? 오늘만은 참겠다는 말은 완전한 거짓말이다. 차를 가져간다면 취한 김에 또 운전대를 잡을지도 모른다. 사람은 실수를 반복하면 안 된다. 다시는 음주운전을 해서는 안 된다. 음주운전은 살인 미수 행위다.

대성불패(臺晟不敗)

　나는 프로야구를 좋아한다. 프로야구보다는 고교야구를 더 좋아하였으나 1984년 롯데 자이언츠의 최동원이 한국시리즈에서 혼자 4승을 올린 데 매료되었다. 이후 프로야구 최강팀 삼성 라이온즈를 상대로 취약한(?) 전력임에도 한국시리즈에서 번번이 우승을 거머쥐는 해태 타이거즈 매력에 빠졌다. 해태는 정규리그에서는 엷은 선수층으로 좋은 성적을 내지 못하였으나 포스트시즌에는 펄펄 날았다. 해태 응원은 약자 쪽에 선다는 젊은 날의 정의감과 5·18 광주민주화운동의 피해자임에도 오히려 고립된 호남에 대한 미안한 마음이 섞였다.
　빙그레 이글스는 1986년 충청도를 연고로 창단하였다. 고향이 충청도였으나 나는 이미 해태 타이거즈 팬이었으므로 이글스에 관심이 없었다. 1988년 빙그레 이글스가 한국시리즈에 진출하여 준우승한 이후 상황이 달라졌다. 마운드의 이상군 한희민 쌍두마차에 타격에서는 이정훈, 이강돈과 떠오르는 강타자 장종훈이 있었다. 빙그레 이글스의 전력이 탄탄하였고 응원할 만한 요소가 여럿 있었다. 애국심은 애향심과 통한다. 애국을 최고 가치로 여겨 대한민국의 영광과 번영을 목적으로 하던 나는 자연스럽게 이글스 팬이 되었다.

해태 타이거즈를 계속 응원하였더라면 좋았을 것이다. 빙그레 이글스는 기록상 성적은 뛰어났으나 큰 경기에 약했다. 정규리그에서는 펄펄 날다가도 가을만 되면 움츠러들었다. 그때까지 해태 타이거즈에 막혀 한 번도 한국시리즈 우승을 거머쥐지 못한 삼성 라이온즈를 답습하였다. 삼성이 너무 강해서 해태를 응원하였는데, 반대로 빙그레는 강하고 고향 팀이라서 응원하였다. 결론은 해태였다. 과정이야 어쨌든 한국시리즈 승자는 늘 해태였다. 해태의 선전에 기뻐하다가 오히려 해태의 승리가 스트레스가 되는 아이러니한 상황이 되었다. 삶은 요지경이다. 인생사 새옹지마라고 하지 않던가.

1994년 팀명을 빙그레 이글스에서 한화 이글스로 바꿨지만, 결과는 바뀌지 않았다. 그래도 1996년에는 응원할 맛이 났다. 구대성이 완연히 살아난 것이다. 1993년 큰 기대를 받으며 한화 이글스에 입단한 구대성은 첫해 부상으로 2승 1패에 그치며 거의 재활에 몰두했다. 1994년 7승 8패로 살아나는 모습을 보였고 1995년 성적은 4승 14패로 저조하였으나 155이닝을 투구하는 등 정상 궤도에 올랐다. 승보다 패가 많은 것은 한화 이글스의 전력이 약한 탓이 컸다.

구대성은 1995년에 결혼하였다. 상대는 구대성의 첫사랑이었다고 한다. 첫사랑과 가정을 꾸림으로써 마음의 안정을 찾았을까?

1996년 구대성은 미친 듯한 활약을 펼쳤다. 강병철 감독은 젊고 구위가 가장 좋은 구대성을 중심으로 투수진을 운영했다. 주로 이기는 경기의 후반에 출전시켜 승리를 지키는 구원투수로 활용하였으나 연패가 이어지면, 연패를 끊는 선발 투수로 기용하기도 하였다. 적은 점수 차로 이기는 경기는 거의 모든 경기에 구대성이 등판하였다. 구대성은 한화 승리의 보증 수표였다. 이때부터 언론에서는 대성불패(臺晟不敗)라는 용어를 써가며 구대성의 활약을 보도하기 시작한다.

한화가 승리하는 거의 모든 경기에 구대성이 등판하다 보니 구원투수로는 노리기 힘든 개인 타이틀 경쟁에도 뛰어들었다. 정규시즌 막판 다승은 롯데 주형광 선수, 평균자책점은 해태 조계현 선수, 구원은 현대 정명원 선수와 치열하게 경쟁하였다. 한화는 감독과 선수가 일심동체가 되어 구대성 타이틀 획득에 팔을 걷어붙이고 나섰다.

다승왕에 본격 도전하기 위해 잠실에서 열린 OB 베어스와의 경기에 선발 투수로 등판하였다. 연패를 끊기 위한 선발 등판이 아니었다. 다승왕 배출을 위한 팀 차원의 배려였고 전략이었다. 구대성은 감독과 선수와 팬의 기대대로 역투했다. OB의 선발 타자 9명 전원에게 삼진을 잡으며 14탈삼진 4피안타 1실점 완투승을 거뒀다. 1996년에 거둔 첫 완투승이었고 시즌 18승째였다.

구대성의 1996년 최종 성적은 18승 3패 24세이브, 40세이브포인트, 평균자책점 1.88, 승률 0.857이었다. 다승, 평균자책점, 구원, 승률 등 4개 부문 선두였다. 전무후무한 투수 4관왕을 달성한 것이다. 최고 투수라고 일컫는 선동열 이후 처음으로 투수 최우수선수(MVP)가 되는 영광을 안았다. 역대 투수로는 박철순, 최동원, 선동열에 이은 네 번째다. 타자로는 양준혁이 타격 최다안타 장타율 3관왕이었고, 박재홍이 홈런과 타점 2관왕, 투수 주형광이 다승과 탈삼진 2관왕이었으나 구대성의 투수 4관왕과는 비교할 수 없었다.

한화는 최종 3위로 준플레이오프에 나갔으나 현대에게 연패하여 허무하게 포스트시즌을 마감한다. 투타의 균형이 맞지 않고 전체적인 전력이 약해서 한국시리즈 우승에 이르지는 못했으나 나는 시즌 내내 구대성의 활약에 고무되었다. 한화는 성적에서는 가장 신통치 않은 구단에 속하지만 특이하게도 한국 최고의 좌완투수를 배출하는 전통을 가지고 있다. 송진우에 이은 구대성은 이후 국가대표팀에서도 최고의 활약을 펼친다. 그 뒤를 잇는 류현진도 한화의 전통을 잇는다.

돌에 글 읽는 딸

첫딸의 생일은 12월 15일이다. 우리나라 나이로는 태어나자마자 한 살이요, 해가 바뀌면 두 살이다. 덕분에 생후 1개월이 채 안 돼서 딸은 두 살이 되었다. 초보 엄마 아빠의 지극한 관심 속에 딸은 무럭무럭 자라는 것 같았으나 우리 보기에만 그랬고 실제로는 발육이 더뎠다. 성장이 빠른 아이는 돌 때 걷는 건 물론이고 뛰는 아이도 있건만 하연이는 돌 되기 며칠 전에 겨우 일어섰고, 돌 때 간신히 몇 발짝 떼는 정도였다.

몸 성장은 느렸으나 정신은 달랐다. 칠팔 개월째부터 말하기 시작하였는데 놀라운 건 말하기와 동시에 글을 읽는다는 사실이었다. 걷지 못하고 말도 제대로 하지 못하는 어린애가 글을 읽었다는 사실이 믿어지는가? 직접 보면서도 믿기지 않았다. 우리는 어쩌면 천재 딸을 두었는지도 모른다.

일찍이 돌봄 서비스가 마음에 들지 않는다고 전업주부를 선언한 아내는 육아에 전념하였다. 하루 스물네 시간을 아이와 붙어살다 시피 하였다. 중요한 일과가 낱말카드 놀이였다. 태어난 지 채 한 달이 안 되어 아무것도 모르고 눈만 멀뚱거리는 아이에게 엄마의 조기 교육이 시작되었다. 한쪽에는 그림이 그려져 있고 다른 쪽에는 낱말이 써진 카드였다. 자동차 그림이 있는 쪽을 보여주며 "자·동·차, 자·동·차"를 반복하고 뒤집어 자동차 글을 보여주며 "자·동·차, 자·동·차"를 뒤풀이하였다.

아이가 한 낱말을 익히려면 만 번을 들어야만 한다고 한다. 저절로 '엄마, 아빠' 말을 시작한 것 같지만 무수히 반복하는 말을 듣고 입 모양을 보면서 스스로 연습한 결과다. 부모가 직접 키우는 것과 돌보미 손에서 자라나는 아이는 천양지차다. 관심과 사랑의 농도가 다르고, 가르치려는 열정에서 비교할 수 없다. 아이는 말을 하지 못하지만 되풀이하는 상황을 이해한다. 아무것도 모르는 것 같지만 실제로는 깨닫는 게 많다. 농작물이 농부의 발소리를 들으며 자라는 것처럼 아이는 엄마의 관심과 사랑으로 자란다.

아이를 정성껏 키우는 것도 좋지만, 전혀 무의미하게 노력하는 것 같아서 한마디 하였다.

"그런다고 애가 달라지나? 피곤하게 그러지 말고 쉬소. 애가 알아들을 만할 때 가르쳐야지, 몸도 가누지 못하는 애에게 글이 다 무어요. 욕심부려서 될 일이 아니야……."

"어차피 남는 시간에 하는 건데요 뭘. 어려서 말을 많이 해야 지능 성장이 빠르대요. 그냥 아가, 아가 우리 아가를 반복하는 것보다는 낱말카드가 낫지 않아요? 지겹지도 않고."

어쨌든 엄마의 지극정성은 놀랍다. 그 정성에 감동했는지 아이는 자동차 그림과 글을 동시에 이해했다. 아니 그림과 글 형상을 외웠는지도 모른다. 어떤 인식 과정을 거쳤는지는 정확히 모르지만 그림을 보여 줘도 글을 보여 줘도 정확히 자동차, 의자, 호랑이라고 말했다.

걷지 못하는 아이가 옹알이를 시작하고 몇 마디 말을 시작하자 그림책 읽기가 시작되었다. 엄마가 아이를 무릎에 앉히고 동화책을 읽어 주기 시작한 것이다. 아이의 호기심과 흡수력은 놀랍다. 처음 접하는 모든 사물에 관심을 가지고 약간의 설명에도 그대로 기억한다. 기억하는 저장창고에 아무것도 들어있지 않아서인지도 모른다. 당시에는 효과를 알 수 없었으나 돌 때가 되어서 확실히 알 수 있었다. 낱말카드와 동화책 읽어주기는 아이의 지식과 지능을 향상하게 하는 최선의 교육이었다.

아이가 낱말카드의 글을 읽자 모두가 놀랐다. 말도 제대로 하지 못하는 아이가 글을 읽는다니 놀라지 않을 사람이 있겠는가? 그것이 시작이었다. 그때까지는 엄마의 도움이 필요하였지만, 글을 알고 나서는 혼자서 지식을 확장해 나갔다. 모든 게 지식의 보고였다. TV 자막, 광고지, 신문, 책을 닥치는 대로 읽었다. 이해하지 못할 내용이 대부분이었으리라. 그런데도 쉬지 않고 읽었다. 초등학교 입학 전에 내가 읽던 삼국지, 육도삼략, 초한지, 열국지를 모두 읽었다.

한국인은 세종대왕에게 감사해야 한다. 가장 과학적인 글을 가진 덕분에 한국인은 세계에서 가장 빨리 글을 깨우치는 민족이 되었다. 아이에게 글은 신세계다. 영화나 그림이 아니라 글을 읽어서 상상한다는 게 얼마나 지식을 확장하는 데 유리한지는 두말하면 잔소리다.

초등학교 입학 전에 하는 조기 교육은 무의미하다. 빨리 안다고 많이 알거나 더 크게 성장하지 않는다. 오히려 학교 교육에 흥미를 잃을 수도 있다. 글 읽기는 다르다. 세상 대부분 정보는 문자 형태다. 그림이나 기호, 영상이 일부 있지만, 알아야 할 구체적이고 확실한 지식은 모두 책 안에 있다. 부모든 선생이든 가르치는 데는 한계가 있다. 스스로 배워야 한다. 읽기보다 효과적인 배움이 있는가? 세종대왕이 만든 한글로 우리는 가장 빨리 글을 배우고, 지식을 습득하는 민족이 되었다. 딸은 엄마의 기발한 교육 방식으로 폭풍 성장하였다.

18장

1997

엄마 뭐해

애를 낳아서 아내가 부쩍 바빠졌지만 부부 사이는 돈독하였다. 애를 낳았으나 아직 채 2년이 안 된 신혼부부다. 아직 뜨거운 시기가 지날 때가 아니다. 처음 6개월여는 애가 정신없이 자랄 시기라 밤낮이 바뀌어서 부부 관계가 곤란하였으나 돌 무렵부터는 생체리듬이 완연히 성인 시계에 맞추어져 큰 문제가 없었다.

우리는 초짜 신혼부부라서 그런 경험이 없었으나 선배 말에 따르면 에피소드 없는 집이 없었다. 아이는 대체로 잠이 많다. 잠잘 때 주로 성장한다고 한다. 폭풍 성장하는 유아 때는 보통 초저녁부터 새벽까지 자게 마련이다. 보통 아이라면 말이다. 간혹 일찍 자지 않는 애가 있는 집이 말썽이었다. 부부 관계를 할 틈이 없는 것이다. 달래도 보고 협박도 해보지만 별무신통이다. 잠이라는 게 와야 자지 억지로 들기가 쉬운가?

"아가야, 이제 자야지. 일찍 자고 일찍 일어나는 어린이가 착한 어린이야."

"싫어, TV 더 보고 잘 거야."

"그러면 안 돼, 아빠 주무시고 내일 일찍 출근해야 하잖아. 네가 TV를 보면 신경 쓰여서 깊은 잠을 잘 수가 없어요."

"방에 들어가서 문 닫고 자면 되잖아. 나는 지금 잠이 안 온단 말이야."

엄마가 아무리 어르고 달래도 미운 네 살 아이는 쉽게 넘어가지 않는다. 그나마 아이가 하나일 때는 어떻게 넘기지만 아이 두셋이 초등학교에 들어갈 무렵이면 상황이 달라진다. 모두 자게 할 수도 없고 아이들이 거실에서 TV를 보고 있는데 그 짓을 할 수도 없다. 아무리 아빠가 급하다고 채근해도 아이들에게 무어라고 설명할 것인가? 그래서 저녁 먹고 부부가 산책한다는 핑계로 집을 나선다고 한다. 그 이후는 둘만이 아는 좋은 방법이 있으리라.

그런 말을 들었지만 첫째가 이제 겨우 돌을 지났을 뿐이므로 우리는 심각하게 생각하지 않았다. 나는 그저 빨리 애를 재우고 들어오라고 재촉하였다. 아내가 안방에서 함께 자지 않고 애하고 거실에서 잘 때다. 함께 자다가 애가 깨면 출근해야 하는 내가 잠을 설친다고 아예 따로 잤다. 엄마는 늘 바쁘다. 엄마가 필요한 사람은 아기만이 아니다. 때때로 남편도 보챈다. 모두를 일대일로 상대해야 하는 엄마는 가정에서 가장 바쁜 사람일 수밖에 없다.

어쨌든 애를 재우려고 한다고 자는 건 아니다. 밤 열두 시 즈음에야 겨우 아내가 안방으로 들어왔다. 아침을 여섯 시에 먹고 출근할 때다. 밤일을 서둘러 끝내야 한다. 밥 먹고 출근하는 나는 여섯 시에 일어나면 그만이지만, 아내는 한 시간 전에 일어나서 아침을 준비한다. 전업주부는 밤낮을 가리지 않고 눈코 뜰 새 없이 바쁘다.

부부관계로 무아지경에 빠져 있을 때다. 부스럭거리는 소리가 나더니 방문이 열리는 기척이 들렸다. 거실과 안방은 불이 꺼진 상태였다. 놀라서 눈을 들어 방문 쪽을 바라보니 딸이 두 눈을 휘둥그레 뜨고 빤히 보고 있지 않은가! 나는 깜짝 놀랐으나 그건 딸도 마찬가지인 듯하였다.

"엄마, 뭐해?"

아이는 신체 발육이 느려 걷는 데는 서툴렀으나 말은 또박또박 잘했다. 컴컴해서 잘 보이지는 않았으나 나와 아내는 알몸상태였다. 다른 사람에게 그 일을 들켰으니 얼마나 놀랐겠는가? 아내와 나는 당황하여 어찌할 바를 몰랐다. 자다가 깬 딸이 옆에 엄마는 없고 어디선가 앓는 소리가 나니 어둠을 뚫고 기어서 찾아온 게다.

"으응~ 하연이 안 잤어?"

산통은 깨졌다. 이 마당에 하던 일을 지속할 수 있겠는가? 아내는 얼른 옷을 걸치고 아이를 안고 거실로 나갔다. 나는 닭 쫓던 개가 되어서 하릴없이 잠을 청했다. 눈을 똥그랗게 뜨고 놀란 눈으로 우리를 바라보던 돌 지난 딸의 모습이 생생하다. 불이 꺼진 상태여서 자세히 보지는 못했을 테고, 봤더라도 어떤 상황인지는 이해하지 못하겠지만 말이다.

이후에 다시는 그런 일이 없었다. 자라 보고 놀란 가슴 솥뚜껑 보고 놀란다든가? 압도적인 경관을 보고 놀라는 건 좋지만, 어찌할 바 몰라서 허둥거리는 건 좋지 않다. 이후에는 애가 잠이 들더라도 방심하지 않았다. 만사 불여튼튼, 일단 아내가 들어오자마자 방문부터 걸어 잠갔다.

만취(滿醉)

술이 문제다. 사회에서 가장 많은 문제를 일으키는 요소를 꼽으라면 단연 술이다. 음주운전, 음주사고, 음주 난동이라는 말이 자연스러울 정도로 음주와 사건 사고는 밀접하다. 술을 마시지 않는다면 좋지 않은 상황에 휘말리지 않을 가능성이 크다. 물론 취했을 때의 용기백배나 자아도취에 빠지는 황홀경을 느낄 수는 없을 테지만 말이다.

흔히 방탕한 사람을 가리켜 주색잡기(酒色雜技)에 빠졌다고 한다. 주색잡기란 술과 여자와 노름을 말한다. 방탕한 자에게도 첫 번째 문제는 술이다. 어쩌면 외도와 도박은 술을 마시는 데서 출발하는 것인지도 모른다. 누군들 방탕하려고 해서 하겠는가. 주색잡기는 중독성이 있다. 한번 빠지면 헤어나기 힘들다. 술을 마실 때는 그 기분이 최고지만 스스로 통제해야 한다. 지나치면 삶에 먹구름이 드리우리라.

개인 건강에는 흡연이 가장 좋지 않지만, 사회적으로는 음주가 가장 큰 문제다. 우리나라는 대표적인 술 권하는 사회다. 우리 민족이 흥이 많다고 일컬어지는데 술을 좋아하는 데서 비롯하였는지도 모른다. 술은 기쁠 때나 즐거울 때만 마시는 게 아니다. 슬프거나 괴로울 때도 마신다. 감정이 고조되었을 때는 당연히 마시고, 심심하거나 지루함을 벗어나기 위해서 마시기도 한다. 이래저래 술 마실 기회가 많은 게 우리 서민 사회 풍속도. 외세의 침략과 기득권자의 수탈에 편할 날이 없던 서민은 술에 의지해 현실을 망각하려 했는지도 모른다.

나는 술을 좋아한다. 술 좋아하는 민족에다 술 권하는 사회에 잘 적응하였다. 부모 형제 모두 술을 좋아하는 편이다. 적당히 기분 좋을 정도로 마시는 법이 없다. 어정쩡하게 마셔서 정신이 맨숭맨숭한 것보다 완전히 취해서 천상천하 유아독존(天上天下唯我獨尊) 상태가 되는 게 좋다. 취기로 기분이 최고조에 이르는 건 좋지만 뒤끝이 문제다. 인사불성 상태에서는 실수가 적지 않다.

결혼 후 처음 살게 된 집은 계룡대 남부상가에서 가장 가까운 공군 아파트였다. 동호수는 정확히 기억하지 못하지만 맨 끝 동의 4층에 살았다. 4층이지만 508호였다. 공군은 조종사가 많다. 조종사는 일상이 비행이기에 늘 생명의 위협을 받는다. 4층은 죽을 사(死)자와 겹친다고 하여 싫어했다. 그래서 공군 아파트는 4층이 없다. 3층 다음에 5층이다.

어느 날 술이 만취해서 집에 돌아왔다. 사무실 회식이었는지 동문 회식이었는지 모르지만, 술은 실컷 마셨다. 늘 하던 대로 3차 노래방까지 마쳤다. 비몽사몽 간에 문 앞에 도착했는데 문이 열리지 않았다. 우리 집은 평소 아파트 문을 잠그지 않는다. 아파트에 사는 사람은 모두 현역 군인으로 잘 아는 사람이다. 굳이 문을 걸어 잠가 경계하지 않아도 큰 문제가 없다. 몇 번을 잡아당겨도 열리지 않자 문을 쾅쾅 두드리며 아내를 불렀다.

"하연이 엄마! 왜 문을 잠그고 그래, 빨리 문 따!"

문을 두드리며 거칠게 잡아당겨 덜컹거리자 안에서 인기척이 들렸다. 문틈 사이로 보이는 여자는 아내가 아니었다. 나는 소스라치게 놀라 정신이 번쩍 들었다. '우리 집이 아니었나? 여기가 어디야?' 호수를 보니 308호였다. 아뿔싸, 올라온다고 열심히 올라왔는데 아직 한 층을 덜 올라왔나 보다. 나는 안에서 아파트 문을 열기 전에 잽싸게 위층으로 달렸다.

우리 아랫집은 1년 선배 정비장교가 살고 있었다. 심성이 착하고 여린 선배였다. 아마 위층으로 뛰어 올라가는 소리를 들었으므로 내 실수를 눈치챘으리라. 평소 술 좋아하는 나를 잘 알아서인지 나중에 만나도 질책하지 않았다. 선배와 형수에게 미안하다. 술 취한 가운데도 얼굴이 화끈거렸다.

얼마 후 또 술이 만취했을 때다. 곤드레만드레 상태로 정신이 하나도 없었지만 다른 집을 우리 집으로 잘못 아는 실수를 저지르지 않으려고 호수를 먼저 확인했다. 만사 불여튼튼이다. 아무리 술 취했기로서니 같은 실수를 반복해서야 되겠는가? 확실히 508호를 확인하였는데 문이 열리지 않았다. 두 번, 세 번 아파트 문을 당기다가 다시 두드렸다.

"하연이 엄마! 문 열어요, 왜 문은 잠가 놓고 그래."

고래고래 소리를 지르자 방문을 여는 소리가 들렸다. 그런데 아파트 문틈으로 보이는 여자의 모습이 잠옷 차림이었다. 내 아내는 잠옷을 입지 않는다. '이 여자가 웬일로 잠옷을?' 문틈 사이로 눈이 마주쳤다. 모르는 사람이었다. 나는 기절초풍하여 아파트를 뛰어 내려왔다. '분명히 508호였는데, 이곳은 도대체 어디란 말인가?' 아파트 밖으로 나와서 둘러보고야 상황을 파악하였다. 그곳은 옆 동이었다. 군대 아파트는 외형과 내부 구조가 비슷하다. 입구를 잘못 들어서면 제대로 알아차리기 힘들다.

아래층 선배 가족은 아는 사이였지만 옆 동 508호에는 누가 사는지 모른다. 영화에서나 나오는 잠옷 차림의 아주머니에 놀랐다. 인사불성 상태였지만 정신이 번쩍 들었다. 술이 문제다. 아니 정신을 잃을 정도로 술을 마시는 사람이 문제다. 문제를 알면서도 해결은 쉽지 않다. 처음에는 적당히 기분 좋게 취하려고 마시지만, 취하고 나면 술이 술을 부른다. 내 의지와는 무관하게 떡이 되도록 퍼마신다. 아니, 어쩌면 의식이 희미해져 의지 자체가 사라졌는지도 모른다. 술을 즐기는 한 술에 관한 에피소드는 죽을 때까지 이어지리라. 그러면 곤란한데…….

탄약 자료집

1997년은 『탄약 자료집』 작성을 위한 기지별 탄약시스템 관계관 회의를 자주 하였다. 수기식 탄약 업무를 전산시스템으로 구축한다고 곧바로 사용할 수 있는 건 아니다. 크기, 중량, 부피, 성능 등 기초자료 입력이 선행되어야 한다. 아무리 근거리통신망과 광역통신망으로 연결하고 업무 처리와 연산 절차를 시스템으로 만들어도 기초자료가 없다면 계산할 수도 보여줄 수도 없다. 소프트웨어 개발 못지않게 처음에 입력할 자료 준비가 중요하다.

1995년 사업단이 만들어짐과 동시에 『공군 탄약 정보체계 개발 방향』 책자를 만들어 전 부대에 배포한 바 있다. 탄약 정보체계 개발 방향은 전 부대 탄약 업무담당자에게 시스템의 개념과 구조, 운영계획을 보여줌으로써 효과적인 정보체계 소요제기와 산출물 검토를 위하여 제작하였다. 혼자 착안해서 만들 수준이 아니었으나, 육군 사업단에서 작성한 개발 방향을 참조해서 공군 업무체계에 맞추어 재구성하였다. 6개월 이상 야간작업까지 하는 고충이 따랐으나 그만큼 보람이 있었다. 내가 공군 정보체계 구축을 선도한다는 자부심이 있었다.

『공군 탄약 정보체계 개발 방향』책자 제작은 추진하는 사업을 가시화해서 업무담당자가 쉽게 이해하도록 했을 뿐만 아니라, 책 만드는 일이 그렇게 어렵지 않다는 걸 알게 되었다. 언젠가 위대한 업적을 남긴 뒤 은퇴해서 자서전을 쓰리라는 막연한 생각은 있었으나, 군 생활 중 책을 만들리라고는 꿈에도 생각하지 못했다. 이때의 경험으로 이후 『탄약 자료집』, 『탄약시스템 운영규정』, 『탄약시스템 운영절차』 등 여러 종류 책을 발간한다.

일반인이 책을 발간할 때는 비용이 많이 들지만, 군에서 업무적으로 발간하는 책은 비용이 들지 않는다. 군은 필요한 서적을 발간하는 시스템을 갖추고 있다. 규정, 교범, 교재, 홍보물 제작을 위한 각 군 교재창이 있다. 국방부나 각 군 또는 분야에 필요한 책이라면 얼마든지 제작해서 지원한다. 조직이나 개인의 노력이 있다면 필요한 책을 얼마든지 발간할 수 있다. 책 판매 수익은 기대할 수 없으나 업무 실적을 남기기에는 좋은 방법이다. 이때 경험이 은퇴 후 쉽게 작가의 길을 걷게 했는지도 모른다.

본격적으로 탄약시스템을 개발하던 1996년 초 『탄약 자료집』 작성지침을 전 비행단에 전파하였다. 시스템을 만들었을 때 초도 입력해야 할 기초자료를 어떻게 만들 것인가를 몇 달이나 고심하였다. 탄종별 수량을 입력하면 전체 수량은 쉽게 집계될 것이다. 전체 무게나 부피는 어떻게 산정할 것인가? 수송을 위한 화차나 항공기 적재기준을 어떻게 만들어 낼 것인가? 비축량에 따른 탄약고 소요는 어떻게 알아낼 것인가? 완성탄이 아닌 조립완성탄의 경우 보유량 판단을 어떻게 할 것인가?

머리가 복잡하였다. 수기식 업무체계에서는 모든 탄약을 표준화한 제원이 불필요하다. 그때그때 필요에 따라 계산하면 그만이다. 탄약은 국산 탄약과 외제 탄약이 있다. 국산 탄약은 MKS 단위계로, 외제 탄약은 영국 단위계(SI)로 주로 제원이 기술된 상태였다. 탄약 제조업체에서 제공하는 기술도서에 단위가 다른 것이다. MKS 단위계는 m(길이) kg(질량) s(시간)로 표시하나 영국 단위계는 in(길이) lb(질량) s(시간)로 기술한다. 시스템에서 두 가지를 병용할 수 있으나 나는 입력 전에 표준화해야 하는 것으로 판단하였다.

할 일이 많았다. 지상탄은 육군에서 더 많은 탄약을 운영하므로 육군에 맡기면 된다. 문제는 항공탄이다. 항공탄은 주로 공군에서 운영한다. 최소한 항공탄의 연산에 사용되는 모든 제원 및 기술자료는 공군에서 준비해야 한다. 이걸 고민하는 사람은 사업을 준비하고 발족한 나밖에 없다. 뒤늦게 사업에 참여한 사람은 아직 개념조차 없다.

탄약을 비행단별로 나누어 주고 제원과 기술자료를 작성하도록 하면 간단하였다. 문제는 검증할 방법이 없다는 데 있다. 고민 끝에 항공탄을 크게 셋으로 나누었다. 비행단을 세 그룹으로 나누어 자료를 작성하도록 하고, 준비된 자료를 가지고 모여 상호 검증하는 과정을 거쳤다. 그것이 1997년에 여러 차례 탄약시스템 관계관 회의를 한 이유다.

가장 큰 고민은 대부분 항공탄의 특성인 조립완성탄이다. 지상탄은 주로 완제품 상태로 저장, 수송, 소모가 이루어지나 항공탄은 달랐다. 항공탄은 덩치가 크다. 완성탄 형태로 취급이 곤란하다. 부품 단위로 수송, 저장관리 하고 필요할 때 조립하여 항공기에 장착하는 형태다. 문제는 조립하는 부품이 일정하지 않다는 데 있다. 신형 퓨즈는 500파운드 일반 폭탄의 전방과 후방에 하나씩 장착하였으나 구형 퓨즈는 복잡했다. 전방과 후방에 조립하는 퓨즈는 10여 개 부품으로 구성되었다. 게다가 전방과 후방에 신형과 구형을 혼합하여 장착할 수도 있다. 전 후방에 장착하는 이유는 불발탄을 방지하기 위한 것으로 한쪽만 장착해도 파괴력에는 차이가 없다.

이런 모든 복잡한 내용은 수기식 업무체계에서는 어떤 문제도 없다. 사람이 판단하면 된다. 컴퓨터는 계산할 뿐 판단할 수 없다. 판단하는 것처럼 하려면 적절한 알고리즘을 만들고 그에 맞는 자료를 입력해야 한다. 그래서 만든 게 이전에 없던 조립 우선순위다. 전에는 탄두 기준으로 보유량을 판단했다. 부품은 충분하다고 가정하였다. 전산시스템이 그렇게 막연한 수치를 제시해서는 안 된다. 정보체계는 신속 정확한 게 핵심이다. 탄약 보유량 판단에 오류가 있다면 그 시스템은 무용지물이다.

조립완성탄 수량을 판단할 때 부품 중 신형이나 비싼 품목을 넌

저 계산하게 하는 방식으로 우선순위를 정하였다. 방식은 결정하였으나 세부 결정은 또 다른 문제였다. 신형이나 구형, 단가로 확연하게 구분할 수 있는 게 있고 고만고만한 게 있다. 컴퓨터는 판단할 수 없다. 사람이 미리 순서를 정해야 한다. 며칠을 밤낮으로 고민하고 토론해도 쉽게 결론이 나지 않았다. 시스템을 바꾸는 일은 쉽지 않다. 모든 생명체가 항상성을 추구하는 것은 그래서인지도 모른다.

초도 입력할 자료에는 기술자료도 필요하다. 공군은 대부분 미제 탄약을 운영한다. 기술자료는 미군과 제작사로부터 받은 영어 원서다. 영어로 입력하는 게 힘든 일이지만 탄약시스템이 기술자료를 영어로 제공한다면 실무자가 쉽게 사용하겠는가? 모든 영어 원서를 번역해서 입력할 수도 없다. 어떤 자료를 제공할 것인가? 제공할 범위를 선택해서 한글 기술자료를 만드는 게 사업단 임무였다.

탄약시스템 개발을 위하여 개발업체인 삼성SDS와 전국을 누비며 업무 처리절차를 확인하고 토론하였으나, 업체와는 별도로 나는『탄약 자료집』작성을 위하여 노심초사하였다. 시스템이 계획대로 완성된다고 해도 입력할 자료가 없다면, 입력자료가 없어 정보를 제공할 수 없다면 그게 시스템이겠는가? 그런 불상사를 막기 위해 동분서주하였다. 1996년부터 1997년까지 숨돌릴 틈 없이 바빴던 이유다.

다행히 긴 시간 고민하고 여러 사람이 노력한 덕분에 1년여 시간이 지나자 성과가 나타나기 시작했다. 길고 복잡한 작업 끝에 세

권의 『탄약 자료집』을 발간하여 전 부대에 배포하였다. 각각 500페이지에 달하는 1, 2권은 항공탄 종류별 제원이었고, 3권은 탄종별 성능과 취급절차를 명시한 기술자료였다.

아직 시스템을 완성하려면 멀었다. 그래도 나는 자료집을 발간하여 기초자료 입력 준비가 끝나자 한시름 놓았다. 개발업체가 효율적인 시스템을 만들지 못해 실패할지라도 공군의 준비 부족으로 시스템이 가동하지 않을 염려는 사라진 것이다. 사업단 출범 전부터 구상하고 계획을 세워서 온 힘을 다한 결과였다.

이제 탄약시스템을 완벽하게 개발하면 된다. 요구사항을 제대로 반영하여 시스템을 완성하고, 원하는 자료를 실시간으로 제공한다면 모두가 놀라워하리라. 처음부터 사업을 주도한 대위 조자룡 이름 석 자를 만천하에 떨치리라. 아니 이름을 알리지 못하더라도 분신과도 같은 시스템이 운영되는 한 내 심장은 벅차게 뛰리라. 아름다운 미래를 상상하니 쌓인 피로가 씻은 듯이 사라졌다. 청년 조자룡의 장래는 밝다.

사무실 회식

 나는 술을 좋아한다. 술 좋아하는 사람에게 가장 즐거운 건 회식이다. 대한민국은 술 권하는 사회다. 특히 회식 자리에서 그렇다. 가족은 과음을 걱정한다. 첫째, 건강에 해롭고 둘째, 실수하거나 사고 칠 확률이 높아지기 때문이다. 회식에 참석한 사람은 그렇지 않다. 최대한 분위기를 끌어올리기 위하여 서로 빈 잔을 채워주며 권하기 바쁘다. 술 좋아하는 사람이나 잘 마시는 사람이 회식 자리에서는 최고다. 가족은 술 마시지 않는 사람을 좋아하지만, 그런 사람은 술자리에서는 꿰다 놓은 보릿자루 신세다.
 나는 회식이라면 빠지지 않고 참석하였다. 회식이 뜸하면 회식 건수를 만들기 위하여 골몰할 정도. 그렇게 좋아하는 회식이건만 마다할 때가 있다. 바로 술 마시지 못할 때다. 술 마시지 못할 때는 셋이다. 첫 번째는 당직 근무하는 날이고, 두 번째는 병원에 입원했을 때이며, 세 번째는 어떤 이유로 한약을 먹을 때다. 이유는 알 수 없으나 한의사는 약을 제조해 주면서 금주를 강조한다. 나는 한약을 싫어한다. 한약이 몸에 안 받거나 맛이 싫은 게 아니라 한약 먹는 동안 술을 마실 수 없기 때문이다. 한약을 먹으면 확실히 몸이 거뜬해지는 느낌이 들기는 한다. 그게 한약 덕분일까? 한약 복용 기간인 2주나 한 달 동안 금주하는데 그 때문이 아닐까? 며칠만 금주해도 몸이 거뜬해지고 머리가 맑아진다. 이래저래 한약 효과는 믿지도 않고 좋아하지도 않는다.

이유는 기억하지 못하지만 한 달여 한약을 먹을 때다. 내가 원치 않아도 아내가 다른 사람 말에 혹하여 한약을 지었을 것이다. 비싼 돈 들여 몸 생각해서 지은 한약을 버릴 수는 없다. 울며 겨자 먹기로 억지로 금주할 때다. 사무실 과장이 어떤 이유를 들어서 회식을 하자고 했다. 평소 같으면 불감청이언정 고소원이었겠으나 나는 반대했다.

술 좋아하는 사람이 회식 때 술 마시지 않고 지켜보는 건 고역이다. 내성적이고 소극적인 사람도 술이 몇 잔 들어가면 소탈해지고 당당해지다가 대담해진다. 술은 담을 키운다. 침울하거나 의기소침했던 사람도 언제 그랬느냐는 듯 기고만장하여 큰소리친다. 술 마시지 않고 그런 분위기에 휩쓸리는 일은 어색하다. 정신이 말짱한데 말도 안 되는 이야기에 부화뇌동하여 희희낙락할 수 있는가? 모두가 웃고 떠드는데도 혼자 쥐죽은 듯이 침묵할 수도 없고, 허튼 소리로 맞장구칠 수도 없다. 술 마시지 않을 때는 절대로 회식에 참석하지 않는 이유다.

"아니, 술이라면 자다가도 벌떡 일어날 조 대위가 웬일이야? 오늘은 해가 동쪽으로 지겠네."

"아, 예, 싫다는 데도 아내가 한약을 지어 와서요. 벌써 몇 주째 술 근처에도 못 가 봤습니다. 목구멍이 근질거려 미치겠습니다."

"그래? 조 대위가 술 안 마신다고 회식을 안 할 수는 없고……. 오늘은 북부상가에서 삼겹살에 소주 한잔씩 하지. 사무실 회식이 너무 뜸했으니 말이야."

과장이 회식한다는데 반대할 수는 없다. 과장 판공비로 하는 회식을 마다할 사람은 없다. 나는 개인 사정으로 반대하는 처지였으나 회식을 막을 방법은 없다. 평소답지 않게 그저 시무룩하게 침묵하고 있을 수밖에…….

여느 때와 마찬가지로 회식은 시끌벅적하게 진행되었다. 술 마시면 말이 많아진다. 계급은 중령 대위 중사 병사로 천차만별이었으나 술은 용기를 북돋는다. 과장의 말에 중사나 병사도 거침없이 대꾸한다. 물론 그게 회식의 묘미다. 평소에 거북한 말도 어렵지 않게 해서 상하 소통에 효과적이다. 나만 술을 마시지 않으니 대꾸할 기분이 나지 않을 뿐이다. 게다가 한의사는 술뿐만 아니라 돼지고기도 금지하였다. 삼겹살 회식에 술과 돼지고기를 못 먹는 사람이 할 일이 무엇이겠는가? 마음 같아서는 회식 자리를 이탈하고 싶었으나 군에서 단체행동에 예외는 없다. 술자리가 좌불안석이었다.

"오늘은 조 대위가 술을 마시지 못하니 우리가 조 대위 몫까지

몽땅 마시자구, 자 건강을 위하여!"

과장은 내가 듣기에 못마땅한 농담까지 곁들이며 희희낙락이다. 임석 상관이 기분이 좋을 때 자리가 편하다. 상급자가 침울하면 분위기를 띄우기 위하여 노심초사해야 하는 판에 술기운에 스스로 우쭐하니 이보다 좋은 일이 있는가? 나를 제외한 다섯 명은 의기투합하여 큰 소리로 "위하여!"를 외치며 분위기에 빠져들었다. 한 시간이 흐르자 모두 크게 취하였다. 그렇게 부어라 마셔라 쉴 틈 없이 들이켰으니 취할 만했다. 혀가 꼬부라지기 시작했다.

"그런데 말이야."

중구난방으로 지껄여서 시끌벅적한 와중에 갑자기 과장이 말을 꺼냈다. 아무리 술자리라도 조심해야 한다. 화기애애하다가도 상관이 마음 상하는 일이 생기면 삽시간에 초상집으로 돌변한다. 그저 상관의 말과 태도에 집중하여 추임새 넣고 맞장구치는 게 최고다. 술 마셔서 유쾌한 기분을 자리가 파할 때까지 유지해야 하지 않겠는가? 과장의 말 한마디에 모두가 함구하고 주목하였다.

"어느 집안에 형제가 여럿이었는데 말이야. 희한하게도 싸움이 벌어지면 동생 편만 들거든? 첫째와 둘째가 싸우면 둘째 편을 들고, 둘째와 셋째가 싸우면 셋째 편만 드는 거야. 그런데 그 집만 그런 게 아니더라구, 이 집 저 집, 동네방네가 다 그런 거야. 마치 짜고 그러는 것처럼 말이야. 이상하지? 이 동네 이름이 뭔지 알아?"

그럴 리도 없지만 그런 이상한 동네가 있다 한들 그걸 알 사람이 있겠는가? 모두 눈만 껌뻑이며 과장의 하회를 기다렸다.

"그 동네 이름은 바로 '형편없는 동네'야."

무슨 말인지 이삼 초 새겨듣다가 그 의미를 알아채고 폭소가 터졌다.

"우하하하, 형편없는 동네?"

"푸하하하, 정말 형 편드는 사람이 하나도 없는 동네네."

모두가 포복절도, 박장대소하였다. 형·편·없는 동네니 동생 편만 드는 건 당연하였다. 그런 동네에서는 장남으로 태어나지 말아야 하리라. 한동안 실컷 웃고 나서 다시 시답잖은 말이 이어졌다. 하는 사람도 듣는 사람도 무슨 의미인지 모르고, 내일이면 아무도 기억하지 못할 말 말이다. 하릴없는 나는 밖에 나와서 담배를 피우며 찬바람을 쐬었다. 담배 피우고 자리에 돌아와서 5분이 흘렀을까? 갑자기 과장이 정색하며 말했다.

"그런데 말이야."

소란하던 좌중이 일시에 조용해졌다. 과장의 입에서 어떤 말이 나올지 자못 궁금하였다. 취한 와중에도 과원 중 실수하는 사람은 없었다. 임석상관이 말하는데 방해하는 건 불경죄다. 모두가 쥐죽은 듯이 과장을 주시하였다.

"어느 집안에 형제가 여럿이었는데 말이야. 희한하게도 싸움이 벌어지면 동생 편만 들거든? 첫째와 둘째가 싸우면 둘째 편을 들고, 둘째와 셋째가 싸우면 셋째 편만 드는 거야…… 이상하지? 이 동네 이름이 뭔지 알아?"

모두 눈만 껌뻑였다.

"그 동네 이름은 바로 '형편없는 동네'야."

"우하하하, 형편없는 동네?"

"푸하하하, 정말 형을 편드는 사람은 하나도 없는 동네네."

조금 전에 들은 말인데도 모두가 폭소를 터뜨렸다. 폭소뿐만이 아니다. 폭소에 이은 말대꾸도 똑같았다. 처음 들었을 때는 나도 웃었다. 불과 10여 분 전에 한 말에 같은 반응을 보이는 과원에 어이가 없다. 이 사람들이 과장한테 아부하는 의미로 웃는 걸까, 아니면 취해서 좀 전에 들은 걸 잊은 걸까?

그게 시작이었다. 나는 그날 미치는 줄 알았다. 아니 아무리 취해도 그렇지, 과장의 토시 하나 다르지 않은 유머에 듣는 네 명의 반응이 어쩌면 그렇게 똑같단 말인가? 이건 리바이벌 정도가 아니었다. 말투나 표정, 태도, 몸짓 등 반응이 정확히 같았다. 5분이나 10분 간격으로 반복하였다. 기가 막혔다. 혼자 속으로 중얼거렸다.

'완전히 미쳤구먼. 술 취하면 개라더니 이건 개가 아니라 완전히 미치지 않았는가? 5분 전에 했던 말을 하는 사람이나, 그 말을 듣고 정확히 같은 동작으로 포복절도하는 사람이나 모두 제정신이 아니다. 술 마시면 미치는구나.'

보통 저녁 식사를 겸하는 회식은 한 시간이나 한 시간 반 정도다. 술을 아무리 마셔도 한 시간 반이면 끝난다. 그래야 2차 3차가 이루어진다. 물론 나는 2차나 3차에 갈 마음이 없다. 1차는 어쩔 수 없이 참석했더라도 2차 3차까지 따라가서 엉터리 같은 말을 들을 수는 없다. 그런데 회식이 끝나지 않았다. 과장은 술 좋아하는 내가 술을 마시지 않으니 특별히 배려하여 1차에서 마무리하였다. 그 시간이 저녁 아홉 시였다. 여섯 시에 시작한 회식이 세 시간이나 계속된 것이다.

처음 한 시간은 그럭저럭 참았으나 나머지 두 시간은 정말 고역이었다. 모두가 의기투합하니 그들이 아니라 내가 미친 듯하였다. 나는 과장이 '그런데 말이야.' 소리만 하면 밖으로 나와서 담배를 피웠다. 정확히 헤아리지는 않았으나 그날 회식 중에 피운 담배만 열 대는 되리라.

술 마시지 않으며 참석한 회식은 태어나서 처음이었다. 갑자기 술 마시지 않는 사람이 존경스러워졌다. 군에서는 술 마시지 않는 사람도 회식에 참석한다. 회식에 참석할 뿐만 아니라 회식비도 분담한다. 멀쩡한 정신으로 그런 쓸데없는 소리를 들었다니 얼마나 힘들었을까? 마음이 아팠다. 나도 술 취하면 저럴까? 정신이 아찔하다. 술을 끊어야 하나?

술은 적당히 마셔야 좋다. 몸에 좋다는 게 아니라 친구에게 허튼사람으로 낙인찍히지 않는다는 말이다. 기분 좋다고 같은 말을 반복해서야 되겠는가? 조금 전에 들은 말에도 처음 들은 양 미친 듯이 앙천대소해야 하겠는가? 술 마시면 개다. 아니 개는 술을 마시지 않으므로 개란 말은 개에 대한 모욕이다. 어쨌든 술 취하면 정상이 아니다.

입덧

입덧은 임신 초기에 나타나는 증상으로 냄새만 맡아도 구역질이 나거나 구토하는 사람, 먹지 않으면 속이 메스껍고 구역질하는 사람, 조금만 먹어도 체한 것 같아 속이 안 좋은 사람, 속이 메슥거려서 도저히 먹지 못하는 사람, 자신의 침이 느글거리고 삼키지 못해 계속 뱉어야 하는 사람, 물을 비롯한 음료를 마시지 못하는 사람 등 양상이 다양하다. 여러 설이 있으나 아직 구체적인 원인이 밝혀진 바 없다.

첫째를 가졌을 때 아내는 입덧을 안 했다. 먹고 마시는데 이상이 없었을 뿐 아니라 오히려 평소의 두세 배를 먹을 정도로 잘 먹어서 몸무게가 급격하게 불었다. 평소에는 먹지 않았던 것을 곧잘 먹었는데 곱창류가 좋은 예다. 아내는 채소와 나물류를 좋아하지 육식은 좋아하시지 않는다. 그런데 생전 먹지 않던 곱창을 먹고 싶다고 해서 사 먹었는데 태어난 딸이 자라서 곱창을 좋아한다는 걸 알았다. 임신한 엄마는 아기 식성에 따라서 입맛이 달라진다는 말을 들었는데 그건 사실이었다.

둘째 아들은 달랐다. 첫째가 돌 지난 지 얼마 안 돼 임신한 아내는 어떤 음식도 제대로 먹지 못했다. 큰일이었다. 두 사람분 영양분을 섭취해도 모자랄 판에 아무것도 먹지 못한다는 건 두 사람 건강에 치명타다. 아내는 필사적으로 먹었으나 몸이 거부했다. 속이 니글거리고 구역질이 나와 밤새 화장실 변기를 그러안고 있었으나 막상 토하는 건 없었다. 그럴 수밖에 없는 것이, 먹은 음식이 없는데 토할 게 있겠는가?

몸이 모든 음식을 거부하였으나 굶을 수는 없다. 본인은 물론이고 아이 건강을 생각해서라도 먹지 않을 수 없다. 먹고 토하고를 반복하면서도 계속 섭취를 시도한 결과 포도는 증상이 약하다는 걸 알았다. 이때부터 아내의 주식은 포도가 되었다. 포도로 충분한 영양분을 섭취할 리 없으나 다른 건 먹을 수 없으니 달리 도리가 없었다. 첫째는 출산 전후 큰 어려움이 없었으나 둘째를 갖고 나서 아내는 비로소 출산이 큰일임을 알았다. 둘째 임신은 아내에게 고난의 길이었다.

입덧만이 문제가 아니었다. 아내가 음식을 제대로 먹지 못해서인지 뱃속 아이의 상태가 좋지 않았다. 아내는 걷고 움직이는 걸 힘들어했다. 마치 뱃속 아이가 금방 쏟아져 내릴 것처럼 아프고 하방 압력이 심했다. 그래도 어쩌겠는가, 출근한 남편은 도움이 안 되고 어린 딸을 데리고 살림을 해야만 했다.

가장 큰 문제가 시장 보는 일이다. 첫째는 멀리 가려면 업고 다녀야 할 나이였으나 임신한 몸으로 업을 수도 없을 뿐 아니라 걷기 힘들 정도로 뱃속 아이가 불안정한 상태에서 챙길 수가 없다. 아내는 장에 갈 때 딸이 먹을 분유와 물, 갈아입을 옷과 기저귀를 작은 가방에 넣어 딸이 짊어지게 했다. 첫째는 잘 걷지도 못하는 처지에 자기 생활용품까지 짊어져야 했다. 터울이 짧은 동생은 엄마뿐만 아니라 딸까지 힘들게 했다.

산모가 힘들면 내가 돕는 게 당연하다. 그러지 못했다. 당시 분위기가 남자가 집안일을 거들지도 않았으나, 내가 군에서 하던 일이 정보체계 개발사업이다. 공군 전 부대를 순회하며 업무분석과 산출물 검토, 시험평가에 여념이 없을 때다. 한 달에 출장 가는 날이 절반이 넘었고, 출장이 아니라도 매일 야근이요 주말에도 출근하는 날이 잦았다. 아내는 다른 사람에게 여간해서는 의지하지도 않을뿐더러 내가 시간을 내려야 낼 수 없는 처지다. 요즘과는 사뭇 다른 세태다. 아내는 스스로 모든 일을 해결해야 했다.

아파트에서 가장 가까운 시장은 이백여 미터 떨어진 곳에 있었다. 평소라면 십 분도 채 걸리지 않는 거리다. 아내는 불안정한 뱃속 아이 때문에 아주 조심스럽게 이동하는 바람에 오십여 분이나 걸렸다. 그 가까운 거리를 왕복하는 데 두 시간이 걸렸다. 아내에게도 엄청난 고역이지만 딸에게는 천리마 행군과 다를 바 없다. 겨우 걸음마 단계를 지난 아이에게 먹고 입을 나부랭이를 짊어지게 하고 두 시간씩 걷게 한다면 애가 배겨나겠는가?

하루걸러 엄마 따라 시장에 가던 딸은 엄마에게 부탁하였다.

"엄마, 엄마 혼자 장에 갔다 와. 나는 혼자 집에서 놀고 있을게. 비디오테이프 교체하는 법을 써 놓으면 중간에 비디오가 끝났을 때 내가 교체해서 보고 있을게."

딸은 몸은 작고 여렸으나 글을 일찍 깨우친 탓인지 사고력이 뛰어났다. 어린아이답게 호기심 넘쳤다. 당시 집에는 내가 읽던 역사 소설을 비롯한 문학 서적과 어린이 동화가 많이 있었고, 딸이 좋아해서 '십만 개의 왜 그럴까요'라는 비디오 세트가 있었다. 비디오 하나 분량은 오십 분이다.

"너 혼자 있을 수 있겠어? 혼자 있으면 엄마가 불안한데?"

"응, 혼자 있을 수 있어. 엄마 따라서 장에 갔다 오는 게 너무 힘들어. 비디오 틀어놓고 비디오테이프 교체하는 법을 써 놓으면 내가 교체해서 볼게. 두 개 보는 동안 엄마 혼자 다녀와."

몇 주 동안 엄마 따라 장에 다니던 딸이 낸 묘안이었다. 보통 아이라면 엄마와 떨어지는 게 두려워서 한사코 따라가겠다고 투정을 하리라. 딸은 혼자 집에 남는 게 마음에 들지 않았으나 땡볕에 짐을 짊어지고 두 시간 걷는 게 더 큰 고통이었다. 시원한 실내에서 엄마가 타 놓은 분유를 마시면서 '십만 개의 왜 그럴까요' 비디오테이프를 본다면 그 아니 좋은가? 몸도 마음도 즐거운 일거양득 아닌가?

스스로 견디기 힘들어서였을 것이나, 어쨌든 딸의 묘안에 아내도 한결 장에 다니기가 수월하였다. 뱃속 아이에게 집중하면서 시장 본 짐을 들고, 아이를 돌보는 건 쉬운 일이 아니다. 태어나고 몇 달 뒤부터 낱말카드를 이용하여 지극정성으로 엄마가 가르친 덕분이겠지만, 이럴 처지에 빠질 걸 미리 안 운명의 여신의 도움이었는지도 모른다. 엄마가 써 놓은 대로 비디오테이프를 교체해서 보면서 딸은 홀로 집을 지켰다. 돌 지난 지 두세 달 뒤 일이다.

아내가 입덧한 이유는 출산하고 나서 밝혀졌다. 둘째로 태어난 아들은 선천성 아토피였다. 처음에는 몰랐으나 심한 음식 알레르기가 있다는 걸 알게 되었다. 아토피란 말 자체가 알 수 없는 피부병을 가리킨다. 과거보다 갈수록 발생 빈도나 증상이 심해지는 것으로 미루어 환경 오염을 원인으로 추정하나 정확히 밝혀진 바는 없다. 그야말로 원인을 알 수 없는 피부질환이다.

아들은 못 먹는 게 많다. 달걀, 우유, 팜유, 시금치, 견과류를 먹지 못한다. 가공식품에 달걀, 우유, 팜유 들어가지 않은 음식이 있는가? 아들은 금지 식품을 적은 양이라도 섭취하거나 피부에 닿으면 급성 피부발진이 일어난다. 순식간에 온몸이 부풀어 오른다. 금지 식품은 단순히 먹지 못하는 정도가 아니라 바로 독약이다. 조금만 지체하면 생명을 잃는다. 몸이 부푼다는 건 겉으로만 나타나는 증상이 아니다. 몸이 부풀어 오르는 비율로 몸 안에서도 부풀어 오른다. 기도와 식도 내장이 막히는 것이다.

생명은 위대하다. 생명현상은 기적이다. 난자와 정자가 만나 세포 분열을 통하여 새 생명을 만드는 과정도 신기하지만, 몸도 의식도 없는 배아나 태아가 엄마의 몸을 자극하여 위험한 외부 물질을 차단한다니 놀랍지 않은가? 과학과 기술 발전 속도가 빠르고 기능적으로 인간을 능가하는 인공지능이 등장하였으나 생명을 이해하는 건 머나먼 일이다. 벌이나 개미가 군집 생활이 가능한 이유와 거대 포유동물의 세포 간 소통하는 신호체계를 밝히는 것이 첫걸음이 되리라.

둘째 외삼촌

둘째 외삼촌의 부음이 전해졌다. 천만뜻밖이었다. 둘째 외삼촌은 노인이 아니다. 체격이 건장하고 평소 앓던 병도 없다. 내가 놀라고 충격을 받은 건 하늘 아래 가족 다음으로 가장 가까이 지냈고 의지했던 분이기 때문이다.

어머니 형제는 6남매다. 3남 3녀인데 3형제 중 가운데, 둘째 외삼촌만 시골에서 부모를 모시고 살았고 모두 객지에 나가서 살았다. 우리 집이 있는 부여군 충화면 만지리와 외갓집이 있는 부여군 장암면 점상리는 몇 개의 산을 경계로 하는 접경이었다. 고개 세 개를 넘으면 바로 외삼촌 댁이었다.

아버지는 칠대 독자다. 아버지의 친척은 전혀 없다. 할머니 외가가 인근에 있었으나 친분이 두텁지 않아 가깝게 지내지 않았다. 우리 형제에게 가족 외 친척은 가까운 거리에 사는 둘째 외삼촌뿐이다. 차 타고 여행을 다니지 않을 때다. 우리에게 여행은 외삼촌

댁에 가는 일이었다. 여름이나 겨울방학 때 손꼽아 기다리던 여행이다.

우리 집보다는 조금 나은 편이었으나 외삼촌도 가난한 시골 살림이었다. 외삼촌의 튼튼한 몸 하나로 모든 일을 헤쳐나갔다. 어려운 살림에도 우리 형제가 고개 세 개를 넘어서 십 리가 넘는 길을 가면 늘 반갑게 맞으시고 닭이나 토끼를 잡아주셨다. 당시 농가는 동물농장이나 다름없었다. 키우지 않는 가축이 거의 없었다. 소, 돼지, 개, 닭, 토끼는 기본이고 때에 따라 염소나 양을 키울 때도 있었다. 물론 잡아먹기 위해 키우는 건 아니다. 전답이 없는 빈농의 생계 수단이었다.

우리 집도 마찬가지다. 소는 농사를 위해 키웠지만, 나머지는 팔기 위해 키웠다. 닭은 항상 수십 마리를 키워서 적지 않은 달걀을 수확하였으나 밥상에 오르지는 않았다. 밥상에 오르는 건 여름에는 김치와 장아찌와 쌈 채소가 전부였다. 쌈은 종류가 많았다. 상추, 호박잎, 깻잎, 콩잎이 교대로 올라왔다. 겨울에는 김치와 시래기 된장국에 여름에 말려둔 나물 정도였다. 자주 먹지는 못했으나 나물 종류는 많았다. 고사리, 박, 호박, 고구마 줄기, 무, 시래기가 있었으나 제사 끝에나 볼 수 있었다. 그나마 쌀과 보리쌀이 부족하여 고구마나 감자로 점심을 때울 때가 많았다.

외삼촌은 애처가였다. 숙모님을 신주 모시듯 하였다. 남성우월주의에 고착된 보통 가장과 달랐다. 여자는 농어촌에 시집가는 걸 싫어한다. 현재 젊은이가 삼포 세대라고 자조하고, 우리나라가 세계 최저 출산율인 데는 다 이유가 있는 셈이다. 우리 부모 세대는 대부분 농촌 출신이다. 농촌의 농부는 남녀가 따로 없다. 지역 유지로 불리는 부유한 사람은 다르겠으나 보통 시골 아낙네는 남자보다 할 일이 오히려 많은 지경이다. 소를 부리는 논농사는 남성이 주로 하지만, 반찬거리를 장만하는 밭일은 아낙네가 책임진다. 시골에 꼬부랑 할머니가 많은 이유는 온종일 땡볕 아래 밭일한 결과다. 여자아이는 성장하고 나들이하는 게 아니라 평생 몸뻬(왜바지) 차림으로 땡볕에 밭일하는 어머니를 보고 자랐다. 그런 어머니가 부럽겠는가?

외숙모는 달랐다. 외삼촌은 외숙모가 바깥일 하는 걸 허락하지 않았다. 숙모가 몸이 허약했는지도 모른다. 어쨌든 숙모는 여느 시골 아낙네와 달리 얼굴과 손발이 뽀얗고 해사하였다. 나이 차이가 얼마 되지 않는 우리 어머니의 검게 그은 얼굴과 부르트고 터진 손발과 비교되지 않을 정도로 고왔다. 어린 마음에도 그런 숙모가 부러웠다. 내가 보기에 세상에서 가장 아름답고 착하고 부지런한 어머니의 불행이 가슴 아팠다.

외삼촌이 아끼고 사랑하는 만큼 숙모는 가족을 위하여 음식 장만에 부지런하였다. 가난한 살림에도 음식 준비하는 데 돈을 아끼지 않았다. 평소에도 반찬을 갖춰 먹는 편이었으나 우리가 갈 때는 인근에 가게가 없었으므로 닭이나 토끼를 잡았다. 찢어지게 가난히여 일 년 내내 고기반찬 한 번 먹지 못하는 사정을 잘 알기 때문이었는지도 모른다. 외삼촌은 그런 숙모를 말리지 않았다. 어려서 외삼촌 댁에 놀러 가는 건 천국 여행이었다. 밥도 쌀밥이었다. 보리 곱삶이만 먹던 우리 입이 쌀과 고기반찬에 호강하는 날이었다.

맛있는 걸 먹지 못해서가 아니라 배부르게 먹지 못해서 불행한 시절이었다. 그런 시절에 쌀밥에 고기반찬이라니 모처럼 찾아간 우리 형제가 얼마나 행복했겠는가? 사촌 형제도 방학 때 우리 집을 찾곤 하였다. 친척이 많았으나 모두 도회지에 나가 있는 터라 걸어서 올 수 있는 우리 집, 고모 집이 유일한 여행지였다. 그래서 외사촌 5남매는 우리 형제와 친하게 지냈다.

외삼촌은 특히 나를 편애하였다. 외삼촌은 나보다 한 세대 위임에도 키 백칠십 센티미터가 넘는 건장한 체격을 가졌다. 당시에는 보기 드문 장사였고 그런 이유로 육군 현역 병사로 근무할 때 부대 정문에서 근무하는 위병이었다. 제대할 때 부대장이 부사관으로 장기 복무하는 것을 권유했다고 한다. 아버지는 군에 간 적이 없어 군에 대해서 아는 게 없었으나 외삼촌은 군 구조와 계급 체계를 잘 이해하였다. 내가 금오공고와 금오공대를 나와서 공군 장교로 임관한 걸 자랑스럽게 여겼다. 내가 시골에 찾아가면 장교 정복으로 제대로 갖추고 오기를 신신당부했다. 동네 사람에게 자랑하기 위해서다.

물론 나는 정복 차림으로 시골에 간 적이 없다. 일반 군복도 민간인 사이에서는 두드러져 보인다. 하물며 정복을 입고 돌아다니는 사람은 없다. 눈에 띄는 만큼 행동이 자유롭지 못하다. 술 담배는 물론이고 다리가 아프다고 아무 곳에서나 쉬거나 앉을 수조차 없다. 외삼촌이 바라는 일이라도 젊은이가 그런 불편을 감수하겠는가? 이렇게 일찍 돌아가실 줄 알았다면, 외삼촌의 평생소원을 들어드렸을 것이다. 외삼촌은 아직 오십 대였다. 오십 대에 돌아가실 줄이야 꿈에라도 생각하겠는가?

가족 외에 가장 믿고 의지했으며, 특별히 나를 사랑하고 자랑스러워했던 외삼촌의 부음에 가만히 있을 수는 없었다. 휴가를 내서 부리나케 부여장례식장으로 달려갔다. 당연히 아내도 함께 가야 했으나 아내는 둘째 출산이 내일모레 하는 만삭이어서 가지 못했다. 장례식장에 도착하니 우리 부모 형제 모두와 외갓집 친척 대부분이 모여 있었다.

"뭔 일입니까? 이게 대체 웬 날벼락이래요?"

"아이고, 나는 어쩐다니…… 나는 어떻게 살라고……. 아이고 나 혼자 어떻게 살라고~."

숙모는 대뜸 대성통곡부터 하셨다. 아마 처음이 아니리라. 찾아오는 모든 사람에게 이랬을 것이다. 숙모에게 외삼촌은 단순히 남편이나 아이들 아빠가 아니었다. 세상을 지탱하는 거대한 축이었다. 바깥일은 농사일만 해당하는 게 아니다. 면사무소 공무처리나 각종 서류, 일가친척이나 동네 사람과의 대인관계도 모두 외삼촌 몫이었다. 숙모는 사실상 밥하고 빨래하는 일 외에 직접 나서는 일이 없었다. 출타해서 숙모가 다리 아프다고 하면 등에 업고 다니기까지 했다. 그런 외삼촌이 원기 왕성한 오십 대에 타계하였으니 그 심정이 어떻겠는가?

외삼촌 사망 원인은 교통사고였다. 멀쩡하게 가는 사람을 음주운전 차량이 치었다. 그야말로 잘못이 전혀 없는 억울한 죽음이다. 사촌 형제는 대부분 이십 대다. 큰아들인 홍섭이는 결혼하였으나 나머지 넷은 모두 미혼이다. 숙모뿐만 아니라 사촌 형제로서도 외삼촌의 사망은 청천벽력이었다. 세상을 지탱하는 축이자 온갖 풍파를 온몸으로 막아내던 가정의 방패가 사라진 것이다. 명대로 살다가 늙어서 죽은 게 아니다. 가족 모두 비통할 수밖에 없었다.

나도 함께 울었다. 아마 그렇게 슬퍼하는 사람을 만난다면 누구나 눈물이 날 수밖에 없으리라. 게다가 나는 특별 대우를 받았던 사람이다. 세상에서 나를 가장 자랑스러워하던 분이 돌아가신 것이다. 우리 5형제 중 정상적으로 군 복무를 마친 사람은 큰형뿐이다. 나머지 세 형제는 이런저런 사정으로 군 복무하지 않았다. 군에 대해서 아는 바가 거의 없다. 군인을 사랑하고 장교를 자랑스러워하는 분은 외삼촌뿐이었다. 나는 초등학교 5학년 때 스스로 삶을 마친 누나나 할머니가 돌아가셨을 때보다도 더 슬프게 울었다.

인간관계는 촌수가 아니다. 교감과 공감이다. 서로 깊이 이해하고 사랑할 때 믿고 의지한다. 내가 슬픈 건 당연하다. 죽은 외삼촌이 맛보지 못한 미래의 행복이 안타깝다기보다 나를 가장 강력하게 성원하는 원군을 잃었다는 게 슬펐다. 내 성공에 가장 기뻐할 사람이 사라진 데 아팠다. 기대하는 사람이 있을 때 행동할 동력이 생긴다. 그런 점에서 나의 눈물은 외삼촌을 위한 것이라기보다는 자신에 대한 연민이었다.

청상과부가 된 외숙모는 어떻게 살아갈 것인가? 아직 세상 물정 모르는 동생들 앞날은 어떠할 것인가? 스스로 내 앞가림에 바쁘고 궁핍한 부모 형제도 건사하지 못하는 형편이다. 나는 어떠한 힘도 되지 못할 테다. 게다가 교통사고 낸 차량은 무보험이었다. 사고자도 가난한 시골 사람이다. 보상을 받는 데 한계가 있다. 오십 대에 돌아가신 내가 믿고 의지하던 외삼촌의 목숨값은 오천만 원이 전부였다.

자식이 모두 객지로 떠났는데 외숙모 혼자서 시골 일을 감당하실 것인가? 각자 먹고살기도 바쁜 판국에 숙모를 모시고 살 자식이 있을 것인가? 해결해야 할 일은 태산이다. 나는 슬프고 무거운 마음을 안고 돌아왔다. 당장 내가 할 수 있는 일은 없다. 아내와 첫딸이 있고 내일모레 나올 둘째가 있다. 우선 나부터 잘살아야 하리라. 내가 우뚝 설 때 도울 일이 있으리라. 사촌 형제에게 내가 힘이 될 날이 올 것인가?

도쿄 대첩

인류 역사는 전쟁의 역사다. 압도적인 공격력을 가진 최고의 전사나 어떠한 공격에도 끈질기게 버티는 자만이 살아남는다. 현재 살아가는 사람은 모두 최고 전사의 후예다. 전쟁 원인은 다양하다. 주로 기상 이변 등 자연재해로 인한 흉작으로 굶주림을 면하려거나, 독재자가 명성을 얻으려는 허영심으로 일어났으나 어떤 까닭에서든 결과는 같다. 전쟁에서 지면 지도층은 재산이나 명성에 흠이 가는 정도였으나 서민은 승패에 무관하게 목숨을 잃거나 가정이 풍비박산 나기 일쑤였다.

현재는 전쟁이 쉽지 않다. 인간의 욕망이 줄었다거나 본성이 순화해서가 아니다. 승자와 패자를 구분하는 게 무의미할 정도로 파괴력이 강한 핵폭탄은 인간의 극단적인 탐욕을 억제하였다. 2차대전 이후 대규모 전쟁이 발생하지 않는 이유는 단 하나 공멸할지도 모른다는 공포 때문이다.

남자는 사냥과 전투에 특화된 족속이다. 인류 역사 대부분을 지배한 건 남자였으나 뼈가 크고 굵으며, 근육이 더 많다는 점 외에 남자가 여자보다 우월하다는 증거는 없다. 약간 우세한 체력은 이종 동물과의 사투나 외부인의 침략을 막는 데 남자에게 임무를 부여하였고, 그것이 그대로 권력이 되었다. 수렵 채집 사회에서 동물을 사냥하는 일이나 외부의 공격을 막아내는 것은 생존과 직결된다. 더 많은 시간에 더 자주 일하는 건 여자일지도 모르나 가장 중요한 일은 남자 몫이었다. 남자는 근육의 힘으로 역사를 지배하였다.

사냥과 전투가 남자의 본령이지만, 현재는 사냥할 동물이 없고 핵무기의 등장으로 전투할 기회는 사라졌다. 본성은 그대로지만 활동할 기회가 사라진 셈이다. 남자의 투쟁 욕망을 발휘하게 한 게 스포츠다. 전쟁이 사라진 현대에서 당장 가족의 생계나 건강에 문제가 없다면 최고 관심사는 스포츠다. 프로축구, 프로야구 혹은 테니스, 골프, 바둑에 골몰한다. 경기 결과가 국가 안보나 경제에 직결되지 않음에도 모두가 빠져든다. 국가 간 벌어지는 운동경기는 전쟁이다. 전투 대신 벌이는 게 스포츠이므로 전쟁으로 여기는 일이 어쩌면 당연한 일인지도 모른다.

현대 스포츠 중에서도 가장 인류의 이목을 끄는 건 단연 축구다. 특별한 운동기구 없이 가능한 축구는 전 세계 모든 사람이 할 수 있는 운동이다. 야구나 농구, 테니스, 수영과는 다르다. 공 하나만 있으면 할 수 있는 축구는 빈부 격차를 초월한다. 테니스나 수영 잘하는 사람은 부잣집 아이 중에 뛰어날 뿐이지만, 훌륭한 축구선수는 인류의 대표다. 가장 뛰어난 전사라고 할 수 있다. 그런 측면에서 축구는 인류가 가장 좋아하는 운동이고 세계 최대 축구 축제인 월드컵에 모두가 열광한다.

한국인도 축구를 좋아하고 사랑한다. 산업화에 뒤처져 경제력이 떨어질 뿐만 아니라 신체 조건과 축구 역사에서도 뒤진 아시아와 아프리카는 축구의 변방이다. 아시아에 할당된 출전권은 한 장이나 반 장뿐이었다. 1954년 스위스 월드컵에 참가한 이래 32년 동안이나 단 한 차례도 월드컵에 나갈 수 없었던 까닭이다. 아시아에 두 장이 배당된 1986년 멕시코월드컵에 겨우 두 번째로 참가하였다.

32년 만에 월드컵에 나선 대한민국은 첫 경기부터 우승팀 디에고 마라도나의 아르헨티나를 만나 완패했고, 불가리아와 비긴 뒤 이탈리아에 석패했으나 가능성을 보여주었다.

1990년 이탈리아월드컵은 온 국민이 기대하였으나 결과는 비참하였다. 아시아예선 9승 2무라는 압도적인 성적이 대표팀을 자만하게 하였다. 본선에서 맞붙은 스페인 벨기에 우루과이가 강적이긴 하였으나 싸울 만한 상대로 여겨졌다. 결과는 3전 전패 승점 1점도 얻지 못한 참패였다.

1994년 미국월드컵은 천신만고 끝에 출전할 수 있었다. 예선 마지막 경기 승리에도 출전이 좌절되려는 찰나, 같은 시간에 벌어진 일본이 종료 직전 이라크에 동점 골을 허용하여 무승부가 되었다.

일본과 승점에서 동률이 되었으나 골득실차에서 앞서 월드컵 출전이 결정되었다. 우리가 흔히 말하는 '도하의 기적'이요, 일본에서 말하는 '도하의 비극'이다.

예선에서 고난의 강을 건너서였을까 본선에서는 좋은 경기력을 보여주었다. 첫 경기에서 강호 스페인과 2대 2 무승부를 이루었다. 2차전 볼리비아전 무승부가 아쉬웠으나, 최종전 독일과의 경기에서 전반 3골을 허용하였으면서도 후반 무서운 기세로 추격하여 3대 2 한 골 차로 석패하였다. 후반전은 대학생과 초등학생이 벌이는 경기로 착각할 정도로 독일을 압도하였다. 승리한 독일 언론이 독일 대표팀을 맹비난할 정도였다. 시간이 조금만 더 주어졌다면 역전할 분위기였다. 무더운 날씨 탓으로 독일 선수의 몸 상태가 좋지 않은 게 원인이었으나, 우승 후보 독일의 간담을 서늘하게 하였다. 졌으면서도 전 세계의 찬사를 받은 경기다.

1997년은 1998프랑스월드컵 예선전이 벌어진 해다. 1986멕시코월드컵 이래 세 번 연속 참가하는 성과를 거두고 있었으나, 예선 통과를 장담할 수 없었다. 아시아 어떤 나라 어느 민족도 월드컵 참가 여망이 우리 못지않다. 당시 대표팀 분위기는 좋지 않았다. 1년 전 벌어진 아시안컵 8강에서 이란에 2대 6으로 대패하여 박종환 감독이 책임을 지고 물러났다. 차범근 감독 선임으로 1차 예선은 무리 없이 통과했으나, 이란전 참패 여파로 여전히 어수선했다.

최종 2차 예선은 일본, UAE, 우즈베키스탄, 카자흐스탄과 함께 편성되었다. 아시아에 할당된 출전권이 3.5장으로 늘어서 각 조 1

위는 본선에 직행하고 2위 팀 간 경기에서 이긴 팀은 본선행, 패한 팀은 대륙 간 플레이오프를 거쳐야 했다.

'도하의 비극'으로 미국 월드컵행에 실패한 일본은 절치부심하였다. 우여곡절 끝에 2002년 한일월드컵 공동개최가 확정되었으나 일본은 자력으로 월드컵에 나간 전력이 없다. 2차 예선 우승으로 조기에 본선행을 확정 지으려 했고, 그건 우리도 마찬가지다. 2위로 2차 예선을 마치면 다른 조 2위가 예상되는 호주나 이란과 겨루어야 했고 패한다면 남미 5위 팀을 꺾어야 본선행이다. 그 어려운 길을 피하려면 무조건 예선에서 일본을 꺾어야 한다. 게다가 월드컵 출전권이 걸리지 않았더라도 상대가 일본이다. 일본전 패배는 역적으로 몰리는 게 당시 분위기였다.

잠실에서 펼쳐진 예선 1차전에서 카자흐스탄에 3대 0, 2차전 우즈베키스탄 원정에서 2대 1 승리를 거두며 쾌조의 출발을 하였다. 일본은 홈에서 열린 우즈베키스탄과의 경기에서는 6대 3 대승을 거뒀으나 아랍에미리트 원정에서 비겨서 1승 1무로 승점 4점을 얻고 있었다. 3차전 도쿄에서 벌어질 한일전은 월드컵 본선 진출의 분수령이 될 터다. 일본은 월드컵 진출을 위하여 브라질 출신 로페스 바그너를 귀화시켜 대표팀에 발탁할 정도로 심혈을 기울여 준비하였다. 반드시 이겨야 하는 절체절명의 상황에서 어떤 결과가 나올지는 예측불허다. 3차전이 열리는 도쿄는 뜨겁게 달아올랐다.

1997년 9월 28일, 일본 스포츠의 성지라고 불린 국립 카스미가 오카 육상 경기장에서 마침내 운명의 한일전이 시작되었다. 일본이 자력으로 월드컵에 진출하기를 바라는 염원으로 5만 명의 일본 관중이 들어찼고, 이에 질세라 한국팀을 응원하기 위한 5천 명의 원정 응원단이 경기장을 찾았다. 뜨거운 열기에 비한다면 경기는 차분하게 진행되었다.

아무리 관중의 열기가 뜨거워도 선수가 흥분해서는 안 된다. 한두 차례 치명적인 실수는 돌이킬 수 없는 결과를 초래할 테다. 일본이 우세한 흐름을 타고 몇 차례 결정적인 기회를 만들었으나 우리 선수의 끈질긴 수비와 일본 선수의 결정력 부족으로 실점을 면했다. 전반전은 득점 없이 끝났다. 승리가 최선의 결과지만 패배는 너무나 치명적이기에 적지에서 무승부도 나쁘지 않다. 후반전을 잘 버텨야 하리라.

팽팽하게 흘러가던 후반 20분, 고정운이 수비 진영에서 볼을 빼앗기는 실수를 범한다. 공을 가로챈 상대 미드필더 야마구치는 그대로 대한민국 수비진을 돌파한 뒤 김병지의 키를 살짝 넘기는 절묘한 칩샷을 성공시켜 경기장을 단숨에 용광로로 만들었다. 5만 관중의 환호성은 경기장을 들썩였고 분위기는 급속도로 일본 쪽으로 기울었다.

한국은 분위기 전환이 절실하였다. 차범근 감독은 지친 이상윤과 실수한 고정운을 빼고, 빠른 주력으로 돌파력이 좋은 서정원과 김대의를 투입하는 승부수를 날렸다. 이에 대응하여 일본의 가모슈 감독은 공격수 로페스를 빼고 수비수인 아키타 유타카를 투입하여 수비를 강화하였다. 리드를 지켜 승리를 굳히려는 전략이었으나 결과적으로 이 선택은 도리어 한국의 기세를 올려주는 악수가 되고 말았다.

전반전과는 정반대로 일본이 수비를 강화함에 따라 그 틈을 노리는 대한민국의 공격이 거세졌다. 특히 로페스를 전담 마크했던 수비수 이민성과 수비의 핵 홍명보까지 공격에 가담하였다. 일본의 촘촘한 수비를 뚫기 위한 긴 패스 위주의 공격을 펼치면서 일본의 수비가 우왕좌왕하였다.

한국의 파상공세가 이어지던 후반 38분 마침내 동점 골이 터졌다. 오른쪽 코너로 흘러나온 볼을 이기형이 잡아서 길게 크로스하자, 최용수가 헤더로 골문 쪽으로 돌려놓았고, 쇄도하던 서정원의 머리에 맞고 골대 안으로 빨려 들어갔다. 골대 뒤편에 몰려 있던 한국 관중석과 TV를 시청하던 한국에서는 난리가 났다. 당시 단독으로 생중계하던 MBC TV 송재익 아나운서와 신문선 해설위원의 목소리가 긴박하였다.

송재익 : 자, 여기서 볼 잡을 필요가 있어요. 센터링하는 이기형, 최용수 헤딩, 슈우우웃~.

신문선 : 들어갔어요! 골! 골! 골이에요~!

송재익 : 골인됐습니다. 서정원!! 최용수의 패스, 서정원의 동점 골!! 1대 1입니다.

신문선 : 이기형의 센터링, 최용수의 헤딩 패스, 서정원의 마무리 골이에요!

송재익 : 충분히 우리가 만회 골을 넣을 수 있는 시간이 있습니다.

신문선 : 후반전 38분입니다.

당황한 일본 선수들이 전열을 가다듬자는 몸짓을 취하며 서로를 독려했지만 이미 기세가 넘어간 다음이었다. 인간을 이성적인 동물이라고 말하지만 그건 보통 때 일이다. 긴장하거나 긴급한 상황에서는 이성보다 감정이 먼저 작용한다. 스포츠에서 한순간에 승부가 기우는 건 실력이 문제라기보다는 심리 문제다. 일본 선수는 갈팡질팡 갈피를 잡지 못했고 한국 선수는 더욱 거세게 몰아쳤다. 그리고 후반 41분, 마침내 이민성의 역전 골이 터졌다. 페널티박스 바깥에서 최용수가 패스한 공을 한두 번 툭툭 치고 왼발로 때린 공이 한 번 바운드 되고 나서 일본 골대 왼쪽으로 빨려 들어갔다. 가슴이 뻥 뚫리는 장거리 미사일 같은 한 방이었다. 중계진이 신났다.

송재익 : 자, 최용수, 여유 있게, 자, 좋습니다. 왼발로 치고 슈우우웃~.

신문선 : 이민서어어엉~~! 골! 골! 골이에요~!

송재익 : 골~ 됐어요! 2대 1~ 후지산이 무너지고 있습니다.

신문선 : 이민성!

송재익 : 이민성!

신문선 : 후반전 41분!

송재익 : 네~ 2대 1이 됐습니다! 예측한 대로~.

신문선 : 일본은 다리가 무뎌져 있거든요, 체력이 떨어진 거예요!

송재익 : 그렇습니다!

신문선 : 바로 이것이 우리가 승기를 잡는 거죠!

송재익 : 우리가 이것을 예측하지 않았어요?

신문선 : 그렇죠! 저희가 분석한 대로 일본 가모 슈 감독, 한 골 앞 서면서 수비를 강화한 것! 이것이 결국은 상대가 무너지는 빌미가 된 것입니다!

감동이었다. 이십여 미터는 족히 될 법한 거리에서 이민성의 왼발에 제대로 걸린 공은 수중을 가로지르는 어뢰처럼 꿈틀거리며 일본 골문을 꿰뚫었다. 당시 일본 정치인의 망언으로 한일관계는 악화일로였다. 김영삼 대통령이 담화에서 '일본의 버르장머리를 고쳐 놓겠다'라는 말을 할 정도로 한일관계는 냉각되었다. 그런 상황에서 일본의 심장 도쿄 한복판에서의 시원한 한 방이었다. 일본 5만 관중은 얼어붙었고 우리 5천 관중은 '대한민국'을 크게 연호하며 열광하였다. 그 어떤 순간이 이보다 짜릿하겠는가?

도쿄 대첩 이후 한일 두 나라는 월드컵 예선에서 전혀 다르게 행보한다. 한국은 승승장구하여 여섯 경기 만에 5승 1무로 본선 진출을 확정 지었으나 일본은 1승 4무 1패로 승점 7점으로 2승 2무 2패 승점 8점의 아랍에미리트에 이어 조 3위에 머물렀다. 한국의 마지막 두 경기는 공교롭게도 두 나라였다. 한국이 캐스팅보트를 쥔 격이다. 한국은 홈에서 일본에 패하고 아랍에미리트 원정에서 승리하였다. 일본은 한국의 도움으로 월드컵 출전 도전을 이어갈 수 있었다. 일본이 3위 결정전에서 이란을 꺾고 천신만고 끝에 1998프랑스월드컵에 합류한다.

아랍에미리트는 한국이 져 주기 경기를 하였다고 울분하였으나 그건 한국인의 정서를 전혀 모르고 하는 소리다. 스포츠에서 양보란 있을 수 없지만, 한일전은 보통 경기가 아니다. 전쟁이나 다를 바 없다. 전투는 군인의 생명이 오가는 잔인하고 치열한 지옥 같은 삶의 현장이지만, 보통 사람이 느끼기는 어렵다. 오히려 TV 중계로 시시각각 선수 하나하나의 동작을 지켜보며 감정이 오르내리는 축구야말로 국민을 하나로 묶는 진짜 전쟁인지도 모른다.

1997년 9월 28일은 아름다운 날이었다. 아마 동점 골을 넣은 서정원이나 대포알 슛으로 결승 골을 작렬한 이민성, 중계하던 송재익 신문선뿐만 아니라 전 국민에게 그랬을 것이다. 개인보다는 국가를 내세우던 피 끓는 청년 장교 조자룡에게 그보다 큰 선물은 없었다. 후반 41분에 터진 이민성의 역전 결승 골은 후지산을 무너뜨리고 열도를 침몰시키는 장쾌한 드라마였다. 당시 영상을 지금 다시 보더라도 가슴이 두방망이질하고 눈자위가 붉어진다. 그날 나는 정말 행복하였다.

국군의 날

1997년은 업무로 바빴다. 국내에서 최초로 개발하는 대형 정보체계 사업인 「탄약시스템」의 2차 3차 산출물 검토로 눈코 뜰 새가 없었다. 정보체계 개발은 간단치 않다. 더구나 광역정보통신망이 깔리지 않고 인터넷이 발달하지 않았을 때다. 386 PC와 전화통신망, 모뎀을 이용하여 겨우 PC 통신이 시작될 무렵 대형 정보체계 개발은 우물에서 숭늉 찾는 격이었다.

개발업체 요원은 군사용어를 모른다. 용어와 자료에 대한 개념을 정립해야 한다. 그 뒤 각급 부대별 업무파악을 해야 한다. 개념 정립 없이 업무분석은 불가능하다. 업무는 크게 두 가지 요소다. 각급 부대에서 사람이 처리하는 일과 자료의 흐름이다. 비행단 이하 부대에서는 탄약의 수령, 저장, 검사, 정비, 처리(소모·폐기), 불출, 소모에 따른 자료 취합 과정을 입력하고, 사령부급 이상 부대에서는 취합한 자료를 활용하기 위해 조회한다. 자료 취합을 위한 연산 과정과 최종 보고서 작성을 위한 활동을 도식화 혹은 수식화하여 프로그램화하는 것이 시스템 개발이다.

수기식 보고체계는 융통성이 존재한다. 비행단이나 대대에서 실제로 이루어지는 일은 같더라도 실무자 취향에 따라 자료 취합 과정이나 절차는 다를 수 있다. 시스템은 결과의 일치뿐만 아니라 과정의 통일도 요구한다. 비행단마다 다른 프로그램을 운영할 수는 없지 않은가? 업무 형태가 전혀 다른 부대는 물론이고 비슷한 비행단마저 거의 전부 순회 방문할 수밖에 없었던 까닭이다.

1차 2차 산출물 검토 때는 그나마 수월하였다. 혹시 오류를 찾지 못하더라도 다음 3차 때 찾아내서 수정하면 된다. 1997년 후반기는 최종 산출물 검토 기간이었다. 검토가 끝나면 코딩에 들어간다. 물론 코딩 후 프로그램을 운영하면서도 부분적으로 수정은 가능하다. 하지만 코딩 전에 수정하는 것과는 시간과 비용 측면에서 비교할 수 없다. 엄청난 비효율을 막기 위해서는 최대한 오류를 찾아내어 고쳐야 한다.

이 산출물 검토라는 게 끝이 없다. 마치 시골에서 장마철 밭매는 일과 같다. 잡초의 생명력은 놀랍다. 매일 뽑아도 매일 새로운 놈이 나타난다. 시스템 산출물도 마찬가지다. 자료의 흐름이나 처리절차만 확인해서 될 일이 아니다. 오탈자까지 수정해야 한다. 비슷한 말이라도 뜻이 전혀 다른 게 많다. '지양'과 '지향'은 듣기에 비슷하나 뜻은 반대다. 아무리 캐고 캐도 끝없이 나다니는 게 오류다.

3차 산출물 검토를 위하여 두 달여 전 기지를 순회하였다. 그 자체로 고역이다. 일주일에 두 기지씩 방문하여 실무자와 개발업체 요원을 사이에 두고 검토를 주관하였는데 그야말로 녹초가 되었다. 머리에 쥐가 나고 손발이 마비될 정도였다. 기지별 순회 일정이 잡혀 있기에 일이 덜 끝났다고 더 오래 머무를 수가 없다. 방법은 매일 야근이었다. 첫날 혹은 마지막 날 부대 이동하는 날 외에는 매일 밤 열두 시가 넘도록 일했다.

의욕이 넘칠 때다. 삼십 대 초반 위관장교였기에 가능했으리라. 나뿐만이 아니다. 개발업체는 많은 봉급으로 보상받는다지만 현역 군인은 충분한 보상이 없다. 하루 4시간이 최대 초과근무 가능 시간이었고 그것도 한 달 최대 제한시간이 있을 때다. 나는 출장 중으로 초과근무가 인정되지 않았다. 사업단이든 부대 실무자든 개발업체 요원이든 목표는 하나다. 국내 최초 정보체계 개발사업인 탄약시스템을 제대로 만들어서 정보화를 선도하자는 의지가 있었다. 모두 직업으로 하는 일이지만 국가 발전을 위하여 일한다는 자부심이 있었다.

지나고 보니 예하 부대 실무자에게 미안한 마음이 든다. 처음부터 주관한 나는 성공한다면 커다란 과실이 돌아올 테다. 부대 실무자에게 돌아갈 이익은 크지 않았다. 다른 사람보다 정보체계에 관한 이론과 실무에 정통하고, 사업 성과에 따라 진급이 조금 빠른 정도이리라. 나는 개인적 명예와 사명감으로 지나치게 성과에 집착하였다. 지금이라면 꿈도 꾸지 못할 체력의 한계를 넘어선 수준이었다. 군인은 상명하복이라는 측면에서 단순하다. 그리고 순진하다. 공군참모총장의 위세를 등에 업고 예하 부대 실무자에게 엄청난 노동을 강요하였다. 돌이켜보니 그 정도까지 할 필요는 없었다는 생각이 들지만, 당시에는 오늘날을 미리 알 수 없었다. 전인미답의 길을 가기 위해 사업에 참여한 모든 전우가 고군분투하였다.

상황이 이렇다 보니 나는 주말에만 집에 들렀다가 월요일에 다시 출장을 떠나는 일을 반복하였다. 둘째 출산일이 10월이었다. 장거리 출장 중에 출산이 임박하였다고 집에 돌아올 처지가 아니다. 사업단에 인원이 여럿이었으나 대신할 사람이 없었다. 아내와 고민하다가 유도분만을 하기로 하였다. 1997년 10월 1일은 수요일이다. 10월 3일이 개천절이어서 징검다리로 휴일이 있는 10월 첫 주는 장기 출장이 불가능하다. 출장 가지 않는 틈을 타서 애를 낳기로 한 것이다. 10월 1일은 「국군의 날」이다. 일반인은 쉬는 날이 아니지만, 군인에게는 공휴일이다.

10월 1일 아내와 어머니, 딸 하연이를 태우고 가까운 산부인과에 갔다. 어머니는 아내의 산후 몸조리를 돕기 위하여 미리 서울에서 내려온 터다. 돈 쓸 일이 급했는지 아내에게 산후조리를 자청하였고 비용을 미리 청구하였다. 아침 일찍 유도 분만을 위한 주사를 맞았으나 점심때까지 아무 소식이 없었다. 점심때가 지날 무렵 복도에 있던 어머니가 임산부 대기실에서 분만실로 들어가는 아내를 보았던 듯하다.

"어디 가?"

"애 낳으러요."

어머니가 묻자 아내가 대답했다.

"아들 낳아서 와라."

어머니의 뜬금없는 말이었다. 첫째가 딸이었지만, 나는 둘째가 아들인지 딸인지 아내에게 물은 적이 없다. 궁금하지도 않았다. 나는 남아선호사상이 아니라 남아혐오사상(南兒嫌惡思想)을 가지고 있었다. 살면서 아버지와 형제한테서 장점보다는 단점을 많이 발견하였고, 그건 남자친구에게서도 마찬가지였다. 결정적으로 역사를 돌이켜보라. 기득권층한테 서민이 핍박받았으나, 그 서민 중에서도 악독한 가해자는 늘 남자다. 평소에는 관리다, 군인이다, 가부장이라고 남자가 큰소리친다. 큰소리뿐만 아니라 수틀리면 마구 때린다. 그리고 결정적인 순간엔 달아난다. 빠른 발로 말이다. 몽골 7년 전쟁, 임진왜란, 병자호란 기록을 샅샅이 살펴보라.

아내는 어머니의 뜻밖의 요구에 놀랐다. 사실 아내는 내가 출장 간 사이에 부대 병원에서 진료받을 때 군의관의 힌트로 남아라는 걸 알았다고 한다. 그렇더라도 분만실에 애 낳으려고 들어가는 사람에게 사내를 낳으라니 될 법이나 한 소린가? 둘째가 아들이라서 다행이지 또 딸이었다면 어쩔 뻔했는가? 부모의 마음을 이해한다. 살아온 세대가 다르고 특히 아버지는 7대 독자다. 다행히 5형제를 두었으나 아직 아무도 손자를 낳은 사람은 없다. 큰형과 내가 낳은 자식은 모두 딸이다. 대를 이을 손자를 간절히 바랄 테다.

분만실에 들어간 지 얼마 안 되어 아내는 무사히 애를 낳았다. 가족 대기실에서 어머니와 딸과 함께 노는데 간호사가 갓난애를 안고 왔다.

"축하합니다! 왕자님이에요!"

나는 얼른 애를 안고 바라보았다. 갓난애가 다 그렇듯이 시커멓고 쭈글쭈글한 주름살에 양수에 얼룩이 진 얼굴로 세상에 온 걸 큰 울음소리로 알리고 있었다. 처음 본 아들은 특이했다. 보통 아이는 머리카락이 거의 없는데 마치 가발을 덮어쓴 듯 덥수룩한 더벅머리였다. 당연히 눈을 못 뜬 상태였다. 둘째라서인지 첫째 때의 감동은 없었다. 첫째 때는 마치 벼락을 맞은 듯 전율이 흘렀었다.

'가족이 늘었구나. 이놈은 또 어떤 이유로 내게 왔는가? 집안의 첫 사내로서 가문의 영광을 일구어낼 것인가?'

보통이라면 첫아들에 흥분하고 기뻐했으리라. 남아선호사상이 전혀 없던 나는 그런 종류의 흥분은 없었다. 첫애가 딸이었던 만큼, 그리고 부모가 고대했던 만큼 다행이라고 생각했을 뿐이다. 딸만 둘인 것보다는 남녀 모두 자식으로 두는 것이 더 다양하게 경험한다는 측면에서 좋지 않겠는가?

아들이란 이유로 감동하지는 않았으나 적어도 태어난 시기는 적절하였다. 나는 일찍이 삼국지 관운장과 조자룡을 흠모하여 내 삶을 결정하였다. 무용으로 천하에 이름을 떨치는 게 진정 남자가 가야 할 길이라고 여겼다. 군인으로서 공산주의 타도와 남북 통일이 나에게 주어진 사명이라고 생각하던 때다. 군인의 아들이 국군의 날에 태어났다는 데 어떤 숙명을 느꼈다. 설령 내가 생전에 꿈을 이루지 못하더라도 아들이 계승할 것인가? 아들은 나보다 더 뛰어난 용기와 튼튼한 몸으로 거창한 꿈을 세워 펼쳐 나갈 것인가?

 이름을 국군이라고 지을까도 생각하였다. 성이 조가니 '조국군'이라니 그럴듯하지 않은가? 조국을 지키는 국군이라는 의미는 좋으나 지나치게 희화화하는 것 같아서 돌림자를 넣어 이름을 지었다. 내 아들은 이런저런 사유로 10월 1일에 태어날 수밖에 없었다. 특별한 일은 아니나 누구라도 국군의 날이 생일인 것을 안다면 절대로 잊지 않으리라. 다른 사람이 쉽게 기억할 수 있다는 것, 그거 하나는 장점이었다.

돼지족발

아내 산후조리를 위해 내려왔던 어머니는 며칠 만에 서울로 올라갔다. 돈이 필요하다고 미리 받아 썼으니 어찌 보면 약속 불이행이다. 물론 어머니가 하나뿐인 손자를 낳은 며느리가 미워서 그런 건 아니다. 젊어서는 그렇게 사람 취급하지 않던 아버지가 어머니에게 하루에도 수십 차례 전화하였다. 당시 아버지는 일하지 않고 집에서 쉴 때였다. 미우나 고우나 평생 함께하던 어머니가 집에 없으니 여러모로 불편하고 심심했던 게다. 하긴 하루 세끼 챙겨 먹는 일이 쉬운 일인가? 집안 살림을 도맡아 하던 어머니가 없으니 번거롭기 이를 데 없었을 테다. 당시에는 아버지 태도를 이해하지 못했으나, 돌이켜 보니 치매 초기 증상이었던 듯하다. 물었던 걸 묻고 또 물었다.

하도 자주 전화하는 통에 귀찮아하던 어머니가 마침내 참지 못하고 서울로 떠나며 말했다.

"아이고, 도저히 귀찮고 걱정스러워서 못 참겠다. 나는 서울로 올라가야겠다. 대신 딸이 지금 일 안 나가고 쉬고 있으니 대신 도와주라고 할 테니 염려하지 말아라."

애 낳은 지 사흘 만에 서울로 올라가면서 한 어머니의 약속대로 금방 여동생이 내려왔다. 첫째를 낳았을 때도 한 달 동안이나 아내 몸조리를 도왔던 여동생이지만, 할 줄 아는 건 별로 없었다. 시집가지 않고 직장에 다니던 터라 음식이나 집안일에 서툴렀다. 더 큰 일은 당시 사귀던 남자가 있었다는 사실이다. 만난 지 얼마 지나지 않아서 불이 붙은 상태였다. 아내 수발은 뒷전이고 온종일 방에서 전화만 붙들고 살았다.

어머니가 올라가고 여동생이 내려온 다음 날이었다. 갑자기 잘 나오던 아내 젖이 나오지 않았다. 원인은 식혜였다. 이웃집 누군가가 식혜를 가져다줘서 맛있게 먹었는데 그 뒤 젖이 마르기 시작한 게다. 식혜에 든 엿기름이 문제라고 한다. 모유를 먹이는 산모는 절대로 식혜를 먹어서는 안 된다. 과학적인 근거는 알 수 없으나 예전부터 산모가 모유 수유를 끊는 방법으로 엿기름이 들어간 식혜를 먹었다고 한다.

아내로서는 큰일이었다. 당시에는 아들이 아토피가 있는 걸 몰랐다. 젖이 나오지 않아서 아이에게 분유라도 먹였더라면 생명이 온전치 못했을 판이다. 첫째를 낳았을 때 젖이 나오지 않아서 내가 사다 준 가물치와 어머니가 사 온 돼지족발에 생각이 미쳤다. 아이를 위해서 억지로 먹기는 하였으나 비리고 징그러운 가물치보다는 돼지족발 먹는 게 나을 듯하였다. 아내는 사랑에 빠져 제정신이 아닌 여동생을 제쳐두고 직접 정육점에 가서 돼지 앞다리 두 개를 사 왔다.

족발 손질하는 걸 모르는 건 아내나 여동생이나 마찬가지다. 요즘이라면 인터넷에 조회하면 간단하나 인터넷은 2000년 이후에나 유행하는 물건이다. 아내는 들은풍월대로 핏물을 빼고 끓는 물에 데쳐내서 온종일 푹 졸였다. 보채는 아이가 안쓰러워 물에 빠진 사람 지푸라기라도 잡는 심정으로 졸인 돼지족발 국물을 아침저녁으로 마시니 거짓말같이 젖이 쏟아졌다. 젖이 나오는 정도가 아니라 범람하였다. 밤마다 아내와 아이가 온몸이 흠뻑 젖고 침대 시트를 갈아야 할 정도였다.

돼지족발 효과는 완벽하였다. 사람은 관습보다는 과학을 중시하지만 수천 년 면면히 이어온 전통을 무시할 수는 없다. 전혀 과학적으로 증명할 수 없더라도 할머니와 어머니의 경험에 따른 처방은 대체로 정확하다. 돼지족발에 기름이 많아서인지 아니면 족발을 감싸고 있는 콜라겐의 영향인지는 알 수 없다. 어쩌면 족발의 뼛속 어떤 물질이 모유 생성을 촉진하는지도 모른다. 어쨌든 돼지족발 졸인 국물을 마시고 나서는 아이가 먹고 남을 정도로 충분하게 젖이 나왔다. 산모 모유가 신통치 않아서 걱정인 사람은 돼지족발에 주목하시라. 하루아침에 시름을 덜어내리라.

아내는 완벽주의자다. 미리 준비하시 않고 주먹구구식으로 진행하는 일을 끔찍하게 싫어한다. 그날그날 상황과 다른 사람의 사정이나 요구에 따라 계획을 바꿔도 좋으련만, 절대 그런 일은 없다. 그런 아내에게 처음에는 적응하기 힘들었으나 지금은 그저 그러려니 한다. 산후 몸조리를 도와주려고 내려온 여동생이 거의 도움이 되지 못한 듯하다. 그래도 도와주려고 온 사람이니 그럭저럭 넘어가면 되련만 어차피 도움받지 못할 처지라면 그냥 혼자서 집안일을 하겠다고 부득부득 우겼다.

내 아이들은 좋은 엄마를 만났으나 아내는 육아에 도움 되는 남편이나 도우미를 만나지 못했다. 명예와 책임을 중요시하는 아내로서 육아 공로를 나눠 갖기 싫어서였을까? 조금만 더 지켜보자는 내 권유를 뿌리치고 여동생을 이십여 일 만에 돌려보냈다. 산모는 나중 건강을 위하여 산후 몇 달 동안 힘든 일은 하지 않고 움직이지 말아야 한다. 산후조리를 도와주는 사람을 보냈으나 나는 출장 중이었다. 타고난 천성대로 혼자 힘으로 아이들을 돌봤으나 큰 후유증은 없었다. 언젠가 그 대가를 치러야 할지도 모른다.

엄마는 위대하다. 여자나 아내와 비교할 수 없다. 평소에는 상상할 수 없던 일도 아무렇지 않게 하는 게 엄마다. 생선이나 고기를 좋아하거나 취급하지 않더라도 아기를 위해서 하는 일이라면 거침이 없다. 아들의 굶주림은 자신의 식성이나 취향을 무색하게 한다. 내 아이들은 좋은 엄마를 만났다. 자식에 무관심하거나 학대하는 부모가 있다는 뉴스를 종종 접한다. 그런 사람이 아니라 무한 헌신하고 희생하는 엄마를 만난 데 대하여 감사해야 하리라.

자식이 부모에게 할 수 있는 가장 큰 효도는 잘 성장해서 호의호

식하며 사는 것이다. 가장 큰 불효는 부모보다 먼저 세상을 뜨는 것이다. 아이에게 가장 큰 불행은 일찍이 부모를 여의는 것이다. 가장 큰 행운은 성인이 될 때까지 부모가 보살펴 주는 거다. 그런 측면에서 나와 아내는 아이들에게 불행을 안겨주지 않았고, 아이들은 지금까지 효도하고 있다. 효도란 특별한 게 아니다. 부모에게 부귀영화를 선사하는 게 아니다. 그저 건전한 마음으로 건강하게 살아가는 것, 그것이 최고의 효도다.

IMF, 국가 부도

 징조는 1997년 연초부터 나타났다. 1997년 1월 27일 재계 14위 한보그룹 부도 소식이 전해졌다. 그때까지 전 세계에서 경제우등생으로 찬사받았고, 연평균 경제 성장률이 십 퍼센트 가까울 때다. 한보철강 회장 정태수는 언론과의 인터뷰에서 대마불사를 거론하며 위기 극복에 자신감을 비쳤다.
 사실 대기업의 부도는 경영주나 해당 기업 노동자뿐만 아니라 국가 경제에 막대한 영향을 끼친다. 대기업이 부도 위기에 몰리면 원인과 잘못은 어쨌든 간에 그 후유증과 파급효과가 엄청나므로 막기에 급급하다. 정부 차원에서 부도를 막으려고 한다면 충분히 가능하리라. 1997년 당시에는 달랐다. 어떤 사정이 있는지는 몰라도 대마불사라는 말이 무색하게 허무하게 쓰러졌다.
 한보그룹 부도가 시작이었다. 3월 삼미그룹, 4월 진로그룹, 5월 삼립식품에 이어 7월에는 재계 4위 기아가 사실상 부도처리 되었다. 언론에는 수많은 원인과 음모설이 난무하였다. 이를테면 기아가 법정관리에 들어가면 자동차 제조업 진출에 사활을 걸던 삼성이 헐값에 매수하기 위하여 금융기관에 기아 융자를 막았다는 '카더라' 통신이 공공연히 떠돌았다. 정치인이나 언론, 국민은 물론이고 경영주나 경제전문가도 문제의 본질을 아는 사람은 없었다. 그 당시에 국가 부도를 예견한 사람은 없었다. 그런 사례가 있다는 사실도, 우리나라에 위기가 코앞에 닥쳤다는 사실도 몰랐다.

나는 당시 주식 투자를 하고 있었다. 결혼 전부터 하던 주식에 결혼 후 이런저런 돈을 끌어모아 전 재산을 주식에 쏟아붓고 있었다. 물론 전 재산이라고 해 봐야 삼사천만 원 정도였다. 한국 경제가 겉으로는 승승장구할 때다. 몇 년 전만 해도 종합주가가 500선에서 움직였는데 1997년에는 900포인트를 넘나들었다. 나는 상당한 이익을 보고 있는 상태였다. 그때 팔았거나 적어도 현상 유지를 목표로 하였으면 좋았을 것이다. 인간의 탐욕은 끝이 없다. 이익을 본 사람은 더 큰 이익을 얻기 위하여 투자하고, 손해를 본 사람은 손실을 만회하기 위하여 다시 투자한다.

아마 내가 얻은 투자이익이 두 배 이상 되었을 것이다. 월급이 백만 원 남짓이었으므로 당시로는 큰돈이다. 그래도 이익이 적어 보였다. 당시 대부분 투자가가 하는 신용융자를 받아 투자하지 않았다. 만약 처음부터 신용융자를 받아서 투자하였다면 네 배에 이르는 이익을 얻었으리라.

나는 경제에 문외한이었다. 한보철강이 망하든 삼립식품이 쓰러지든 나와는 무관한 일이다. 나는 대한민국의 안보를 책임지는 현역 군인이다. 열심히 일하는 만큼 대한민국이 흔들릴 리 없다고 확신하였다. 아무리 많은 회사가 부도나도 내가 투자한 회사가 아니라면 문제가 아니다. 나는 국가도 부도 날 수 있다는 걸 몰랐다. 아니 그런 일이 있다손 치더라도 대한민국이 그런 처지에 빠지리라는 건 꿈에도 상상하지 않았다.

1997년 봄에 나는 큰 결단을 내렸다. 자본주의 사회에서 가장 중요한 건 돈이다. 사람도 연봉으로 순서를 매기는 사회다. 공무원 박봉으로는 아무리 아껴 써도 부자가 될 수는 없다. 돈이 돈을 버는 구조를 만들어내야 한다. 돈을 사용하는 데 쓰면 화폐에 불과하지만, 증식하는 시스템을 만든다면 자본이다.

자본은 그냥 돈이 아니다. 끊임없는 증식 본능을 유지하고 실천하는 돈이 자본이다. 자본주의 사회에서 자본을 갖지 못한 자는 최악의 노동에 내몰릴 수밖에 없다. 그건 내 문제일 뿐만 아니라 장차 자라나는 자식의 삶까지 좌우할 것이다. 가족의 번영을 위하여 주식 투자한 돈으로 받을 수 있는 최대한의 신용융자를 받아서 투자했다. 주가 변동이 가장 큰 증권주인 현대증권에 몰빵하였다.

신용융자를 받으면 매월 이자를 갚아야 한다. 이자를 갚지 못하면 증권회사에서 강제 매매로 이자를 회수하므로 어느 정도 현금을 증권회사에 예치해야 한다. 이자는 주식 등락에 따른 이익이나 손실과 비교하면 조족지혈이다. 거의 염두에 둘 수준이 아니다. 나는 경제가 어렵다느니, 대기업이 부도가 난다느니 해도 천하태평이었다. 어쨌든 대한민국 최고 기업 현대그룹이 도산할 리는 없지 않은가? 세계 경제가 좋지 않아서 주가가 급등하지는 않더라도 적어도 현대증권이 폭락하는 일은 없으리라.

평소라면 내 예상이 크게 잘못되지 않았을 것이다. 그러나 때는 하필이면 1997년이었다. 신문과 TV에서는 연일 상반되는 뉴스로 북새통이었다. 1997년 8월 900포인트를 오르내리던 종합주가가 흔들리기 시작했다. 급등락을 거듭하던 주가는 9월 들어 완연한 내리막을 타기 시작했다. 그냥 내려가는 게 아니라 폭락이었다. 어릴 적 꿈이었던 장군이나 대통령 되는 걸 의심하지 않았으며 세상만사에 자신만만했던 나였지만 똥줄이 타기 시작했다.

주가가 폭락하면 빨리 손절매해야 한다. 최대한 빨리 팔아야 손해를 적게 보는 것이다. 사람은 이익을 좋아하지만, 손실은 끔찍하게 싫어한다. 두 배 이익 기회가 있더라도 약간의 손실 위험이 있다면 쉽게 덤비지 않는다. 봄에 신용융자까지 받아서 추가로 투자하였던 터라 전에 본 이익은 사라졌다. 그렇게 큰 손실을 보고 발을 뺄 수 있는가? 더 떨어질까 봐 전전긍긍하면서도 10월까지 버텼다. 큰 실수였다. 10월 어느 날부터 거래 자체가 이루어지지 않을 정도로 매일 하한가였다. 매도 호가가 있는데 매수 호가가 없으면 거래가 없어도 하한가로 마감한다.

죽을 맛이었다. 입안이 바싹바싹 타는 듯했다. 이제 손실이 문제가 아니다. 매도 주문으로 팔리지 않으면 총 투자액이 신용융자 금액보다 낮아질 우려가 있다. 속된 말로 깡통계좌가 되는 것이다.

증권회사에서는 신용융자금을 회수하기 위해 투자자의 의견을 묻지 않고 강제매매할 권한이 있다. 11월에 종합주가는 종가 기준으로 288까지 떨어졌다. 고점 대비 3분의 2가 공중으로 증발하였다. 내가 가진 주식 전체 금액은 신용융자금에 근접하고 있었다.

1997년 11월 21일 IMF에 구제금융 신청했다는 뉴스가 대서특필되었다. 세계가 찬탄한 경제우등생의 치욕스러운 몰락이다. 미리 예견하지 못했지만 지나고 나니 온갖 그럴듯한 분석이 뒤따랐다. 국제 금융 투기세력의 공격이니, 동남아시아 금융위기의 여파니, 국내 종금사의 초단기 부채 외환 놀이가 원인이라는 둥 떠들어댔으나 가장 큰 원인은 두 가지였다. 첫째는 대기업의 무분별한 차입 경영에 따른 금융기관의 부실화였고, 둘째는 정권 홍보 차원의 대량 외화 방출이었다.

한국은 1996년 12월 12일 선진국 진입의 관문 격인 OECD(경제협력개발기구)에 가입함으로써 국제 신용등급이 상승하여 낮은 국제금리로 돈을 융자받을 수 있었다. 대기업이 물건을 팔아서 이익을 남기는 게 아니라 외환 투기에 혈안이 된 계기다.

한국은 1995년에 일 인당 국민소득 1만 달러 그룹에 가입한 바 있다. 1996년에는 이른바 선진국 모임이라던 OECD 가입에 성공했다. 이를 정권 차원의 치적으로 여긴 김영삼 정부는 국민소득 1만 달러를 유지하기 위해 원화 가치 고평가를 유지할 필요가 있었다. 따라서 문민정부는 환율시장에 개입하여 수시로 다량의 외화를 시중에 방출하였다. 근본 원인은 아니더라도 당시 김영삼 정부가 국가 부도 사태에 상당히 공헌한 것이다.

　나는 분노하였다. 물론 전 국민이 대기업이나 종금사, 정부에 분노했으리라. 내 분노에는 국가가 망가진 데뿐만 아니라 우리 집 부도 위험이 더해졌다. 겨우 재임 기간 1만 달러 달성 치적을 유지하기 위하여 원화 가치를 지키려고 달러를 방출했다는 사실이 믿기지 않았다. 나는 대통령을 욕하였다. 전에도 대통령을 욕한 적이 있으나 그렇게 철천지원수처럼 미워하고 증오한 적은 없었다.

　대학생 때까지는 민주화 투사로서 존경하였고, 양 김 단일화 실패로 문민 정권 수립이 지연되었다는 점에서 실망하였으며, 민자당 공화당과 3당 야합으로 김대중의 평민당을 고립시킨 것에 분노하였으나, 이 정도는 아니었다. 내가 정치인을 욕할 때는 대의명분에 어긋나거나 부정부패에 따른 것이었지 내 개인의 이익 때문이 아니었다. 이번에는 내 손실이 더 큰 이유였다. 가진 전 재산을 날리는 게 문제가 아니라 빚쟁이로 나앉을 판이었다.

　국가 부도 선언의 영향은 컸다. 환율은 2000원까지 치솟고 연리 이십 퍼센트를 웃돌았다. 이후 단기간에 회복하긴 했지만, 경제 사회적으로 막대한 후유증이 나타났다. 양극화, 고용불안, 청년실업 등 이전에는 거의 드러나지 않다시피 했던 문제가 현실로 나타났고 그에 따라 사회적으로 자살률의 급증, 실직한 가정의 붕괴와 이혼, 노숙자 증가 등의 암울한 그림자를 남겼다. 이 문제들은 아직도 완전히 해결하지 못한 진행형이다.

　새로 선출된 김대중 대통령의 지도력과 국민의 위기 극복을 위한 혼연일체 노력으로 한국 경제는 빠르게 안정되어 갔다. 종합주가는 12월에 급등세로 돌아섰고 이후 느리게나마 꾸준히 상승하였다. 3월이 되자 종합주가는 500포인트에서 등락을 거듭하였다. 자라 보고 놀란 가슴 솥뚜껑 보고 놀란다던가, 느낌에는 전고점까지 상승할 것 같았지만 도저히 기다릴 수 없었다. 언제 오를지 알 수 없을 뿐만 아니라 조금씩이나마 다달이 신용융자금에 대한 이자가 나가고 있었다. 나는 모든 주식을 처분하였다. 신용융자를 받기 전 이득은 반납하였고, IMF 전 최고치 대비 폭락한 손실을 절반쯤 만회한 수준이었다.

두 번째 실수였다. 실수라기보다는 운명이 도와주지 않은 것이리라. 전고점이 900포인트, 최저점이 288, 내가 팔 때는 500포인트대였다. 그때 현대증권 액면가가 6600원이었다. 5월이 되자 주가가 폭등하기 시작했다. 거의 한 달 내내 증권주는 상한가였다. 6월이 되자 현대증권은 66000원을 찍었다. 절대 그럴 수는 없었겠지만 팔지 않고 석 달을 더 버텼더라면 삼사억 원을 벌었다는 계산이다.

IMF 직전 종합주가가 200포인트대에 머물렀을 때 나는 주변 사람에게 여윳돈이 있으면 주식에 투자하라고 권했다. 1년 내 최소한 몇 배 이익은 확실하다고 장담했다. 주변 사람은 내 말을 믿지 않았다. 누구라도 믿지 않았으리라. 나라가 망하느니 마느니 하는 판에 무엇을 믿을 것인가? 내게 여윳돈이 있었다면 더 투자하여 얼마간 이익을 얻었을 것이다. 내 전 재산은 주식에 묶여 있었고 최대한 빌릴 수 있는 신용융자금까지 투자한 상태였다.

나는 자본주의에 잘 적응하지 못했다. 이론적으로 자본을 가진 자가 부유해질 수 있다는 건 알았으나 자본을 갖는 건 쉬운 일이 아니다. 1997년 주식으로 피 마르는 시간을 보냈고 거액을 획득할 기회가 있었다. 그 한 번의 기회는 놀란 가슴으로 날려 보냈고 다시는 기회가 오지 않았다.

몇 번인가 아내가 부동산 투자를 권유하였으나 나까지 대한민국 땅값 올리는 데 일조하고 싶지 않아서 마다하였다. 나는 딱 월급만 받아먹고 살 팔자다. 삼성 갤럭시 핸드폰이 인공지능 번역 기능이 있다고 해서 2024년에 얼마간 삼성전자 주식을 샀는데 이번에는 가정경제에 좀 도움이 되려나? 아 IMF, 아 1997년, 지옥에서 지옥을 오갔던 악몽 같던 그해를 돌아보고 싶지 않다.

김대중 대통령

김대중

　김대중은 일제강점기였던 1924년 1월 6일 전라남도 신안군 하의면 후광리에서 태어났다. 광복 전후 지역에서 청년운동을 하기도 하였으나 곧 청년 사업가로 변신하여 성공한다. 1950년 6·25 전쟁 중 목포를 점령한 조선 인민군에게 자본가라는 이유로 붙잡혀 사형선고를 받고 처형 직전까지 갔다가 국군의 인천상륙작전 성공으로 인민군이 퇴각하는 바람에 처형을 면했다.

　전쟁 중 목포일보를 인수하여 사장으로 재임하기도 하였으나 전쟁 후 본격적으로 정치에 뛰어든다. 김대중은 스물여섯에 최연소 국회의원으로 화려하게 등장한 필생의 라이벌 김영삼과는 달리 정치 입문에 숱한 어려움을 겪는다. 민주당에 입당한 김대중은 당시 여당이었던 자유당의 탄압과 관권선거에 낙선을 거듭한다. 자유당 소속 전형산 국회의원이 3·15 부정선거로 자격이 박탈되자 1961년

인제에서 재·보궐선거가 열렸는데 김대중은 드디어 민의원에 당선된다. 하지만 당선 후 불과 이틀 만에 5·16 군사 쿠데타가 일어나 국회가 해산된다. 보통 정치인과 비교해도 입문까지는 파란만장하였다. 어쩌면 그 과정이 앞으로의 정치 여정을 예고한 것인지도 모른다.

1963년 제6대 국회의원 선거에 목포에서 출마하여 당선된다. 왕성한 정치 활동으로 주목을 받았으며 1967년 김대중을 견제하려는 박정희 대통령이 목포에서 국무회의를 여는 등 당선을 방해하였으나 재선에 성공한다. 1970년 치러진 신민당 대통령 후보 경선에서 「40대 기수론」을 들고 앞장섰던 김영삼 후보를 결선 투표에서 제치고 대통령 후보로 선출된다. 이때부터 유력 대통령 후보로서 양김 시대가 펼쳐진다.

선거유세에서 김대중은 "이번 선거에서 박정희가 당선되면 총통제가 될 것이다"라고 주장했고, 박정희는 "이번이 마지막이다. 다시는 국민에게 표를 달라고 하지 않겠다"라고 주장했는데 결국 둘 다 현실이 된다. 김대중은 선전하였으나 관권 부정선거에 밀려 낙선한다.

정권으로부터 납치, 체포, 가택 연금 등 갖은 압박을 받던 중 1979년 후반기 제2차 오일쇼크, YH 사건, 부마 민주항쟁과 권력 내부 갈등으로 10·26 사건이 터졌고 김대중은 가택 연금에서 해제된다. 김대중은 공화당 총재로 선출된 김종필, 신민당을 지키고 있던 김영삼과 더불어 유력한 대권 주자로 떠오른다. 전 국민이 정치

적 낭만을 기대하던 이른바 1980년 '서울의 봄'이 도래한 것이다.

보안사령관 전두환을 필두로 한 군내 사조직 하나회는 12·12 군사반란을 통해 계엄사령관 정승화를 제거하고 군을 장악한다. 이후 자칭 신군부 세력은 치밀한 계획으로 정국을 주도하며 정권 획득을 도모한다.

김대중은 소동이 일어나면 민주주의를 저해하려는 세력에게 기회를 주게 된다고 학생운동을 만류하였으나, 학생은 거리로 나와 시위를 벌였으며 이를 기회로 신군부는 1980년 5월 17일 비상계엄을 전국으로 확대한다. 정치인의 정치 활동을 금지하고 김대중을 내란음모 혐의로 긴급 체포한다. 다음 날 광주에서는 신군부 조치에 항의 시위가 일어나고 5·18 광주민주화운동의 시발점이 된다.

5·18 광주민주화운동은 강제진압되었고, 김대중은 군사재판 결과 사형이 선고되었으나, 전 세계적으로 구명운동이 일어난다. 미국의 지미 카터, 로널드 레이건 정부는 김대중에게 사형이 집행될 경우 한미관계에 파국이 올 거라고 거세게 압박하였고, 교황 요한 바오로 2세는 서한을 보내 선처를 호소했다. 정당성을 세계에 인정받아야 했던 전두환 정부는 1981년 1월 무기징역으로 감형한다. 그야말로 생사를 넘나드는 정치 역정이었다.

1987년 6월 항쟁의 결과로 대통령 직선제가 이루어졌다. 국민은 오랜 군사정권을 마치고 마침내 문민 정권이 들어설 것을 확신하였다. 민주화 투사로 전 국민의 지지를 받던 김대중과 김영삼은 단일화에 실패한다. 야권의 분열에 집권 민정당 노태우는 어부지리로 대통령에 당선되고 지역갈등은 공고해졌으며 국민은 양김에 등을 돌렸다.

1992년 김대중은 세 번째로 대통령에 도전하였으나 3당 야합으로 세를 키운 김영삼에게 석패, 정계 은퇴를 선언하고 외국으로 떠난다. 아마 김대중에게 가장 아름다운 시나리오는 1987년 김영삼에게 후보를 양보하고, 1992년에 대통령이 되는 길이었을 것이다. 물론 김영삼도 마찬가지로 1987년에 양보하였다면 영원히 민주화 영웅으로 남았을 것이다. 두 사람은 최선의 길을 저버렸다. 그 결과 김영삼은 3당 야합과 IMF 대통령이라는 불명예를 뒤집어썼고, 김대중은 정계 은퇴를 번복하고 다시 대통령 4수에 도전함으로써 거짓말쟁이라는 누명 아닌 누명을 써야 했다.

이회창

이회창은 경기고등학교와 서울대학교 법과대학을 졸업하고 1957년 제8회 고등고시에 합격한 뒤 공군 법무관으로 병역을 마치고 판사로 임용되었다. 군사정권 시기임에도 중립적이고 청렴한 자세를 갖춰 정부에서 주의 인물로 낙인찍었으나 해를 가할 명분이 없어 무사했을 정도로 공명정대하고 결백한 인물이었다.

1981년 만 46세로 역대 4번째로 어린 대법관에 임용되는 등 엘리트 집단인 법조계 내에서도 전설적인 기록을 남겼으며, 대법관으로 주심을 맡은 16건의 전체합의 판결 중 10건에 소수의견을 내는 등 서슬 퍼런 독재 정권 상황에서도 사회적 약자의 편에 서는 판결로 대쪽이라는 별명으로 불리며 신망 있는 법조인으로 알려졌다. 전두환 정부의 눈 밖에 나면서 1986년 대법관 재임용에서 탈락하는 수모를 겪기도 했다.

1988년 노태우 정부가 출범하면서 대법관으로 재임용되었고 중앙선거관리위원회 위원장을 맡는다. 당시 개표관리에만 치중하였던 선관위의 역할을 선거운동 감시로까지 확대하였다. 이회창은 다른 당 후보를 매수해서 사퇴시킨 통일민주당 김영삼 총재에게 친필 경고 서한을 보내고, 민정당 총재 명의로 보낸 서한을 대통령의 선거 개입으로 문제 삼기도 했다. 노태우 대통령의 서한이 여권 내에서 문제가 되자 1년 3개월 만에 스스로 물러났다.

1993년 문민정부가 출범하면서 감사원장에 임명됐다. 이회창은 현 정권의 비리를 포함하여 어느 기관이든 법 규정에 따라 감사하겠다고 선언한다. 청와대비서실, 국방부, 국군기무사령부 등 권부의 핵심부서가 모두 감사원의 도마 위에 올랐다. 평화의 댐, 율곡사업 감사를 하면서 두 전직 대통령을 서면 조사했고, 수많은 전현직 장성과 고위 관료가 구속되었다. 중앙정보부 창설 이래 처음으로 무소불위 권력기관 국가안전기획부까지 감사했다. 이로써 이른바 대쪽이라는 그의 별명이 널리 알려졌다.

1993년 12월 이회창은 국무총리로 임명되었다. 이회창은 헌법으로 위임된 총리 권한을 행사하는 새로운 총리상을 만들려고 노력했다. 청렴한 모습을 보여주며 대통령의 방탄 역할 국무총리 이미

지에서 탈피하여 소신 있는 모습으로 국민에게 인기를 얻었다. 김영삼 대통령은 이러한 총리 역할을 허락하지 않아 수시로 마찰을 빚었고, 마침내 자진 사퇴 하는 형식으로 사실상 경질되었다. 사퇴하면서 남긴 "법으로 정해진 권한도 행사하지 못하는 허수아비 총리는 안 한다."라는 말은 국민에게 깊은 인상을 주었다.

이인제

1948년 충남 논산에서 태어난 이인제는 서울대학교 법과대학을 졸업하고 유신헌법을 반대하는 시위에 참여하다가 중앙정보부에 끌려가서 모진 고문을 당하고 사법시험에 도전하려고 결심한다. 중앙정보부에서 교도소 복역과 군 복무 중 하나를 선택하라고 강요하자 군 복무를 택하여 육군 병장으로 전역한다. 31세인 1979년에 사법시험에 합격하여 1983년까지 판사로 재직한다.

변호사로 활동하던 중 김영삼의 소개로 1987년 정계에 입문했다. 1988년 제13대 국회의원에 당선되어 의정활동을 시작했으며, 초선의원 시절 노무현 이해찬과 더불어 5공 청문회 스타 3인방으로 유명했다.

문민정부 출범과 함께 만 45세 최연소 노동부 장관으로 임명되어 고용보험제도를 최초로 도입한 업적을 남겼으며, 변호사 시절부터 실상을 잘 알던 산업현장을 찾아다니며 발로 뛰는 장관의 모범을 보여 준 덕에 국민에게 깊은 인상을 남겼다. 하지만 파업 시 최저임금 지급, 전교조 해직교사 조건부 복직 문제를 두고 이를 결사 반대하는 다른 부처와 불협화음을 내며 10개월 만에 장관직에서 물러난다.

1995년 6월 국회의원직을 사퇴하고 제1회 지방선거 경기도지사에 민주자유당 후보로 출마하여 여유롭게 당선된다. 노동부 장관 시절의 좋은 이미지와 경기도지사로서 도정경험을 바탕으로 유력한 대통령 후보가 된다.

정권교체, 3김 청산, 세대교체

3당 합당으로 결성된 여당이니 당연히 압도적인 지지와 정치력을 발휘할 것으로 여겼지만 세상은 생각대로 돌아가지 않는다. 야당은 정부 여당의 실정을 성토하면 그만이지만, 여당은 문제를 예방하고 사후 대책을 마련해야 한다. 정치란 대의명분과 정의가 중요하지만, 그것으로 모든 게 해결되는 건 아니다. 문민정부는 사고 공화국이란 별칭이 따를 정도로 지독히 많은 대형 사고가 이어졌다. 출범 때 팔십 퍼센트를 웃돌던 인기는 순식간에 사라졌다.

세상은 필요에는 풍요로우나 욕망에는 부족하다고 했던가. 3당 합당으로 세력은 커졌지만 그만큼 밥그릇이 줄어들었다. 민자당은 계파 갈등으로 골머리를 앓았다. 이런저런 소동과 갈등 끝에 김종필의 자민련이 떨어져 나왔고 남은 민정계와 민주계는 갈등을 지속하였다. 김대중 정계 복귀 뒤 치러진 제1회 지방선거는 여당인

신한국당의 참패로 끝났다. 누구도 예상치 못한 결과였다.

독립한 자민련은 충청권뿐만 아니라 강원도까지 석권하였고, 민주당은 호남과 서울을 차지하였다. 김대중은 김종필의 자민련과 연합하면 충분히 대통령 선거에서 승산이 있다고 판단하여 민주당을 깨고 새정치국민회의를 창당하여 총재와 대통령 후보가 되었다. 독자적으로 정권을 잡을 힘이 없던 자민련은 합당에 유리한 고지를 점하기 위하여 김종필 총재를 대통령 후보로 선출한다.

지방선거에서 패하였더라도 대통령 선거에서는 여당이 불리하지 않았다. 야당에서 가장 강력한 대통령 후보가 김대중인데 당시만 하더라도 국민 상당수가 과거 군사정권의 홍보와 언론통제 여파로 사상을 불신하였다. 시도지사 선출에는 지지했더라도 대통령 선거에서는 다르게 선택할 여지가 있었다. 일단 신한국당 대통령 후보로 선출된다면 당선할 가능성이 컸다.

아홉 명이 시작한 신한국당 대통령 후보 경선은 1위 이회창이 과반수를 차지하지 못하여 2위 이인제와 결선 투표를 치러 육십 퍼센트를 득표한 이회창이 사십 퍼센트를 득표한 이인제를 누르고 후보로 선출된다. 그런데 이회창이 대선 후보가 되고 나서 두 아들이 모두 체중 미달로 병역을 면제받았다는 의혹이 제기되었다. 누가 어떤 의도로 유포하였는지는 밝혀지지 않았다. 기회를 노리던 이인제는 후보 교체를 주장하였으나 관철되지 않자 탈당하여 국민신당을 창당하고 대통령 출마를 선언한다.

이인제가 신한국당 경선에 불복하여 출마하자 판도는 복잡해졌다. 김대중과 김종필은 계획대로 DJP연합을 이루고, 민주당 대통령 후보였던 조순 전 서울시장은 신한국당과 합당한다. 이합집산 끝에 유력 대통령 후보는 셋으로 갈라졌다. 세 후보가 내세운 대의명분은 김대중이 정권교체, 이회창은 3김 청산, 이인제는 세대교체였다.

지지율은 고정표가 많은 김대중이 처음부터 30%대로 선두를 달렸고, 이인제가 돌풍을 일으키며 2위를 유지하였으나 보수표가 결집하면서 차츰 이회창 우세로 바뀌었다. 이때 나온 말이 "이인제를 찍으면 김대중이 된다."라는 한국 정치사에 길이 남을 네거티브 구호였다. TV 토론에서 이인제는 "이인제를 찍으면 이인제가 됩니다."라고 주장했고, 이인제 선거 캠프에 참여한 코미디언 김형곤은 지원 연설에서 "이인제를 찍었는데 TV에 이회창이 나오는 것 봤느냐?"라는 코믹 문구를 선전하기도 하였다.

대통령 선거일인 12월 18일은 이미 IMF 체제였기에 당연히 야당이 압승해야 했으나 당시 분위기는 그렇지 않았다. 우리 현대사에서 아직 야당이 선거로 정권을 잡은 전례가 없다는 사실이 유권자를 불안하게 했는지도 모른다. 선거 개표 결과는 처음부터 박빙이었고 새벽까지 그대로 이어졌다. 최종 결과는 김대중의 1.5 퍼센트 90만 표 차 신승이었다.

김대중으로서는 하늘이 도운 선거였고, 이회창으로서는 아들 병역 의혹, 이인제 경선불복 탈당, IMF 사태, DJP연합 중 하나만 없었더라도 낙승할 기회를 놓친 안타까운 선거였다. 정치권에 3김의 영향력은 여전하였으나 국민의 인기는 이미 많이 사라졌다. 대통령에 대한 욕심으로 양김이 단일화하지 않은 점, 3당 야합이나 정계 은퇴 번복이 신뢰를 잃은 주요 이유였다. 그러니 그 많은 악조건에도 대쪽이라는 이미지 하나로 이회창이 간발의 차까지 추격한 것이다.

어쨌든 김대중으로서는 평생의 소원을 이뤘다. 어쩌면 김대중 개인의 소원을 이룬 게 아니라, 암암리에 억압받고 차별받은 호남인 전체의 한을 푼 것인지도 모른다. 나는 김대중의 대통령 당선으로 호남 차별에 대한 억울함이 풀어져서 지역감정이 약해지기를 기대했다. 정권이 큰 업적을 남기지 못하더라도 영호남의 갈등과 반목이 사라지고 화합하는 것만으로도 성공이라고 보았다. 과연 김대중 정부는 대한민국의 고질병이 되어 버린 망국적인 지역감정의 굴레를 벗어던질 것인가?

가야 할 길은 멀다. 당장 국가 부도 사태를 해결해야 하고 전혀 색깔이 다른 자민련과의 DJP연합으로 일군 정권인 만큼 논공행상만도 큰일이리라. 대한민국 역사상 최초로 민주적으로 정권교체를 달성하는 기념비를 세웠다. 바뀐 정권은 쓰러진 대한민국을 일으켜 세울 것인가? 처음 이루어진 정권교체는 지속해서 평화적으로 이루어질 것인가?

19장

1998

아들의 아토피

아들이 백일 무렵이었다. 거실에서 뒹굴며 놀던 아이의 온몸이 갑자기 부풀어 올랐다. 부풀어 오르는 게 눈으로 보일 정도여서 아내는 기절초풍하여 아이를 업고 병원으로 내달렸다. 원인과 까닭을 몰랐으나 그런 걸 따질 겨를이 없었다. 병원에서 의사가 주사로 약을 긴급 처방하자 얼마 뒤 천천히 원래 모습을 되찾았다.

의사의 진단은 아토피였다. 아토피는 원인을 알 수 없는 피부병의 통칭이다. 아토피는 과도한 알레르기 반응이 일어나는 질병으로서 원인은 음식이나 공기, 꽃가루 등 사람에 따라서 다 다르다. 차츰 발생 빈도가 늘어나고 증상이 심해지는 것으로 미루어 환경오염과 관련 있을 것으로 추정하지만 뚜렷하게 밝혀진 바는 없다.

아토피가 무서운 이유는 잘 낫지 않으며 아예 낫지 않을 수도 있다는 데 있다. 긁으면 긁을수록 더 가려워지며 증상이 심해진다. 아이가 가려운데 긁지 않을 수 없다. 긁으면 가려운 부위가 확산하고 가려움증이 더 심해진다. 아토피가 심한 사람은 피가 나도록 긁어대는 바람에 온몸이 상처투성이가 된다. 문제는 그렇게 상처가 심한데도 가려움증이 가라앉지 않는다는 것이다. 아토피가 심한 아이를 둔 부모는 가슴이 타들어 간다. 괴로워하는 아이를 보는 것은 스스로 겪느니보다 못하다.

  의사는 음식 알레르기로 진단하였다. 증상이 발생하기 전에 달걀 삶은 걸 가족이 먹었다는 이야기를 듣고 달걀이 원인일 가능성이 있다고 하였다. 사실 아들은 달걀을 먹지 않았다. 아마 다른 사람이 먹다가 부스러기가 바닥에 흘렸나 보다. 나중에 밝혀진 바에 따르면 달걀흰자가 문제였다. 달걀흰자에 들어있는 유단백질이 알레르기 유발물질이었다. 가루가 몸에 닿기만 해도 온몸이 부풀어 오를 정도로 알레르기가 심했다.

  의사는 빨리 병원에 온 게 천만다행이라고 했다. 몸이 붓는 게 무서운 이유는 겉으로만 붓는 게 아니라 장기도 같은 현상이 일어난다는 데 있다. 피부가 부풀어 오르듯이 내장이나 기도 안에서도 부풀어 오른다. 즉시 조치하지 않으면 기도가 막혀서 질식사한다는 것이다. 아들은 항상 붓기를 가라앉게 하는 비상약품을 소지해야 했다.

  음식 알레르기가 극심하다는 걸 알았으나 아직 유발물질은 밝혀지지 않은 상태다. 아들을 살리려면 그걸 찾아내야 한다. 언제 어떤 음식에 반응하는지 유심히 관찰해서 아토피를 발생하게 하는 물질을 찾아내서 아들이 먹지 않도록 해야 한다.

아내의 지극정성으로 돌 전에 아들에게 아토피를 발생시키는 물질은 모두 찾아냈다. 달걀흰자, 우유, 팜유, 시금치, 견과류는 아들에게 극약이었다. 조금이라도 먹으면 죽을 수 있는 맹독성 물질로 밝혀졌다. 아내가 임신하고 입덧이 심했던 이유가 명확해졌다. 달걀, 우유, 팜유가 들어가지 않은 가공식품이 얼마나 되는가? 과자류에는 거의 모든 제품에 들어가고 일반 음식도 달걀이나 우유가 들어가는 게 태반이다. 그 모든 재료가 아들을 죽일 수 있을 정도로 해로운 물질이니 무엇을 먹어도 토할 수밖에 없었던 게다.

일단 먹을 수 없는 음식을 식별한 건 다행이었으나 키우는 게 문제였다. 아이가 좋아하는 게 무엇인가? 사탕이나 과자다. 다른 사람 모두 먹는데 아들만 먹지 못하니 불쌍하고 안타까웠으나 방법이 없었다. 아무리 맛있는 음식이라도 먹으면 죽는다는데 먹일 수는 없지 않은가? 사람의 생존본능은 무섭다. 그 어린 꼬맹이가 보통이라면 다른 사람이 먹는 걸 보면 울며불며 떼를 쓸 터이나 엄마가 먹으면 죽는다는 말에 전혀 손을 내밀지 않았다. 먹어도 죽지 않는다는 확신이 없으면 처음 보는 음식에는 절대로 손이 가지 않았다. 아내가 철저히 교육한 결과겠지만, 교육만으로 지켜지기는 어렵다. 죽음에 대한 두려움, 뿌리 깊은 생존본능이 없었다면 불가능하였으리라.

아들은 어려서부터 성인이 될 때까지 늘 체중 미달이었다. 조금 마른 정도가 아니라 영양실조에 가까울 정도였다. 키는 보통이었으나 너무 깡마른 모습이 바람이 불면 휙 날아갈 듯하였다. 함부로 먹으면 죽는다는 말에 스스로 철저하게 음식을 가린 건 다행이었으나 그 결과는 허약한 몸이었다. 나와 아내의 아들에 대한 소망은 단순했다. '다른 건 상관없다. 건강하게만 자라다오.'였다.

아들을 건강하게 성장시키려는 아내의 눈물겨운 노력이 시작되었다. 결혼 전 아내는 김치나 나물류 반찬은 곧잘 해 먹었으나 다른 음식은 좋아하지 않아서 제대로 할 줄 몰랐다. 직장에 다니는 사람이 새로운 요리법을 배워 익히는 게 쉽지 않았으리라. 아들이 밖에서 사 먹을 수 있는 음식이 거의 없자 직접 만들어서 먹이기 시작했다. 돈가스, 탕수육, 짜장면, 칼국수, 생선 부침개, 육전, 김밥 등을 직접 만들었다. 달걀과 우유, 땅콩, 시금치가 들어가지 않은 음식을 직접 만들었다.

아들 덕분에 우리 가족은 다소 특이한 음식을 먹어야 했다. 달걀이 들어가지 않은 면류나 부침개, 시금치가 들어가지 않은 김밥이나 잡채와 마주했다. 처음에는 맛이 덜했으나 금방 적응했다. 요리에는 정해진 음식 재료가 없다. 각자 좋아하는 재료를 적당히 넣어서 맛있으면 그만이다. 설령 맛이 없더라도 아들만 빼고 다른 사람만 먹을 수는 없지 않은가? 그건 식구의 도리가 아니다. 식구(食口)란 함께 먹는 사람이다, 따로 먹어야 한다면 식구로서 자격이 없다. 재료는 달랐어도 우리 가족은 식당에서 먹는 대신 아내의 정성이 가득 담긴 다양한 음식을 집에서 즐길 수 있었다.

아들의 아토피는 심했나. 어려서는 심하더라도 중고등학생이나 성인이 되면 증상이 호전되는 경우가 많았으나 아들은 자라서도 큰 차도가 없었다. 그때 알레르기 음식은 성인이 된 지금도 여전히 먹지 못한다. 알레르기 체질과 체중 미달로 현역 입대를 할 수 없었다. 보통은 병역을 마다한다지만, 건강하지 않은 사람 처지에서는 다르다. 어떤 이유로든 보통 사람이 하는 일을 할 수 없다는 건 상처다. 체중 미달이라는 게 자존심 상하는 일이었으나 그게 아니더라도 음식 문제로 어차피 현역 군 복무는 할 수 없는 처지였다.

현재 아들은 공익근무 중이다. 그다지 즐거워하지 않고, 쉽지 않은 환경으로 보이지만, 내색하지 않고 무던히 생활하고 있다. 하긴 아무리 빡센 공익근무라도 휴전선 철조망 경계근무나 함정 위 수병만큼 힘들고 위험하겠는가? 나는 몸으로 하는 일이라면 어떤 일이라도 자신 있었다. 높은 지능을 타고나지 못한 게 한이었으나 몸으로 때우는 일은 뭐든 자신 있었다. 부모를 닮는 게 자식이라지만, 그 점에서 우리 부자는 전혀 달랐다.

아들은 똑똑하고 착하다. 모두 훌륭하나 몸이 튼튼하지 않은 점이 흠이다. 세상은 의외로 공평하다. 모든 걸 갖춘 사람은 흔치 않다. 나는 원하는 만큼 빠르게 회전하지 않는 두뇌가 골치였으나 아들은 요즘 세상에 드문 적은 체중이 고민이다. 그래도 이만한 게 어딘가? 유치원이나 초등학생 때는 넘어지거나 부러질까 봐 걱정이었다. 실제로 다친 적이 많다. 세상 모든 사람이 부모, 특히 어머니에게 고마워해야 한다. 내 아들은 더하다. 그 지극정성을 헤아린다면 엄마의 말을 잔소리로 받아들이지 말아야 하리라. 누구보다 성실하게 살아가야 하리라.

"사랑하는 아들 준연아, 네가 기억할 리 없다만 아마 엄마의 정성이 아니었다면 너는 생존조차 어려웠을 것이다. 먹을 수 없는 음식을 먹다가 죽었을 수도 있고, 제대로 먹지 못해 더 허약한 몸이 되었을지도 모른다. 지금처럼 건전하고 건강한 청년이 될 수 있었던 건 오직 엄마의 지극한 보살핌 덕분이다. 가끔 잔소리하더라도 누구보다도 사랑하는 아들을 위해서 하는 말이려니 하고 좋게 받아들이렴. 건강하고 씩씩하게 살아가는 게 최고의 효도다. 착한 아들, 파이팅!"

금 모으기 운동

　IMF 체결 이후 한국은 쑥대밭이 됐다. IMF가 대한민국에 요구한 조건은 총 네 가지다. 금리 인상, 구조조정, 노동 시장 유연화, 자본 시장 개방이다. 국제 금융 투기세력에 무방비로 노출하라는 뜻이었고, 대안을 찾지 못한 정부는 구제금융을 받기 위해 모든 조건을 수락한다. 연 이십 퍼센트가 넘는 고금리는 자동으로 구조조정 체제가 되었다. 아무리 이익을 많이 남기는 회사라도 이십 퍼센트가 넘는 금리에서 살아남는 건 쉽지 않다. 수많은 우량 기업이 도산하였다.

　피바람은 공기업에도 몰아쳤다. 한국중공업, 한국통신, 한국전력공사, 한국담배인삼공사, 한국가스공사 등 굵직한 공기업이 민영화와 동시에 전체 인력의 이십 퍼센트인 14만여 명을 감원하였다. 하루아침에 직장을 잃은 많은 사람이 거리로 내몰렸다. 1997년에서 1998년으로 이어지는 겨울은 혹한이었다. 국가 부도라는 초유의 사태에 온 국민의 마음이 얼어붙었다면, 평생직장으로 알았던 회사로부터 쫓겨나 거리에 나앉은 사람은 몸까지 얼어붙을 지경이었다. 그해 겨울 거리에는 노숙자로 넘쳐났다.

직장을 잃었는데 왜 노숙자가 되어야 할까? 어느 시절에도 비렁뱅이, 즉 거지라고 불리는 노숙자는 있었다. 거지는 집 없는 사람이다. 스스로 힘으로 집을 얻을 능력이 없는 자, 의지할 데 없는 가난한 사람이 살아가는 방식이 노숙자다. IMF 체제가 되었다고 갑자기 늘어난 노숙자가 이해가 되는가? 어제까지 퇴근 후 돌아가는 집이 있지 않았던가?

직장을 잃었다고 가정이나 가족이 사라지는 것은 아니다. 노숙자가 된 사연은 각기 다를 것이나 대부분 사오십대 남성이라는 데서 짐작할 수 있다. 이들은 대체로 가정을 이끌어 온 경제주체다. 부도낸 사장이나 회사에서 쫓겨난 직장인 모두 가정을 책임질 능력을 잃었다. 가정에 돌아가 봐야 가족의 비참한 상황을 목격할 뿐 아무런 대책이 없다. 부도낸 사장이라면 재산 압류까지 각오해야 한다. 처자식 혹은 부모에게 면목이 없을 뿐만 아니라, 때에 따라 괄시나 수모를 받을 수도 있다. 이 꼴 저 꼴 안 보느니만 못하다. 노숙자는 어떤 이유로든 집으로 돌아갈 수 없는 사람이다.

나라가 망했는데 국민이 편안하길 바랄 수는 없겠으나 1997년 외환위기에 따른 IMF 체제로 국민은 치명적인 타격을 받았다. 많은 가정에 실직자가 생겼고, 홀로 경제를 책임지던 가장이 실직해서 가정 붕괴에 이르는 경우가 적지 않았다. 가압류(假押留)를 면하기 위해 위장 이혼하는 사람이 허다하였고 실제로 이혼으로 이어지는 경우가 비일비재하였다. 이혼하지 않더라도 노숙자로 전락한 가장은 가족에게 의미가 없으리라.

생명은 끈질기다. 아무리 열악한 상황에 놓이더라도 절대 그냥 포기하는 법이 없다. 사람도 마찬가지다. 더구나 유사 이래 오천 년 역사가 침략과 핍박으로 이어진 한민족 아니던가? 전 국토가 7년 동안이나 유린당한 몽골의 침략과 임진왜란에도 끝내 살아남은 민족이다. 다른 나라를 선도하고 지배하는 데는 뛰어나지 않았으나, 국난 극복에는 타고난 유전자를 지닌 종족이다.

금 모으기 운동이 시작되었다. 새마을운동 단체인 '새마을부녀회 중앙연합회'에서 선포한 '애국 가락지 모으기 운동'이 시초였다. 구한말 대한제국의 국채를 갚기 위해 벌어진 국채보상운동 정신을 계승하여 국민의 애국심과 단결을 이끌고자 회원들은 금으로 된 물건을 모아서 국가에 헌납하기로 했다. 국무총리 주재 회의에서 모범 사례로 보고되었고, 국민의 긍정적인 평가에 힘입어 전국으로 확산하였다. 1998년 1월부터는 'KBS 금 모으기 캠페인'이 시작되었고 헌납이 아닌 보상의 체계로 운동의 성격도 바뀌었다.

우리 역사를 지배한 건 늘 기득권이었으나 나라를 지킨 건 언제나 서민이었다. 세상은 요지경이다. 온갖 혜택을 받은 사람은 나 몰라라 하고, 차별과 억압받은 사람이 오히려 체제를 지키려고 나선다. 전혀 존재감이 없는 서러운 삶을 그렇게라도 드러내고 싶어 서였는지도 모른다. 몽골 전쟁과 임진왜란 때 앞장서서 싸운 게 관군이 아니라 의병이었던 것처럼, 외환 위기 극복에 앞장선 건 서민이었다.

날마다 감동적인 풍경이 벌어졌다. 금 모으기 운동은 전 세계를 놀라게 하였다. 국민은 장롱 속 금붙이를 꺼내 은행으로 가져갔다. 은행마다 금붙이를 든 사람이 줄을 섰다. 금반지, 금목걸이가 쏟아져 나왔다. 하나같이 귀한 사연이 담긴 소중한 물건이었다. 국민은 나라의 빈 곳간을 자신의 금으로 채웠다. 신혼부부는 결혼반지를, 젊은 부부는 아이의 돌 반지를, 노부부는 자식이 사준 효도 반지를 내놓았다. 운동선수 중에는 평생 자랑거리이며 땀의 결정체인 금메달을 내놓은 사람도 있었다. 김수환 추기경은 취임 때 받은 십자가를 쾌척했다. 그 귀한 것을 어떻게 내놓으시냐고 주위에서 아까워하자 이렇게 말했다.

"예수님은 몸을 버리셨는데 이까짓 건 아무것도 아니다."

전국적으로 351만 명이 금 모으기 운동에 참여하여 약 227톤이나 되는 금이 모였으며 수출 가격이 22억 달러였다. 금 모으기 운동은 IMF가 시행하던 초고금리 정책 철회와 국제 신용도 회복을 앞당겼다. 그보다 더 큰 성과는 국민의 애국심을 확인한 점이었다.

사람은 다른 사람의 마음을 제대로 모른다. 이런저런 말이나 태도로 미루어 짐작하지만 확실하지 않다. 누군가를 사랑하거나 공동체에 헌신하려는 자신의 마음은 알 수 있지만, 다른 사람 마음은 모른다. 국난 극복을 위한 금 모으기 열풍을 지켜보면서 국민은 하나가 되었다. 대부분 국민이 조국의 번영과 영광을 간절하게 바란다는 사실을 알게 되었다. 모든 사람이 같은 마음이라면 두려울 게 없다. 어떠한 환난이 닥치더라도 헤쳐나갈 수 있으리라. 그런 자신감을 얻었다.

외환 위기는 탐욕에 눈먼 사악한 기업주와 국제 금융 투기세력, 경제에 어두운 정부의 합작품이었다. 정부와 기업인은 발생 과정에 책임이 있었을 뿐만 아니라 해결 방식도 적절하지 않았다. 제 역할을 한 건 늘 그랬듯이 서민뿐이었다. 금 모으기 운동에 동참한 대다수 서민과 달리 재벌이나 대기업은 국가 부도의 혼란 속에서도 이익을 챙기려고 모인 금을 헐값에 수출하거나 환차익, 부동산 투기에 앞장섰다. 외환 위기 때 많은 기업이 사라졌으나 살아남은 기업은 더 강해졌다. 피해는 전 국민이 공평하게 짊어졌으나 이익은 살아남은 대기업 몫이 되었다.

어느 사회도 완전하게 공정하거나 평등할 수 없다. 그렇더라도 과거와 현재를 통찰하는 사업가라면 공동체를 위해 노력해야 한다. 아직도 외환 위기로 발생한 노숙자와 경제를 회복하지 못한 서민이 있다. 이들을 보듬으려는 사회적 노력이 필요하다. 재벌과 대기업이 스스로 저지른 잘못임에도 IMF 체제에서 가장 큰 이득을 보았다면, 앞장서서 공동체에 헌신해야 한다. 가진 자가 사회적 약자를 보호하는 게 이상적인 사회일 것이다. 우리나라가 그런 사회가 되기를 바란다.

아아, 장인어른

 장인은 과묵한 편이었다. 결혼 전 상견례 때도 대화를 주도한 건 아버지와 장모였다. 아버지가 내 자랑을 늘어놓으면 장모가 딸 자랑으로 받아치는 식이었다. 어머니와 장인은 묵묵히 들으면서 주장이 완강한 아버지와 장모 발언에 처음 만난 사돈에게 실례가 되지 않을까 걱정하였다.

 장인은 장모를 극진히 아꼈다. 장모는 부산 사람이었는데 어려서 부족함 없이 자랐다. 부사관 생활하던 장인과 만나 결혼하였는데 도시에서 자란 만큼 시골 사람과 달랐다. 주장이 뚜렷하여 이유 없이 물러섬이 없었다. 장인은 50년대 가장 선진사회였던 군에서 생활한 직업군인이었던 만큼 개방적인 사고를 소유했다. 남성우월주의나 가부장이라는 의식이 없었다. 당시 세태와는 다른 신세대였던 셈이다.

 군 생활을 계속하였다면 삶이 크게 달라졌을 것이다. 장남이었던 장인은 부모의 성화에 못 이겨 전역해서 고향인 진남 보성에 자리 잡았다. 부모의 가업을 이어받아 농부가 된 것이다. 장인은 평생 호인으로 살았다. 처자식에게뿐만 아니라 대하는 모든 사람에게 그랬다. 모아둔 재물과 물려받은 재산이 적지 않았으나 보증을 잘못 서는 바람에 여러 차례 파산하였다. 시련과 역경이 있었으나 슬기롭게 극복하였고, 내가 결혼할 당시에는 자녀가 모두 성장하여 독립하였기에 가정에 어려움은 없었다.

 장모는 내가 직업군인이라는 데 탐탁하지 않게 생각했으나 장인은 달랐다. 지금도 그렇지만, 아마 장인이 군인이었을 당시 소득이 시원찮았던 듯하다. 게다가 전역 후 장인이 스스로 살아온 길을 돌이켜보니 군인은 세상 물정에 너무 어두웠다. 장인이 하던 때와는 군 생활이 크게 달라졌으나 장인은 나를 안타까워했다. 군의 상명하복 체계에 적응하는 게 쉽지 않음을 잘 알았다. 생물학자 최재천 교수가 말하지 않았던가, 아는 만큼 사랑하게 된다고. 장인은 찾아갈 때마다 그런 나를 낯선 처가 집 분위기에 불편하지 않도록 여러모로 배려하였다.

 장인은 처음 만났을 때부터 건강이 좋은 편이 아니었다. 주변 사람과 어울리기를 좋아했던 장인은 폭음하는 편은 아니었으나 음주를 즐겼다. 간에 적신호가 켜져 음주를 자제하라는 의사의 권유가 있었다. 그렇지만 술 좋아하는 내가 찾아가면 의사의 당부를 무시한 채 나와 똑같이 술을 마셨다. 젊었을 때는 소주 세 병을 너끈하게 마셨던 나다. 둘이서 소주 대병을 다 마시고 더 찾을라치면 장모의 지청구가 터져 나왔다.

"아니 의사가 그렇게 술 적게 마시라고 당부하더마는…… 귓가로 흘려들었소!"

"아따 이 사람아, 술 몇 잔 마신다고 금방 죽는다능가? 사위가 멀리서 찾아왔는디 혼자서 멀뚱거리게 놔두란 말이여 시방? 쓰잘 데없는 소리 허덜말구 술이나 얼른 더 내와."

나 때문에 잔소리 들어야 하는 장인에게 적이 죄송하였으나 그렇다고 술을 사양하지 않았다. 술이 무엇인가? 사기를 앙양하고 기분을 고무시키는 데 최고의 명약 아니던가? 잘 모르는 사람이나 친하지 않은 사람과 가까워지는 데는 술보다 좋은 게 없다. 몇 시간이나 둘이서 하는 대작이 즐거웠다. 장인은 처음부터 내 십년지기 술친구가 되었다.

나에게만 그런 것이 아니다. 술을 좋아하던 손위 둘째 동서가 와도 끝까지 대작하였고, 얼마 뒤 결혼하는 막대 동서에게도 그랬다. 술을 마시지 않는 첫째 사위를 빼고는 어떤 사위가 오더라도 함께 마시며 흥겨워했다. 얼마 후 돌아가실 줄 알았다면 스스로 절제하고, 술을 마시지 않도록 말렸을 것이다. 환갑 지난 지 얼마 되지 않았기에 그렇게 일찍 세상을 떠날 줄 몰랐다. 돌아가시게 된 데는 여러 이유가 있겠으나 술도 하나의 원인이었으리라. 어쨌든 사람은 한 치 앞도 보지 못하는 어리석은 존재다.

1998년 5월 어느 날 장인이 위급하다는 연락을 받았다. 깜짝 놀란 나는 아내와 젖먹이 아들과 딸을 데리고 병원을 찾았다. 장인

형제와 자손이 모두 모여들어 병원은 북새통이었다. 장인은 삼 형제 중 맏이다. 두 동생 가족과 아들딸 가족이 모두 모였다. 까닭은 알 수 없으나 위급하다는데 오지 않을 수 있는가? 모두 만사 제쳐두고 달려온 길이다.

장인은 얼마 전 가슴이 답답하여 보성 병원을 찾은 바 있다. 병원에서는 기흉(氣胸)이 의심되니 큰 병원에 가서 수술을 받으라고 했다. 큰 병이 아니니 염려 말라는 당부와 함께 말이다. 기흉은 폐에 구멍이 생겨 공기나 가스가 고이게 되는 질환으로 가슴 통증과 호흡곤란이 증상이다. 장인은 별거 아니라는 말에 아무도 대동하지 않고 혼자서 광주에 있는 큰 병원에 가서 입원하고 수술받았다. 그런데 멀쩡하던 사람이 갑자기 의식이 오락가락하는 상태가 된 것이다.

병원 측에서 위급을 통지하여 가족이 모였으나 당장 무슨 일이 생길 것 같지는 않았다. 장인은 의식을 회복하였고 사람을 알아보고 약간의 소통도 가능하였다. 큰일이 아니라는 데 모두 놀란 가슴을 쓸어내렸다. 함께 간 딸이 오줌이 마렵다고 해서 아내와 함께 응급실을 나섰는데 막내 작은어머니가 따라나섰다. 딸은 복도를 지나면서 글자가 보이는 대로 종알거렸다.

"응급실, 중환자실, 주사실, 내과, 흉부외과, 출입금지, 화장실……."

"어머, 애가 마치 글을 읽듯 말하네."

겨우 걸음마 하는 아이가 글 읽는다는 걸 예상하지 못한 작은어머니가 혼자 종알거리는 딸을 보며 말했다.

"얘, 글 읽을 줄 알아요. 말하면서 바로 읽었어요."

아내가 사실대로 말하자 작은어머니는 깜짝 놀라는 것이었다. 하긴 겨우 두 돌 지난 아이라면 말도 제대로 하지 못하는 사람이 많은데 누가 글을 읽으리라고 상상이나 하겠는가?

"정말여? 어찌 그리 빨리 읽게 했당가?"

"태어나서 아무것도 모를 때부터 낱말카드를 이용하여 그림과 글자를 반복해서 말했더니 말 배우면서 바로 읽더라니까요."

아내의 말에 작은어머니는 연신 감탄하는 것이었다.

위급하다던 장인이 회복하자 모두 분분히 돌아갔다. 모두 직장 있는 사람이다. 언제 다시 위급 상황에 빠질지 모르지만, 그때까지 마냥 기다리고 있을 수는 없는 노릇이다. 직장에 복귀하고 며칠 후에 다시 위급하다는 연락이 왔다. 초상 치를 준비하고 병원에 가면 다시 회복하기를 여러 차례 했다. 6월 어느 날이었다. 위급하다는 말에 가족이 모두 모였는데 장인은 여느 때보다 더 기력을 회복한 모습이었다.

"하연이 많이 컸네. 인자 말 잘 허제?"

장인은 딸의 손을 꼭 쥐면서 말하였다.

"예, 장인 어르신. 벌써 글을 읽을 줄도 알아요."

"그려? 거 참 신통허시. 집안에 인물 나부렀네."

장인은 찾아온 형제 사식 손자 이름을 하나씩 되뇌며 일일이 안부를 묻는 것이었다. 입원 전과 마찬가지로 차이가 없을 정도로 멀쩡했다. 이제 다시 직장으로 돌아가야 한다. 밥때가 되어서 모두 함께 밥을 먹고 헤어지기로 했다.

"밥 먹고 올게요. 조금 이따가 봐요."

그게 마지막이었다. 식당에 갔다가 돌아왔을 때는 의식을 잃어 산소마스크를 착용한 상태였다. 이후 한 번도 의식을 회복하지 못한 채 운명하였다. 허망했다. 사람이 죽기 전에 잠깐 제정신이 들기도 한다는데 장인은 가족에게 마지막 인사를 위해 기력을 짜낸 것이었나 보다.

가슴이 아팠다. 살아오면서 많은 사람을 만났지만, 진심으로 나를 사랑하고 배려한다는 느낌은 어머니 외에 장인이 처음이었다. 아버지보다 더 사랑을 느꼈던 장인이 떠난 것이다. 나와 아내에게는 가장 든든한 원군이었다. 아니 내 아이에게도 가장 큰 사랑을 주는 버팀목이 되었을 장인의 운명은 내 자식에게도 불행이었다. 사랑하는 사람을 잃었다는 상실감과 더불어 아내와 아이들이 얻을 사랑과 행복이 사라졌다는 데 슬펐다. 살아 계셨다면 내 세 아이를 얼마나 애지중지하였겠는가? 아이들은 외할아버지의 사랑을 잃은 것이다.

지금 돌이켜보니 의료과실로 인한 사망이 틀림없다. 혼자 걸어서 입원할 정도로 멀쩡하던 사람이 왜 갑자기 위급에 빠졌겠는가? 필시 의약 처방을 잘못했으리라. 당시에도 의심이 들었으나 물증이 없었고, 증명할 방법을 몰랐으며, 대처할 법률을 아는 사람도 없었다. 가족 중에 의사나 법조인이 한 명쯤 있어야 한다는 말을 절실하게 느꼈다. 의사가 있었다면 원인을 금방 짐작했을 테고, 검사나 판사 변호사가 있었다면 대응절차를 조언하였으리라.

심증은 갔으나 물증이 없었고 대처할 방법을 몰랐다. 가장 중요한 건 의료과실을 증명하더라도 돌아가신 장인을 되살릴 수 없다는 사실이었다. 금전적인 보상은 받을 수 있을지라도 죽은 사람을 살릴 수 없다는 데 절망하였다. 지금이라면 정의를 위해서라도 사실을 따졌으리라. 우리는 순진하고 무지하였다. 경제적 이익을 위해서 따질 염치가 없었고, 또 다른 피해자가 발생하지 않도록 원인을 규명하는 게 정의라는 데 무지하였다. 내가 보기에는 장인어른의 사망 원인은 의료과실이다. 아아, 장인어른은 억울하게 돌아가신 게다.

박세리

    1998년 한국인은 어둠의 터널을 지나고 있었다. 지난 역사에서 암울한 순간이 많았으나, 내 생애에는 아니었다. 내가 태어난 1960년대는 아직 보릿고개라는 말이 있을 정도로 굶주림을 면하는 게 최우선 과제였으나 나날이 살림이 나아졌다. 1970년대에는 식량 자급자족으로 굶주림이 사라졌고 시골에도 전기가 들어왔다. 1980년대는 TV와 전화기가 없는 집이 드물었고, 1990년대는 대부분 가정에서 자가용 승용차를 보유하였다. 개인소득 1만 달러를 달성하였고 OECD에 가입하였다. 경제 규모나 평균 소득에서는 아니었으나 적어도 발전 속도에서는 대한민국이 최고였다.

    세계는 한국을 주목하였다. 역사상 최강의 나라 옆에 붙어 있다 보니 스스로 약소국가라고 일컬었지만, 이제 누구도 한국을 얕보지 않았다. 소득 증가 속도로 미루어 2차 대전 후 독립한 나라로는 세계 최초로, 산업혁명 이후 세계를 선도하던 유럽 선진국을 따라

잡을 날도 머지않았다. 국민은 자신감이 넘쳐 어깨를 으쓱였다. IMF 사태가 터지기 전까지는 누구도 우리가 쌓아 올린 거대한 탑이 모래성이라고 여기지 않았다. 수십 년 쌓은 공든 탑이 허물어지는 걸 목격한 국민의 마음은 참담하였다. 각자 주어진 현실에서 구명도생하느라 제정신이 아니었으나, 끝없이 나락으로 추락하였다.

실의에 빠진 국민에게 1998년 7월 7일 박세리가 낭보를 전했다. 1998 LPGA U.S. 여자 오픈 연장전에서 태국계 미국인 추아시리폰을 꺾고 우승한 것이다. 그 과정이 극적이었다. 연장 18번 홀에서 박세리가 날린 티샷이 연못가에 걸쳤다. 한 타 뒤지던 박세리가 벌타를 받고 경기를 계속한다면 우승을 포기해야 하는 상황이었다. 박세리는 신발을 벗고 연못에 들어가서 치는 방식을 택했다. 성공할 확률이 낮았으나 그대로 우승을 포기할 수는 없었다.

뉴스에서는 그 과정을 전부 보여 주었다. 신을 먼저 벗은 왼발은 흰색이었다. 얼굴과 팔다리가 검게 그을러 박세리는 흡사 흑인 같았다. 양말을 벗은 왼발은 흰 양말을 신은 것처럼, 하얗게 빛났다. 피부가 원래 검은 게 아니라 햇볕에 그을린 것이다. 그 피부색 차이가 박세리가 지나온 여정을 말해주는 듯하였다. 감동이었다. 연못에 들어가서 친 샷은 성공이었다. 이후 마침내 경기를 역전하여 우승을 결정짓는다. 마지막 홀에 공이 굴러 들어가는 순간 박세리는 활짝 웃으면서 두 주먹을 불끈 쥐고 환호하였다.

물에 빠진 사람이 지푸라기라도 잡는 심정이었으리라. 그냥 삶을 포기하려는 사람은 없다. 아무리 혹독한 상황에서도 사람은 먼저 삶을 생각한다. 희망이 전혀 없는데도 말이다. 박세리가 세계 최고 권위의 골프대회에서 우승한다고 해서 IMF가 끝나는 것도, 실직 상태에서 벗어나는 것도 아니다. 다만 박세리의 투혼에서 포기하지 않고 노력하면 성공할 수 있다는 가능성을 보았다. 당시 LPGA에서 활동하는 한국 선수는 없었다. 당연히 우승한 선수가 없다. 그런데 아직 소녀티를 벗지 못한 약관 스물한 살의 박세리가 세계 최고 권위의 여자 골프대회인 U.S. 오픈에서 우승한 것이다.

소식을 전하는 아나운서의 목소리는 떨렸고 화면을 지켜보던 한국인은 모두 눈물지었다. 어둠에 갇혀 있는 사람의 심정이란 게 다 그렇다. 아주 작은 것, 전혀 무관한 것에서 어떤 희망의 실마리를 찾는 게다. 좌절하던 국민은 다시 일어서겠다고 다짐하고, 나라의 안위를 염려하던 사람은 국민에게 희망의 불씨를 지폈다는 데 박세리에게 감사하였다.

박세리 이전에는 박찬호가 국민의 희망이었다. 1994년 데뷔해 1995년까지 승리가 없던 박찬호는 1996년 5승을 거둔 뒤 IMF 사태가 터진 1997년에는 무려 14승을 올렸다. 14승은 메이저리그 팀 에이스나 할까 말까 한 성적이다. 박찬호 이전에 메이저리그 프로야구에서 승리한 한국 투수는 없다. 국가 부도라는 최악의 사태에 전 국민이 절망할 때 박찬호의 활약은 빛이 되었다. 박찬호의 승리는 국민에게 투여하는 보약이었고 강장제였다. 그 박찬호에 박세리가 더해진 것이다.

나는 골프 문외한이다. 당연한 일이다. 소위 임관할 때 다짐한 게 '사나이 조자룡은 차 사지 않는다. 골프 하지 않는다.'였다. 1980년대만 해도 자가용과 골프는 사치와 허영의 대명사였다. 나는 부유한 사람을 혐오하지 않았으나, 서민을 좌절하게 하는 사치와 허영은 증오하였다. 스스로 타인이 증오하는 사람이 될 수는 없다. 골프 하는 사람을 미워하는 사람이 골프에 대해서 알 리 없다.

골프에 관심이 없던 나는 전혀 몰랐으나 박세리는 이미 될성부른 떡잎이었다. 대전 유성에서 어린 시절을 보낸 박세리는 초등학교 6학년 때 골프광이었던 아버지 박준철에게 이끌려 골프를 시작했다. 어린 나이에 새벽 두 시까지 혼자 훈련하는 등 아버지에게 엄격한 훈련을 받았다. 이런 훈련 덕분이었는지 박세리는 일찍이 두각을 나타낸다.

1992년 중3 시절 초청받은 KLPGA 대회에서 처음 우승을 차지하였으며, 고3이었던 1995년에는 아마추어 신분으로서 시즌 4승이라는 놀라운 성적을 거뒀다. 당시 십여 개 대회밖에 없을 때여서 아마추어가 3분의 1 이상을 우승한 셈이다. 총 11경기에 출전하여 우승 4회, 준우승 5회를 거두었는데 가장 성적이 나빴던 경기가 6위다. 한마디로 군계일학이었다.

더 큰 꿈을 위해 1998년 미국행을 결정하였는데 데뷔 시즌에 세계 여자 프로골프 최고 권위인 U.S. 오픈을 석권한 것이다. 박세리의 우승은 개인의 영광은 물론이고 전 국민의 무너져내린 자존심을 일으켜 세운 동시에 지라는 후배에게 꿈이 되었다. 박찬호가 수많은 야구선수에게 꿈이 되었듯이 박세리는 많은 소녀에게 꿈을 심어주었다. 박세리 키즈가 성장한 이후 세계 여자 골프는 한국 선수가 주름잡는다.

처음부터 길이 있었던 건 아니다. 누군가 걸었기에 길이 된 것이다. 앞서간 자가 이룬 업적의 힘은 놀랍다. 엄청난 꿈나무가 뒤따른다. 박찬호나 박세리는 국가가 풍전등화 위기에 처했을 때 혜성과 같이 나타난 영웅이었다. 시름에 잠겨 있던 국민에게 위안과 용기를 주었다. 이후 2000년대 등장하는 박지성, 박태환과 함께 '4박'은 종목별 한국의 전성기를 이끈 선구자다. 우상을 바라보고 꿈꾼다는 '키즈'를 유행시킨 원조다. 그 힘들었던 시절 우리는 박세리의 맨발 투혼에 울컥하고 흔들리는 마음을 다잡았다.

아들과 딸의 차이

나에게 첫딸은 모든 게 처음이었다. 아마 딸은 처음 본 세상에 어리둥절하고 모든 게 신기했겠지만, 그건 초보 엄마 아빠인 우리도 마찬가지였다. 우주와 자연의 신비로운 기운이 더해진 결과이기는 하나, 두 사람의 결합으로 새 생명이 탄생한다는 건 경이로운 일이다. 아직 개념 파악이 덜 된 딸보다는 아무런 생각 없이 살아가던 우리가 딸한테 놀란 게 더 컸으리라.

둘째 아들은 달랐다. 여자와 남자라는 차이가 있으나 처음 본 자식과는 우선 놀라움에서 차이가 났다. 아내가 낳은 아이가 이제 충격이나 경이로운 일은 아니다. 딸은 신체 발육이 늦은 대신 영민하였다. 온종일 낱말카드를 붙들고 곁에서 지켜보며 주절댄 엄마 덕분이다. 말을 배우면서 글을 읽었다. 걸음마보다 말하고 읽는 게 더 빨랐다. 어쩌면 팔다리로 가야 할 에너지가 머리로 쏠려서인지도 모른다. 둘째인 아들에게는 아내가 전력을 쏟을 수 없었다. 겨우 돌 지난 딸도 여전히 엄마의 보살핌이 필요한 아이였기 때문이다.

사람의 차이는 선천적인 부분이 있으나 환경의 영향을 더 받는다. 첫째와 둘째는 유전적으로 큰 차이가 없을 것이다. 처음 접한 엄마의 세계가 달랐다. 첫째는 세상을 온전히 독차지한 채 살았고, 둘째는 누나와 공유해야 한다는 사실이 달랐다. 그건 태어날 때 남녀로 성이 다르게 태어난 것보다 컸다. 첫째는 초기 발육이 두뇌 쪽으로 지나치게 쏠렸다면 둘째는 골고루 갔던 모양이다. 아들은 말하고 읽는 대신 먼저 움직였다.

첫째는 돌 때 겨우 첫걸음을 뗐다. 아들은 7개월이 되자 손에 잡히는 게 있으면 붙들고 일어섰다. 벽을 짚고 걸음마를 시도하였다. 여자와 남자는 다르다. 외모나 신체 구조뿐만 아니라 추구하는 성향이 근본적으로 다르다. 아들은 행동이 진취적이었다. 겁이 없었다. 빨리 글을 읽어서인지 딸은 말귀를 잘 알아들었고 엄마가 시키는 대로 따랐다. 엄마가 하라는 대로 주로 앉아서 동화 읽는 것을 좋아했다. 모든 아이가 얌전한 줄 알았으나 둘째는 전혀 그렇지 않다는 걸 보여주었다.

아들은 심한 음식 알레르기 아토피여서 자라면서 제대로 먹지 못했다. 늘 지나치게 날씬한 몸매를 유지했다. 허약해서 보기에 안쓰러울 정도였다. 어려서는 아니었다. 엄마가 돼지족발을 스스로 고아 먹은 뒤 모유가 다 먹지 못할 정도로 넘쳤다. 모유를 먹는 동안은 토실토실한 게 여느 우량아 못지않았다.

당시만 해도 튼실한 몸으로 아들로서는 위험한 세상일 수 있는 거실과 여러 방을 탐험하였다. 사람 사는 환경은 엄청나게 변했으나 사람의 육체와 지능은 석기 시대와 별반 차이가 없다. 인간이 집단 지성으로 문명과 문화는 크게 일궜으나 1만 년은 진화하기에는 너무 짧은 시간인지도 모른다. 현재도 남자에게는 수렵 채집의 본능이 숨어 있다. 흔히 남자는 은퇴 후 전원생활을 꿈꾼다. 귀농 귀촌 희망자가 많지만, 아내의 허락을 얻지 못해서 꿈을 접는 사람이 많다.

남자의 본성이 무엇인가? 사냥이다. 먹거리를 얻기 위하여 거대한 포식 동물과 다투거나, 이익을 두고 다른 사람과 싸우는 거다. 여자보다 조금 더 많은 근육량이 원시 시대 남자의 임무를 결정하였다. 힘으로 하는 일은 남자 몫이 되었고, 여자는 더 복잡하고 피곤할 수 있으나 상대적으로 힘이 덜 드는 육아를 책임졌다. 아들은 그 사냥 본능이 살아 있는 게다. 사냥은 두뇌로 하는 게 아니다. 주로 집중력과 감각과 빠르고 강한 신체 능력에 의존한다. 아들은 걷기 전부터 체력 단련 혹은 야생을 탐구하기 시작했다.

어느 날 아내가 부엌에서 설거지하고 있을 때다. 어디선가 희미하게 부르는 소리가 들렸다.

"엄마~ 엄마~."

들릴 듯 말 듯 멀리서 애타게 찾는 소리는 아들의 목소리가 분명했다. 아내는 부리나케 설거지를 그만두고 소리 나는 데로 달려갔다. 장소는 컴퓨터가 설치된 내 방이었다. 전화선과 모뎀을 이용한

PC 통신이 유행할 때다. 요즘 사람은 답답해서 사용할 수 없을 정도로 느렸으나 문자전송은 그럭저럭 사용할 만하였다. 명색이 정보체계 개발사업을 주관하는 사람이 시대에 뒤떨어질 수 없다는 판단에 큰맘 먹고 386 컴퓨터를 사서 사용할 때다. 놀랍게도 아들은 책상 위 14인치 컴퓨터 모니터 위에 쪼그리고 앉아 있었다.

"아이고 준연아, 이게 웬일이니?"

아내는 기절초풍해서 얼른 애를 안아 들었다. 놀라운 일이었다. 어떻게 걷지도 못하는 애가 책상 위를 올라갔으며, 그 작은 모니터 위까지 오르는 묘기를 부렸을까? 신세계를 정복하려는 남자의 욕망은 놀랍다. 그러니 아프리카, 아마존 오지를 뒤지다 못해 히말라야 골짜기나 남극, 북극을 탐험하지 못해 안달하는 것이다. 아들은 무언가를 붙들고 걷다가 앞에 장애물이 있으면 무조건 오른다. 후퇴나 우회는 없다. 오직 전진, 전진뿐이다.

열려 있는 내 방문을 밀고 들어갔나 보다. 가다 보니 의자가 있고, 천신만고 끝에 의자에 오르니 책상이 있고, 젖먹던 힘까지 다 짜내어 책상에 오르니 컴퓨터 모니터가 있다. 옛사람이 읊은 시가 있지 않은가? '태산이 높다 하되 하늘 아래 뫼이로다. 오르고 또 오르면 못 오를 리 없건마는 사람이 제 아니 오르고 뫼만 높다 하더라.' 아들은 포기하지 않았다. 오르고 또 올라 모니터까지 올랐다. 더 오를 데는 없었다. 그런데 오르는 것만 집중했지 내려갈 염두는 두지 않았다. 오르고 보니 태산이 아니라 손바닥만 한 모니터였다. 옴짝달싹할 수 없었다. 꺼떡꺼떡 흔들리는 모니터 위에서 그냥 엄마만 찾을 수밖에.

 아들은 용감하였다. 아니 용감하거나 무지한 게 아니라 선사시대 진화하지 않은 남자의 유전자 본능이 남아 있었다. 두려움 없이 미지의 세계를 찾아 나섰고 장애물을 극복하고 정상에 올랐다. 더 오를 데가 없을 때까지 오르고 나서야 위험을 알아차리고 엄마를 찾았다. 돌 전에, 걸음마도 하기 전에 컴퓨터 모니터 정상을 정복한 아들이 컴퓨터와 친해지려나……. 자못 그 미래가 궁금하다. 애나 어른이나 남자와 여자는 다르다.

아찌, 미워!

 아들이 태어날 때부터 잘생긴 얼굴은 아니었다. 모든 사람이 태어날 때부터 아름다운 건 아니다. 엄마의 양수 속에서 영양을 공급받아 겨우 생명을 지탱할 뿐 썩 환경이 좋은 건 아닌지도 모른다. 태어나는 아이는 한결같이 검은 피부에 주름진 얼굴이다. 생명에 대한 경이, 자신의 혈육이라는 데 감동하지만, 솔직히 예쁘거나 귀여운 얼굴은 아니다. 예쁘다거나 잘 생겼다는 말은 다른 갓난아이와 비교해서 그렇다는 비유일 뿐이다.
 아들은 보통 아이와 비교해도 훨씬 이상한 모습이었다. 머리가 마치 벙거지를 쓴 듯한 모습이었다. 나는 그런 아이를 본 적이 없다. 처음 태어날 때 내 마음속에는 남아선호사상이 아니라 남아혐오사상이 있었기에 그런 겉모습에 더 정이 가지 않았다. 부모님은 아들이라고 좋아하였다. 칠대 독자인 아버지가 아들 오 형제를 두었건만 손주는 큰형님과 내가 낳은 손녀 둘이 전부였다. 남자가 대를 잇는 시대는 아니지만, 구습이 남은 아버지와 어머니는 첫 손자를 자랑스러워하였다. 나는 역사나 현실 속에서 남자의 부정적인 모습을 많이 보았던 터라 첫아들임에도 썩 유쾌하지 않았다. 힘들게 낳은 아내가 서운해할 정도였다.

시커멓고 가늘게 째진 눈이 날카로웠던 아들은 돌 무렵이 되자 갑자기 눈부시게 변신하였다. 조그맣고 갸름하며 둥근 얼굴에 쌍꺼풀진 두 눈은 화등잔만 해졌고 코는 오뚝해졌으며 피부는 우윳빛처럼 뽀얐다. 그야말로 상전벽해였다. 나비의 애벌레가 고치에서 나와 한순간에 두 날개를 활짝 편듯하였다. 그 모습은 유치원을 마치고 초등학교 다닐 때까지 유지하였다. 음식 아토피로 제대로 먹지 못해서 야리야리한 몸매에 그런 외모였던 터라 지나가던 여학생이 수군거릴 정도였다.

"얘, 저 애가 남자일까 여자일까?"

"쌍꺼풀진 눈이며 뽀얀 피부며 가냘픈 몸매를 볼 때 여자애가 틀림없어."

"그래도 머리카락이며 복장을 봤을 때는 남자로 보이는걸? 설마……, 남자앨 꺼야."

내가 직접 들은 건 아니다. 늘 아이와 함께 다니는 아내한테 전해 들었을 뿐이다. 아내는 세상에서 제일가는 꽃미남을 데리고 다닌다는 데 뿌듯하였으리라. 어쨌든 아이가 태어날 때 내가 가졌던 남자아이에 대한 알 수 없는 혐오감은 사라진 지 오래다. 변한 것은 아들의 외모뿐만이 아니다. 돌이 지나서 사물을 분간하고 말을 하기 시작하자 의사 표현을 확실하게 하기 시작했다.

가관은 미용실에 갔을 때다. 원장이 실력이 좋아서 머리를 예쁘게 깎아주는데도 젊고 예쁜 초보 미용사가 이발하기를 원했다. 그냥 말하는 정도가 아니라 "저 누나가 아니면 안 깎을 거야." 하고 생떼를 부릴 정도였다. 그럴 때면 아내는 무안해서 어쩔 줄 몰라 했다.

아이는 솔직하다. 체면이나 겸양을 모른다. 본능에 따르고 본성이 원하는 대로 말하고 행동할 뿐이다. 아무리 아이라도 아들은 남자다. 남자가 첫 번째로 추구하는 게 무엇이던가? 미녀. 굶주림을 면하면 찾는 게 예쁜 여자다. 예쁜 여자를 찾는 건 유전자의 명령에 따른 자연스러운 현상이다. 현대에 미에 관한 기준이 바뀌었을 뿐 역사에서 예쁜 여자는 젊고 건강한 여자다. 예쁘게 보인다는 건 출산 적령기를 의미했다. 그러니 내 아들이 이상한 건 아니다. 그 나이에 그렇게 확실하게 자기주장을 펼쳤다는 게 신기할 따름이다.

가장 귀여울 때가 돌 무렵이다. 말하고 행동하는 걸 처음 배울 때다. 모든 게 사랑스럽고 귀엽다. 불행하게도 나는 탄약시스템 운영시험 때문에 몇 달씩 지방 출장을 다녔다. 주말에 잠깐 들렀다가 일주일 내내 떨어져 살았다. 어느 날 출장에서 돌아왔을 때다. 현관문을 여니 마침 아들이 나와 있었다. 나는 반가움에 덥석 안아 올렸다.

"아찌, 미워! 아찌 싫어!"

뜻밖이었다. 그때까지 아들을 때리거나 밉다고 말한 적이 없었다. 아들은 모르겠지만, 처음 얼마간 마음속으로 내켜 하지 않았던 적은 있다. 그걸 입 밖에 낸 적은 없다. 그런데도 아들은 아빠가 밉다는 것이었다. 더군다나 아빠가 아니라 아찌(아저씨)라고 하면서.

섬찟하였다. 이놈이 아빠 마음을 읽는 재주가 있나? 언제 적 일인데 아빠를 밉다고 하나? 사람은 마음을 곱게 써야 한다. 입 밖에 내지 않아도 사람은 미워하거나 싫어하는 낌새를 기가 막히게 눈치챈다.

아들이 아찌라고 부른 데는 이유가 있었다. 출장에서 돌아올 때는 한밤중이고 출장 갈 때는 새벽이다. 일요일은 종일 안방에서 잠잘 때가 많아서 아빠 얼굴을 익힐 짬이 없었던 게다. 낯선 사람이 갑자기 번쩍 안아 들었으니 놀라지 않을 수 없었으리라.

적이 섭섭한 와중에도 마음이 아팠다. 이렇게 귀엽고 사랑스러운 아들을 자주 보지 못해서 아찌 소리를 듣다니……. 대한민국의 정보화를 선도한다는 자부심으로 밤낮 눈코 빠지게 일하지만, 순간적으로 회의감이 들었다. 충효는 겸전(兼全)하지 못한다든가, 나라를 위하는 일과 가정을 돌보는 일을 함께 잘할 수는 없는 것인가?

탄약시스템 운영

 탄약시스템 운영시험이 끝났다. 정보화 시대를 맞이하여 국내외 정보체계 개발을 선도하겠다는 야심 찬 구상 아래 출발한 사업이다. 아직 전국을 아우르는 대형 정보체계가 없던 때다. 광역통신망(WAN: Wide Area Network)과 근거리통신망(LAN: Local Area Network)이 설치되지 않았을 때다. 정보화란 개념이 모호한 상황에서 사업 범위와 개발 방향을 수립하여 3년여 개발과 운영시험 끝에 실제 운영할 단계에 이른 것이다.

 탄약시스템이 완벽하게 개발된 건 아니다. 처음 시도하는 정보화 사업에는 많은 시행착오가 따른다. 먼저 개발하여 운영 중인 시스템이 없는 상태에서의 개발이다. 전 세계가 사활을 걸고 추진하던 정보화였기에 새로운 기술은 하루가 다르게 발표되었다. 사업 착수 후에도 새로운 개념과 신기술이 계속 나타났다.

 사용자 요구의 특성은 완벽성이다. 새로운 기술을 모두 포함하고 당장 적용하지 못하더라도 개발 또는 운영 중 확장성을 요구한다. 개발업체인 삼성 데이터 시스템(SDS)으로서는 비용과 사업 기간이 정해진 터에 지속적인 추가 요구사항을 수용하는 건 곤란하다. 사용자 처지에서는 요구사항이 당연하였고, 이론적으로 확장이나 연동이 불가한 것도 아니다. 정보화 사업의 갑은 군이다. 사업 시작 즈음 착안하지 못한 요구사항과 이후 등장한 신개념까지 모두 아우르는 사업으로 변할 수밖에 없었다.

사업단에서 사용자와 개발업체 사이에서 적절하게 개발 범위를 제한하였더라면 좋았을 것이다. 사업단은 완벽한 시스템 개발에 총력을 기울였다. 당연히 가능하다면 최상의 성능을 구현하려고 하였다. 사용자 요구사항을 최대한 개발 요구하였다.

사람은 공학자의 말을 신뢰해서는 안 된다. 의사 결정권자인 고위 간부나 사업주관 부서장은 이론에 밝지 않다. 공학자에게 궁금한 건 기술의 구현 가능성과 사업의 성공 여부다. 공학자의 답변은 한결같다.

"가능합니다."

물론 그 답변이 끝이 아니다. 가능한 이유를 조목조목 설명한다. 보통 사람이 듣기에는 설명이 설명이 아니다. 낯선 최첨단 용어로 하는 난해한 문맥과 과학적인 설명을 이해하기는 쉽지 않다. 의사 결정권자는 장황한 설명 중 말을 끊고 질문하게 마련이다.

"그래서 가능하다는 거요, 안 된다는 거요?"

"가능합니다."

"그렇다면 더 설명할 거 없이 결론지읍시다. 이 안건은 이대로 추진하는 것으로 결정합니다."

국방과학연구소든 국방정보체계연구소든 공학자의 생리는 한결같다. 사업을 지속해서 추진하는 것, 설령 사업이 연장되는 한이 있더라도 지속해서 예산을 확보하는 게 당면과제다. 사업이 이어져야 연구원이든 연구소든 살아남고 존재 가치를 드높일 테다. 그러니 연구원을 나무랄 수는 없다. 군이든 민간이든 공학자의 말을 제대로 이해해야 한다. 그의 말에는 전제조건이 숨어 있다.

"기술적으로 가능합니다. 단, 시간과 비용과 인력이 충분하다면 말입니다."

공학자가 가능하다는 말은 사실은 불가능하다는 말과 다르지 않다. 계획된 시간과 비용과 인력으로는 불가능하지만, 더 많은 시간과 비용과 인력을 투입한다면 가능하다는 말이 불가능한 것이지 가능한 것인가? 곤란하다는 말을 단도직입적으로 표현하면 사업 추진이 어려우므로 시간 비용 인력을 언급하지 않고 가능성을 기술로만 표현하려니 그렇게 설명이 난해한 게다. 어쨌든 가능하다는 연구원의 조언으로 사용자 요구사항은 모두 받아들여졌다.

최초 계획은 3년이었다. 개발과 운영시험을 포함한 기간이다. 요구사항은 차츰 많아지고 구체화되었다. 개념이 없던 비행단 실무자도 무언가 감을 잡으니 처음에는 유구무언이었으나 요구사항이 차츰 많아졌다. 사업단이 요구하는 신기술과 실무자의 추가 요구사항에 시스템 구현은 갈수록 어려워졌다. 개발 기간과 인력이 늘어날 수밖에 없었고 비용은 급격히 증가하였다. 일반 회사라면 진작에 사업이 위기에 빠졌으리라. 탄약시스템은 정부 사업이다. 이제까지 투입한 예산이 아까워서라도 멈출 수는 없고, 기간이 길어지고 비용이 늘어난 만큼 더 완벽한 시스템을 개발해야 한다.

악순환이었다. 더 완벽한 시스템을 만들려면 시간과 비용이 더 필요하다. 사실 시간과 비용이 충분하다고 해도 모든 사람이 만족하는 시스템이 될지는 의문이다. 어떤 시스템도 세상에 존재하는 모든 기술을 적용하고, 모든 사용자 요구사항을 만족시킬 수는 없다. 더 사업을 연장할 수 없는 한계에 다다르자 완벽하지 않았으나 조건부로 통과시키고 시스템 운영 중 미흡 사항을 발췌 수정하기로 하였다.

1998년은 운영시험과 더불어 전 부대에 시스템에 대한 하드웨어 구축이 관건이었다. 1995년 사업 시작하던 해에 부대별 전산망과 컴퓨터 소요는 중기계획에 반영하였으므로 예산상 문제는 없었다. 예산 확보로 문제가 끝나는 건 아니다. 공군에 필요한 컴퓨터만 수백 대, 육·해·공군을 아우르면 수천 대의 서버용과 클라이언트용 컴퓨터가 필요하다. 그걸 실소요 부대에 적절히 분배해서 물리적으로 시스템을 구축하고 개발한 소프트웨어를 설치해야 한다. 공본 전산처와 중앙전산소, 예하 부대 전산과를 밥 먹듯이 드나들면서 발생하는 문제를 해결했다.

장비와 소프트웨어 구축만으로 끝이 아니다. 시스템을 운영할 인원을 선발해서 교육하고 편성해야 한다. 개념이 없는 사람이 업무를 이어갈 수 없으므로 사용자 요구사항 제시와 산출물을 분석했던 실무자 위주로 비행단 대표를 선발하여 시스템 전반을 교육하고, 대표 중심으로 비행단 자체 교육과 운영을 총괄하도록 하였다.

정상운영은 시스템을 개발하여 구축하고 운영할 인력을 선발하여 배치한 것으로 끝나지 않는다. 가장 중요한 건 제도절차다. 만드는 게 중요한 게 아니라 사용하지 않을 수 없도록 강제하지 않는다면 쥐도 새도 모르게 사라지리라. 국가 운영에 헌법을 포함한 법률이 필요하듯이 국방부에는 훈령이, 각 군에는 규정과 절차가 있다. 규정과 절차를 정하여 시스템 운영의 책임과 자료에 권위를 부여할 때 시스템이 운영된다. 진정한 사업 종결은 규정과 절차를 완성할 때다.

사업단 인원 중 3명은 공본 무장전자처로 가게 되었다. 정비·무장 특기 통합으로 사라졌던 무장전자처가 특기는 통합된 채로 다시 살아난 것이다. 나는 4년 전에 무장전자처가 해체될 때 탄약시스템 사업단을 만들어서 나왔는데, 무장전자처가 만들어지는 시점에 다시 들어가게 되었다. 감개무량하였다. 공군본부에 근무한다고 다 같은 본부가 아니다. 분야 인사를 책임지는 병과장이 있는 곳이 진정한 본부다. 무장전자분야 인사를 책임지는 게 무장전자처장이다. 좋은 보직과 진급을 위하여 모든 무장장교가 노리는 곳이기도 하다. 나는 탄약시스템 정착과 시스템 운영규정과 절차를 제정하는 임무로 무장전자처에 복귀하였다.

1993년부터 생활한 공군본부다. 1998년까지 이미 6년째다. 계급도 대위에서 소령으로 바뀌었다. 장교 보직은 보통 1~2년, 길어야 3년이다. 내가 본부에서 근무하는 동안 다른 부대를 다녀와서 근무하는 사람이 많았고, 두세 번째 근무를 마치고 떠나는 사람도 있었다. 정보체계 사업은 인원이 교체되면 업무파악이 어렵고 내용을 전달하는 게 곤란하다. 나로서는 다양한 경험을 위해서 여러 부대를 거치는 게 좋으나, 어쩔 수 없이 장기 보임할 수밖에 없었고 전문가가 되었다.

사실 인사를 담당하는 주무 부처에 두 번 근무하는 건 쉬운 일이 아니다. 탄약시스템을 매개로 하였으나 어려운 기회를 잡은 셈이다. 탄약시스템이 정상 운영되고 규정과 절차를 만들어서 완전하게 정착시킨다면 분야에서 인정받게 되리라. 군에서 목표하는 장군이 꿈만은 아니다. 지난 4년의 사업 기간은 시련의 연속이었다. 이제야 겨우 시스템 운영에 들어가 결실을 보게 되었다.

쇼펜하우어는 삶은 고통의 연속이고, 고타마 싯다르타는 인생은 고해라고 하였으나 나는 아니었다. 원해서 군인이 되었고, 하는 일이 조국의 번영과 영광의 밑거름이 될 것이라는 신념이 있었기에 아무리 업무가 힘들어도 고통스럽지 않았다. 짊어진 짐이 무거웠으나, 다시 살아난 무장전자처에 돌아가는 마음은 성공을 향한 희망으로 부풀어 올랐다.

20장
1999

육도삼략(六韜三略)

 어느 날, 딸이 읽던 책을 보고 깜짝 놀랐다. 초한지나 삼국지 등 역사 소설을 읽다 보면 어김없이 등장하는 육도삼략이라는 병서가 궁금하여 읽어보려고 샀으나, 내용이 어렵기도 하고 재미가 없어서 차일피일 읽기를 미루던 참이었다. 책 읽기를 좋아하고 장차 위대한 장군과 국가를 이끄는 지도자가 되려는 황당무계한 꿈을 가진 내가 읽기를 주저하는 책을 어린 딸이 읽고 있었다.

 육도삼략은 병법서다. 주나라 무왕을 도와 은나라를 멸하고 천하를 평정한 태공망 여상이 지은 책이 육도(六韜)고, 한나라 유방을 도와서 제국을 세운 장량이 황석공(黃石公)에게 얻은 비책이 삼략(三略)이다. 다른 사람이 지은 다른 책이지만 뛰어난 병법서를 말할 때 묶어서 일컫는다. 춘추시대 손무가 지었다는 손자병법과 전국시대 오기가 지었다는 오자병법을 묶어 손오병법이라고 불리는 것과 마찬가지다.

중국에는 무경칠서(武經七書)로 불리는 병법서가 있다. 육도삼략과 손오병법에 전국시대 울료와 사마양저가 지었다는 '울료자'와 '사마법', 당나라 개국공신 이정이 태종 이세민과 주고받은 대화를 기록한 '이위공문대'가 그것이다. 이위공문대는 훨씬 나중에 만들어져 사마천의 사기에는 언급이 없다. 초한지나 삼국지에서 전략가에게 언급되는 건 주로 육도삼략과 손오병법이다.

사마천의 사기나 풍몽룡의 열국지를 읽으면 손자병법의 손무나 오자병법의 오기 일대기가 소설처럼 그려진다. 굳이 병법서를 읽지 않더라도 그가 추구하고 펼쳤던 방식이 무엇인지 훤히 드러난다. 초한지에 등장하는 장량의 삶은 비교적 자세히 나타나지만, 삼략이 무엇인지 짐작하기 어렵다. 내용은 설명하지 않고 삼략을 얻는 일화만 나온다. 태공망의 육도는 한 번 언급될 뿐 태공망의 활약상도 알 수 없다. 위대한 장군은 문무에 능해야 한다. 세상을 통찰하여 시대에 맞는 전략을 구사해야 한다. 비록 오래전 병법서라도 현대에 적용할 수 있는 부분이 있으리라. 육도삼략은 내가 읽어야 하는 책이다.

육도는 주나라 무왕과 태공망이 묻고 답하는 형식이고 삼략은 일반 논설이다. 한자어가 대부분이고 현재 사용하지 않는 낱말투성이여서 이해하기 어렵다. 내가 보기에는 뜬금없는 말이나 동문서답이 많다. 열국지 초한지 삼국지와 달리 이야기 형식이 아니라 우선 재미가 없다. 이해할 수 없고 재미없는 책을 읽는 딸이 신기해서 물었다.

"하연아, 너 이 책 읽으면 이해가 돼?"

"안돼."

"그런데 왜 읽어?"

"읽어야 할 거 같아서……. 그리고 궁금하잖아?"

하긴 그렇다. 모르고 궁금해서 책을 읽지만 읽는다고 다 이해하는 건 아니다. 이해할 수 없는 책도 여러 번 반복해서 읽으면 언젠가 깨닫게 되리라. 이해하지 못하더라도 무언가 얻는 게 있으리라. 임마누엘 칸트가 쓴 『순수이성비판』은 사실 수십 번 읽어도 뭐가 뭔지 이해할 수 없다. 그가 무슨 의도로 책을 썼는지는 알 듯하나 그 내용은 당최 모르겠다.

나는 집에서 먹고 자는 시간 외에는 주로 책을 읽는다. 스스로 천재가 아니라는 걸 잘 안다. 천재가 아니면서도 천재보다 더 큰 야망을 꿈꾼다면 방법은 노력뿐이다. 지나고 나서 돌이켜보니 책 읽는다고 장군이나 대통령이 되는 건 아니다. 그래도 당시에는 유능한 장군이나 대통령이 되기 위하여 내가 할 수 있는 건 독서밖에 없다고 생각했다. 아빠가 하는 일이 늘 독서다 보니 딸은 그게 당연하다고 느꼈는가 보다.

아이는 무조건 따라 하고 본다. 옳고 그르다는 판단은 없다. 엄마 아빠가 하는 건 그대로 따라 한다. 책을 읽는 이유를 아직 정확히 모른다. 책 내용을 이해해서 실천하기까지는 갈 길이 멀리라. 그저 엄마 아빠가 책을 읽으니 으레 그러려니 하는 게다. 아이에게 가정은 세계다. 아이의 세상에서 엄마 아빠가 전부다. 엄마 아빠가 책을 읽는데 달리 무엇을 하겠는가? 이해하고 못 하고는 전혀 다른 문제인 게다.

딸이 장르를 가리지 않고 책을 읽는 데 놀랐다. 나도 어려워서 마다하는 책을 읽는 것을 보고 충격을 받았다. 어쩌면 아무것도 모르고 닥치는 대로 읽는 것이지만 아이의 태도가 옳을는지도 모른다. 알만한 것, 재미있는 것만 읽는 것보다 알 수 없는 것, 읽기 곤란한 책을 읽는 게 효과적인 독서법인지도 모른다. 보통 사람보다 더 많은 책을 읽지만, 딸을 보니 더 노력해야 한다는 생각이 든다. 어쨌든 다섯 살 꼬맹이가 읽는 책을 어렵고 재미없다고 읽지 않는 게 말이 되는가?

딸이 태어나서 처음 1년은 엄마가 붙어살다시피 하였다. 돌 전에는 한쪽에는 그림, 한쪽에는 글자가 있는 낱말카드를 들이대며 주절거렸고, 아이가 앉기 시작한 이후에는 앞에 앉히고 동화책을 읽어줬다. 책을 읽기 시작한 이후는 그럴 필요가 없어졌다. 이해하든 못 하든 딸은 늘 책을 붙들고 살았으니까. 사실 돌 지날 무렵 아내가 둘째를 가져서 딸에게 집중하는 일이 쉽지도 않았다.

나는 아이들에게 장난감을 사준 적이 없다. 며칠 가지고 놀다가 버린다는 걸 스스로 경험하였고 주위에서 많이 보았기 때문이다. 눈 씻고 찾아봐도 장난감이 없는 우리 집에서는 책이 장난감이다. 아이들 읽는 동화책 말고도 내가 읽는 수백 권의 책이 있으니까. 그 장난감 덕분이었을까? 아이들 지능은 나보다 뛰어나다. 사람의 두뇌는 태어나서 일곱 살 정도까지 가장 빠르게 발달한다고 한다.

독서만큼 사고를 요구하는 행위는 없다. 어쨌든 글을 모두 영상이나 동작으로 바꿔 상상해야 하니 말이다.

다섯 살 때 읽은 육도삼략을 시작으로 딸은 초등학교 입학 전에 우리 집에 있던 내 책을 거의 다 섭렵하였다. 열국지, 초한지, 삼국지, 삼국사기 같은 역사 서적과 레테의 연가, 우리들의 일그러진 영웅, 모모 같은 소설과 수필 시 희곡을 가리지 않았다. 딸은 초등학교 때 맨 앞자리에 앉을 정도로 가장 작은 축이었으나 지식은 모자라지 않았다. 선생님을 쩔쩔매게 하는 질문을 곧잘 하였다. 생일이 12월인 탓도 있어서 초등학교 내내 체격이 작았으나 기죽지 않았다. 육도삼략은 전쟁 때나 필요한 병법서지만 내 딸에게는 유용한 성장 도서였다.

처장과 바둑

1999년은 다시 살아난 무장전자처에서 시작하였다. 감개무량하였다. 1995년 특기통합에 따른 해체 때 운명을 함께하였는데 부활한 무장전자처와 출발도 함께였다. 전혀 의도하지 않았음에도 알 수 없는 힘에 이끌려 공군 장교가 되고 무장 특기를 받았던 것처럼, 무장 특기의 본산인 무장전자처는 내 운명인지도 모른다. 먼 훗날을 예견할 수는 없으나 만약 내가 군에서 성취가 있다면 무장전자처 근무 경력이 큰 역할을 하리라. 아무에게나 주어지지 않는 소중한 기회를 헛되이 보내지 않아야 한다.

무장처에는 무장탄약과와 항공전자과 두 개의 과가 있었고 나는 당연히 무장탄약과 소속이었다. 무장탄약과는 공군 탄약 업무 최상위 부서다. 정책 결정과 세부적인 업무 통제 권한이 있다. 탄약시스템을 정착시키기 위해서는 강제성이 필요하다. 각 부대 자율에 맡긴다면 생소하고 불편한 자료 입력이 제대로 이루어질 리 없다. 시스템 운영에 참모총장의 권위를 이용할 수 있고, 제도절차를 직접 정할 권한을 가진 공군본부 무장처는 시스템 정착에 최적의 위치였다. 내 노력이 반영된 결과였으나 탄약시스템 정착을 위한 1차 목표는 이루어진 셈이다.

무장처장은 분야 발전 열망이 가득한 권위적인 사람이었다. 판단력과 추진력이 탁월하였으나 기대 이하 성과에는 용서가 없었다. 세상을 바꾸고 분야를 빛내면서 우뚝 서고자 하는 사람이 다 그렇듯 처장은 승부 근성이 강했다. 하긴 스스로 위대한 사람이 되려는 사람치고 승부에 연연하지 않는 사람은 없으리라. 처장은 테니스가 선수급이었고 바둑도 수준급이었다. 나는 테니스는 문외한이었으나 바둑은 당시 실력으로 5급은 족히 되었다. 5급은 평범한 사람으로서 올라갈 수 있는 거의 최상위 급수다. 따로 배우지 않고 5급이 된 사람은 어려서 기회가 주어졌다면 프로기사를 꿈꾸어 볼 만한 재능이다.

무장장교 중 나보다 바둑을 잘 두는 사람을 보지 못했다. 비행단이나 정비창에 군무원이나 준위는 더러 있었으나 장교는 없었다. 나는 무장처 소속이다. 처장 처지에서 이보다 더 좋은 스파링 상대는 없다. 처장은 강한 7급이나 6급 수준이었던 듯하다. 내가 조금 나은 수준이었으므로 오래 바둑을 둔다면 처장은 내 수준에 도달하리라. 하수는 발달해도 상수는 하수와의 대국에서 실력이 느는 일이 드물다.

내가 바둑이 5급까지 이른 데는 환경의 영향이 크다. 1980년대까지 세계 바둑은 일본이 주름잡았다. 현대 바둑 인프라는 모두 일본에서 나왔다. 그때까지만 해도 중국의 섭위평이 일본과의 국가대항전에서 일본이 자랑하는 모든 초일류기사에게 승리하여 철의 수문장이란 별명을 얻었지만, 나머지 중국이나 한국 선수는 실력을 인정받지 못했다. 1988년 대만의 응창기 씨가 4년 주기 〈응창기배 세계프로바둑선수권대회〉를 창설하였다. 일본 기사의 우승을 예상하였으나 천만뜻밖에도 결승 상대는 한국의 조훈현과 중국의 섭위평이었다.

한국은 바둑의 변방으로 여겨졌고 실제로 조치훈과 조훈현은 일본 바둑 유학을 통해서 실력을 쌓았다. 조훈현은 병역의무를 해결하면서 국내에 복귀하였으나 변변한 상대가 없었다. 조훈현이 국내 무대를 싹쓸이하다시피 하였으나 당시 한국 프로기사 실력이 약했던 탓으로만 돌렸다. 그런 조훈현이 바둑올림픽이라고 일컫는 1회 응씨배 결승에 올랐으니 세계 바둑 팬은 깜짝 놀랐고 국내 마니아는 열광하였다.

1회 대회 때 주최 측은 일본 6명, 중국 4명, 대만 3명, 한국 미국 호주 각 1명씩 초청했다. 초청 인원에서 한국 바둑의 위상이 그대로 드러났다. 일본 중국의 대결에 한국 미국 호주는 세계대회 구색 맞추기 정도였다. 그런 상황에서 조훈현은 일본의 일인자 고바야시와 대만의 임해봉을 꺾고 결승에 진출했다. 섭위평도 일본기원 대표로 출전한 조치훈과 후지사와라는 강적을 누른 상대였다.

결승 5번기에서 조훈현은 1국에서 승리하였으나 2국과 3국에서 내리 패하여 우승이 멀어지는 듯하였다. 4국과 5국이 벌어진 싱가포르에서 조훈현은 집념의 승리를 따낸다. 바둑이 개인전이고 개인 조훈현의 영광이었으나 세계에서 인정받지 못한 한국 바둑계 전체의 승리였다. 동양에는 바둑 인구가 많다. 조훈현은 올림픽에서 금메달을 획득한 이상으로 찬사와 갈채를 받았다. 귀국할 때 서울에서 카퍼레이드를 벌일 정도였다.

조훈현이 응씨배에서 우승한 1989년이 기점이 되어 세계 바둑 판세는 일변하였다. 이후로 한국은 세계대회에서 꾸준히 좋은 성적을 거둔다. 특히 바둑올림픽이라는 응씨배는 1회 조훈현에 이어서 2회 서봉수, 3회 유창혁, 4회 이창호 우승이라는 만화 같은 드라마를 썼다. 융성기에는 분야를 가리지 않고 거침없이 도약하는 법이다. 1980년대와 1990년대는 대한민국 융성기였다. 경제와 체육뿐만 아니라 문화까지 전 분야가 솟구칠 때다. 세계 바둑대회 호성적에 바둑의 르네상스가 펼쳐졌다. 언론에서 자주 보도하였고 바둑잡지가 우후죽순처럼 난립하였다.

조국의 번영과 영광이 소원이던 내가 감동한 건 당연한 일이다. 바둑은 다른 스포츠보다 비용이 덜 들 뿐만 아니라 정상에 이르는 길이 빠르고 확실하였다. 1990년대 여행할 때 내 손에는 항상 바둑잡지가 들렸다. 주로 유명 일본 기사의 대국 내용이었다. 가장 많이 본 기보는 일본의 라이벌 조치훈과 고바야시 고이치, 조치훈과 다케미야 마사키의 대국이었다. 세 사람이 기풍은 완전히 달랐다. 별명이 기풍을 대변한다. 조치훈은 폭파전문가, 고바야시는 지하철, 다케미야는 우주류였다. 아마추어 팬에게는 다케미야의 호방하고 스케일이 큰 우주류가 인기였다.

바둑은 상상력 싸움이다. 상대방의 작전이나 예상되는 수를 짐작하여 착수해야 한다. 바둑판에 보이지 않는 돌의 모양을 상상하여 최선의 수를 찾아야 한다. 실제로 둘 기회는 많은 편이 아니었으나 기보를 보는 것만으로도 기량이 향상되었다. 바둑잡지의 기보에는 흑과 백 돌 위에 숫자가 표시되어 있다. 착수한 순서를 읽을 수 있다. 폭파전문가 조치훈의 상대 진영에서의 타개, 지하철 고바야시의 선 실리 후 삭감, 우주류 다케미야의 대세력을 바탕으로 상대의 미생마를 추궁하여 실리로 전환하는 방식을 탐구할 수 있다.

처장이 좋은 스파링 상대를 찾아서 기뻐하였으나 나 역시 싫지 않았다. 출세와 성공에 목마를 때다. 처장은 직속 상관이다. 더구나 내 특기 분야 인사권한을 가졌다. 처장이 두자고 하지 않는다면 사정해서라도 가까이 다가가야 할 형편이었다. 어쨌든 자주 접하다 보면 친해지기 마련이고 권력을 가진 사람의 측근이 된다는 건 성공의 지름길이다. 나에겐 최상의 시나리오가 펼쳐진 셈이다.

문제는 처장의 독특한 습관이었다. 대부분 사람은 하루 세 끼를 먹지만, 처장은 아침과 저녁만 먹고 점심은 건너뛰었다. 그 자체는 개인 취향이므로 문제가 아니다. 문제는 점심시간이 되자마자 처장실로 오라는 것이었다. 아무리 출세가 중요하더라도 기초대사가 활발한 젊은이가 굶을 수는 없다. 최대한 일찍, 순식간에 먹고 갔지만, 어느 날 처장실에 들어갔더니 화를 벌컥 냈다. 어쩌면 다른 일로 기분이 나빠서였는지도 모른다.

"왜 이렇게 늦었어?"

"예, 죄송합니다. 최대한 빨리 식사하고 왔습니다."

"필요 없어! 나가서 다시는 들어오지 마!"

"알겠습니다."

앓던 이가 빠진 기분이었다. 처장은 점심시간에 다른 계획이 없는지 몰라도 나는 종종 약속이 있었다. 다른 부대에서 근무하는 학군장교 동기나 무장장교가 출장 오면 점심을 함께 먹는다. 처장이 기다리는 나는 그럴 처지가 아니었다. 나는 모임에 참석할 수 없었다.

다른 사람보다 일찍, 빠르게 먹어야 하는 점심도 부담이었다. 내 상관은 처장 한 명이 아니다. 과장도 있고 사무실 선배도 여럿이다. 처장이 시켜서 하는 일이니 지적하지는 않으나, 내 행동이 좋게 보일 리 없다. 이래저래 불편한 일투성이였다. 그런 참에 이유는 알 수 없으나 다시는 바둑 두러 오지 말라는 말이 반가울 수밖에 없었다. 비록 개인적으로 친해질 기회는 멀어졌지만 말이다.

점심시간에 두는 바둑은 그만두었지만 그렇다고 처장과 바둑이 완전히 끊긴 건 아니다. 지휘관은 외롭다. 목적 없이 접근하는 사람이 드물다. 성격이 다혈질인 처장에게는 더욱 그랬다. 토요일이나 일요일 오후에 전화로 찾는 일이 잦았다. 심심하던 차에 잘 되었다고 생각한 적도 있었고, 피곤하거나 다른 일로 바쁠 때는 괴로운 적도 있었다. 직속 상관이자 분야 인사권자의 요청을 거절할 용기는 없었다. 전화가 오면 즉각 달려갔다.

두세 판을 이기면 한두 판은 져 주었으면 좋았을 것이다. 처장 기분도 좋아지고 내 인생도 더 밝아졌으리라. 나는 고지식하였다. 아니 비록 상대가 처장이더라도 지기 싫은 승부 근성이 발동하였는지도 모른다. 나는 양심을 속이면서 일부러 져 주기는 싫었다. 그건 아부다. 아무리 긴박한 상황이라도 정의감이 용솟음치는 젊은 나이에 양심을 속이는 아부는 할 수 없다. 그러니 판판이 이겼다.

처장은 처음에는 백을 고집하였다. 백은 상수가 잡는 돌이다. 흑을 잡는 사람은 먼저 두기에 그만큼 유리하다. 프로기사는 당시에는 다섯 집 반, 요즘에는 여섯 집 반 공제가 보통이나 아마추어 처지에서는 흑 잡은 사람이 대략 열 집 정도 유리해 보인다. 세 판을 연속으로 지자 흑백을 바꾸자고 하였다. 내가 백을 잡았어도 계속 이겼다. 원칙대로라면 처장이 두 점을 깔아야 했으나 자존심상 그러지는 않았다. 그러니 열이면 열 처장이 패할 수밖에 없다. 바둑만큼 실력이 드러나는 경기가 없다. 두 점 접히는 실력에서 맞바둑으로 이기는 건 낙타가 바늘구멍 통과하기나 다름없다.

바둑을 두다 보면 식사시간이 지날 때가 있었다. 식사를 핑계로 돌아가려고 하면 만류한다. 사모님은 꼼짝없이 예정에 없던 내 몫까지 음식을 준비해야 한다. 가부장의 위세가 하늘을 찌를 때니 사모님 처지에서도 어쩔 수 없었으리라. 새까만 후배 앞에서 씩씩거리며 달려드는 처장을 만류할 용기는 없었으리라. 그렇게 식사까지 해결하며 처장 집에서 십여 시간 바둑을 계속할 때가 많았다.

바둑을 열 판 이상 지속하면 지겹다. 두 사람의 수가 뻔하므로 생각할 필요도 없다. 상대가 돌을 놓기 무섭게 착수한다. 바둑은 한판에 한 시간이 걸리는 게 보통이지만 같은 사람과 계속하다 보면 이십 분, 십 분 만에 끝날 때가 많다. 게임에서 지고 싶은 마음은 없겠지만, 재미가 없고 집중이 안 될 때는 상황이 다르다. 어떻게든 자리를 피하고 싶어진다. 악착같이 이기다가 그만둘 요량으로 적당히 두면 상대가 무리수를 두어서 자멸한다. 절체절명의 승부에서 이기기도 어렵지만, 티 나지 않게 지는 것도 만만치 않다.

어려운 시절이었다. 쇼펜하우어에 따르면 삶은 고통의 연속이고 붓다의 말에 의하면 인생은 고해다. 고통스럽지 않은 때는 없다. 무장처 생활은 고단하였다. 가장 중요한 부서에서 일하는 만큼 중요도나 책임감에서 차이 날 수밖에 없지만, 처장의 스파르타식 업무가 괴로웠고 휴무일 바둑은 이중고통이었다. 피할 수도 없었다. 원대한 야망을 꿈꾸던 때였으므로 참을 수 있었다. 어차피 참을 바에는 상대 기분에 맞춰서 적당히 살 것을……. 아직 정의감이 샘솟을 때다. 업무만 치열한 게 아니라 승부나 일상에서도 최선을 다했다.

잘하는 건 좋다. 이기는 건 좋다. 다 잘하고 다 이길 수는 없다. 적당히 져 주어도 처장은 눈치채지 못했을지도 모른다. 인간은 자신의 능력을 과대평가한다. 나 역시 그랬다. 나중에야 깨달았다. 적당히 져 줬어도 상대는 실력으로 이겼다고 생각했을 것이다. 그렇다면 내 행위를 아부로 여기지 않았을 것이다. 처장도 기분 좋고 나도 만족한 삶을 누렸을 테다. 그때는 몰랐다. 언제나 정정당당한 것이 정의요 남자가 걸어야 할 길이라고 믿었다. 우여곡절이 많았던 두 번째 무장전자처 근무는 내 삶에 어떤 영향을 미칠 것인가?

꼬마 청룡열차

　청룡열차는 롤러코스터의 다른 이름이다. 1973년 5월 5일 어린이날 기념으로 서울 어린이대공원 개장과 함께 선보인 롤러코스터 이름이 청룡열차다. 당시에 엄청난 인기를 끌었고, 롤러코스터는 곧 청룡열차라는 인식이 생겼다. 지금도 나이 드신 분은 롤러코스터는 몰라도 청룡열차는 금방 알아차린다.
　어느 화창한 봄날이었다. 모처럼 가족나들이에 나섰다. 나는 사무실 일에 치여서 일요일에 집에서 쉬는 걸 원하지만 일주일 내내 아이들에게 시달린 아내는 지치지도 않는지 가까운 데라도 나가는 걸 원했다. 아이들에게 책으로 가르치는 것보다 직접 자연에서 배우게 하고 싶어서일 게다. 아내가 운전하지 않을 때여서 나들이에는 반드시 운전기사가 동행해야 한다. 나는 극성스러운 아내의 채근에 못 이겨 따라나서곤 했다.
　그날따라 놀이공원에 가기로 했다. 용인 자연농원은 멀기도 했지만, 입장료가 비싸서 가까운 전주로 가기로 했다. 전주 놀이공원은 동물원과 함께 있었는데 규모가 작은 대신 값이 저렴해서 세 살, 다섯 살짜리 뿐인 우리 가족에게 적당했다. 큰딸이 다섯 살이었으나 생일이 12월이라서 겨우 세 돌을 지났을 뿐이다. 아직 놀이기구 탈 나이가 아니다. 정문을 통과하자마자 꼬마 청룡열차가 씽씽 달리고 있었고, 열차에 탄 어린이들이 환호성인지 비명인지 모를 괴성을 질러대고 있었다. 하연이가 내달렸다.

"아빠, 이거 탈래!"

"이거 엄청 무서울 거야. 다른 거 타자."

"아냐, 이게 재밌어 보여. 이거 탈 거야."

난감하였다. 나는 놀이기구에 취미가 없다. 고소공포증이 있어서 모든 놀이기구를 싫어한다. 그건 아내도 마찬가지다. 딸이 타기를 원하나 유아는 보호자가 함께 탑승해야 한다. 나는 타기 싫었으나 딸이 끝까지 탈 것을 고집해서 어쩔 수 없이 함께 타게 되었다. 사실 규모가 크고 고공비행하는 성인용 롤러코스터가 아니라서 그렇게 두렵지는 않았다. 지상에서 높지 않은 데서 운행하였으므로 딸과 함께 맨 앞 좌석에 자리를 잡았다. 엄청난 착각이었다. 출발과 동시에 딸은 비명을 질러댔다.

"아악! 무서워! 아빠, 세워줘"

미니 청룡열차라고 얕볼 게 아니다. 출발과 동시에 엄청난 속도로 달리는데 바람막이가 없고 맨 앞이라서 속도감이 더 높았다. 애만 소리 지르는 게 아니고 나도 모르게 비명을 질러댔다. 가장 두

려울 때는 휘어지는 구간이다. 폭풍 질주하는데 레일이 보이시 않아서 앞은 허공이다. 덮개 없는 비행기를 타고 하늘을 나는 기분이었다. 나도 세우고 싶었으나 내게 그런 권한이 있을 리 없다. 다만 아이를 달래는 수밖에 없었다.

"하연아, 조금만 참아. 금방 끝날 거야. 아빠도 무서워. 아빠도 세우고 싶지만, 아빠가 세울 수 없어."

"아앙~ 세워, 빨리 세우란 말이야!"

딸이 울고불고 난리였으나 달리 방법이 없었다. 무서운 정도로 따지자면 딸보다 내가 더 무서웠는지도 모른다. 그래도 어린이용 미니 청룡열차를 타고 눈물을 흘리는 모습을 보일 수 없어서 억지로 참았다. 아마 탑승 시간이 불과 삼사 분 정도였으리라. 그 짧은 시간이 두 시간 세 시간은 됨직했다. 얼마 후 마침내 악마 같은 청룡열차가 섰다. 딸은 열차에서 내리고도 울음을 그치지 않았다. 그런 공포는 생전 처음이었을 것이다. 하연이는 무섭다고 세워달라는데도 세우지 않은 아빠가 괘씸해서인지 좀체 울음을 멈추지 않았다. 먹을 걸 사주고 회전목마를 태워 주자 비로소 울음을 멈췄다.

크든 작든 롤러코스터는 타지 않을 일이다. 고도의 전율을 느끼려다가 심장마비 걸리기에 십상이다. 공중자전거나 회전의자가 무섭지 않을 거 같아도 막상 타보면 만만치 않다. 공중자전거를 타고 직선으로 가다가 직각으로 구부러지는 구간에서는 마치 허공에서 날아가는 느낌이다. 자전거를 타고 허공을 날다니 물리적으로 가능한 일인가? 웬만하면 놀이기구는 타지 않는 게 좋다. 딸하고 타는 회전목마가 편하고 좋았다. 음악 소리에 맞춰 부드럽게 오르내리며 움직이는 게 얼마나 낭만적인가? 속도가 빠르지 않고 지상에서 떨어지지 않았기에 우선 안정감이 있다. 딸이나 나에게 놀이기구는 회전목마가 제격이었다.

수소폭탄주

폭탄주라는 게 있다. 본격적으로 술 마시기 전에 목을 축인다는 의미로 양주 한 잔을 맥주컵에 붓고 맥주를 채워 만든다. 주로 2차 룸살롱에서 유행하던 게 회식 시작할 때 하는 의식으로 바뀌었다. 보통 회식에는 양주가 없으므로 소주로 대신한다. 요즘은 아예 소맥이라고 하여 애주가가 즐겨 마시는 형태이며 소주와 맥주를 합한 소맥과 치킨과 맥주를 합한 치맥은 일반명사가 되었다.

술을 좋아하지 않는 사람은 보통 폭탄주를 싫어한다. 섞어 마신 술은 빨리 취한다는 둥, 머리가 아프다는 둥 여러 말이 많지만 내가 보기에 핵심은 알코올 농도다. 소주를 섞든 양주를 섞든 미량에 대부분은 맥주다. 맥주컵으로 맥주처럼 마시게 마련인데 알코올 농도는 두 배 이상이다. 빨리 취할 수밖에 없고 더 많이 마실 가능성이 농후하다. 폭탄주라서 빨리 취하거나 머리가 아픈 게 아니라 자신이 마신 술의 양을 잘못 가늠해서 발생하는 착각이다.

어느 날 금오공고 동문회식을 한 날이었다. 보통은 단체로 움직이게 마련인데 그날따라 2년 선배인 박 소령과 엄사리에 있는 호프집에 2차를 갔다. 호프집 한쪽에는 세 명의 장교가 술을 마시고 있었는데 그중 한 명이 ROTC 6년 선배인 항공대 출신 정 중령이었다. ROTC 영관장교는 워낙 드물어서 공군 내 선후배가 거의 아는 사이다. 오다가다 인사나 하는 정도였지만 술이 얼큰하게 오른 선배는 반색하며 우리를 불렀다.

"어이, 박 소령 웬일여! 일루 와서 앉어, 한잔하자."

선배가 누구인가, 군에서는 선배가 곧 상관이다. 특별한 상황이 아니라면 선배 말에 기꺼이 복종한다. 1차에서 취할 만큼 마신 터라 기죽을 일도 없다. 세 명이 마시던 술자리에 박 소령과 내가 합세했다. 술자리 선임자는 정 중령이었다. 정 중령은 인사 특기였는데 기무부대에 차출되어 근무하고 중령 진급 후 복귀하여 인사참모부에서 근무하고 있었다. 술자리에 함께하던 나머지 둘은 현역 기무부대원이었다. 정 중령이 후배를 격려하는 자리였다.

그들이 술 마시는 행태가 기이했다. 각자 술잔으로 마시는 게 아니라 맥주컵 하나로 돌려 마셨다. 그런데 그 술이 가관이었다. 맥주컵에 양주잔을 넣고 양주잔에 맥주를 따른 후 나머지 맥주컵에 양주를 따르는 것이었다. 일명 수소폭탄주라고 했다. 기무부대는 주 임무가 적이 아니라 군의 주요 보직자 감찰이다. 군내비리나 이적행위자를 적발하여 국방부를 통하여 처벌하거나 불이익을 준다. 같은 현역 장교라도 기무부대 장교는 감시자고 보통 장교는 감시당하는 신세다. 기무부대 장교를 고운 시선으로 보기 어렵다. 군에서 보이지 않는 왕따를 당할 수밖에 없는 기무부대 장교는 내부 단합을 강조한다. 그 수단이 수소폭탄주라는 형태로 발전했다.

"우리는 일반 장교와 다르당께. 시시하게 2차로 맥주를 마시지는 않지. 화끈하게 수소폭탄주로 마셔분다. 자 쭉 들이켜봐, 시원할 껴."

박 소령과 나도 술을 즐겨 하는 사람이다. 어떤 자리에서도 술을 거부한 적이 없다. 물론 수소폭탄주는 듣고 보느니 처음이다. 그래 봐야 술 아니겠는가. 정 중령 말대로 쭉 들이켰다. 시원한 게 아니라 목이 불타는 듯했다. 양주잔에 맥주를 부어서 섞었다고 하나 거의 양주 그 자체다. 양주는 알코올 도수가 40도다. 그걸 맥주컵에 따라서 단숨에 마셨다고 생각해 보라. 목이 불타지 않는 게 이상하리라.

"아따, 이거 목이 타는 거 같습니다요. 어떻게 이걸 계속 마십니까?"

"응, 처음이라 좀 거시기 헐 껴. 몇 잔 마시다보면 금방 적응이 된당께."

독한 사람들이었다. 1차를 거친 박 소령과 나도 이미 만취에 가까웠지만, 미리 2차를 시작한 그들도 마찬가지였다. 그런데도 술잔은 계속 돌았다. 자기 차례가 되어서 오래 버틸 수 없는 게 마시는 잔이 하나밖에 없다. 오래 잔을 붙들어 두면 다른 사람까지 마실 수 없는 것이다. 지금 생각하니 누군가 마시지 않고 최대한 오래

끝기를 바랐을 것 같다. 그때는 생각이 달랐다. 나 때문에 분위기가 가라앉는 것이 싫었고, 아무리 기무 장교라고 해도 술로 기죽기도 싫었다. 내 차례가 오면 눈 딱 감고 단숨에 들이켜고 호탕한 척했다.

한 사람이 마시고 나면 누군가가 제조해서 다음 사람으로 넘겼는데 한 바퀴 돌아오는 데는 5분이 채 안 걸렸다. 한 사람 마시는 데 1분 걸린 셈이다. 그렇게 마시는 데 술 취하지 않을 장사가 없다. 나는 스스로 술이 세다고 생각했다. 누구와도 술자리에서 먼저 그만두자고 하지 않았고, 어떤 이유로도 2차나 3차를 마다한 적이 없다. 소위 수소폭탄주라는 양주 넉 잔을 연달아 들이켜자 우선 정신이 없었다. 술에 취하는 건 알코올 도수와 마시는 속도가 결정한다. 많이 마셔도 천천히 마시면 술이 깨면서 마시기에 무리가 없고 술자리를 이어갈 수 있다. 네 잔을 마시고 화장실을 핑계로 자리를 떴다.

술을 깰 겸 밖으로 나와서 담배를 한 대 피우며 생각했다.

'이 사람들이 제정신이 아니다. 현재 만취한 상태인데 지지 않으려는 오기로 계속 들이켜는 게다. 나는 이미 몸도 제대로 가눌 수 없는 상태다. 계속 마신다면 큰 실수를 할 수도 있고, 잘못하면 영영 가는 수가 있다. 비겁하더라도 몰래 도망치자.'

나는 태어나서 처음으로 술 마시다 몰래 달아났다. 다음 날 알아보니 박 소령도 얼마 버티지 못하고 빠져나왔다고 한다. 이미 정 중령과 기무부대 장교들도 그걸 바랐는지도 모른다. 어쨌든 기무

부대 위상을 높였지 않은가? 비록 경탄할 만한 기술이나 업무 능력은 아니지만 말이다.

다음 날 출근할 때다. 우연히 엘리베이터 안에서 정 중령을 만나서 인사했다. 정 중령은 나를 알아보지 못했다. 동공에 초점이 없는 게 완전 동태 눈이었다. 나는 술자리에서 말도 없이 떠난 데 대한 지청구를 각오하였으나 그런 건 없었다. 정 중령은 인사불성 상태였다. 출근하려니 어쩔 수 없이 몸은 움직이지만, 정신은 이 세상 사람이 아니었다. 하긴 양주를 맥주컵으로 5분에 한 잔씩 원샷한 사람이 다음 날 제정신이기를 바라는 게 무리이리라.

세상은 넓고, 기이하거나 어처구니없는 사람은 많다. 조종사를 범생이로 생각하고, 육군 보병 장교가 특별할 게 없다고 여겼던 것이 착각이었듯, 평소 곱지 않은 눈으로 바라보던 기무부대 장교는 범상치 않았다. 특권의식으로 오만하리라 여겼으나, 그들 나름대로 어려움이 있고, 애환을 해소하는 방식이 달랐다. 지레짐작은 대체로 편견이나 망상이다. 사람은 직접 부딪쳐서 겪어봐야 제대로 실상을 알게 된다.

카뮈의 철학적 문제

『이방인』을 쓴 프랑스 작가 알베르 카뮈의 철학적 사유를 담은 수필 『시지프 신화』는 이렇게 시작한다. '인간에게 참으로 진지한 철학적 문제는 오직 하나뿐이다. 그것은 바로 자살이다.' 부조리하고 불평등한 세상을 바꿀 수는 없다. 우주의 섭리나 자연법칙을 개인이 마음에 들지 않는다고 바꿀 방법은 없다. 그가 세상을 탈출하는 방법은 단 하나, 자살뿐이다.

깨달은 자라고 하여 붓다라고 일컫는 고타마 싯다르타는 인생은 고해라고 하였다. 그리스의 쾌락주의 철학자로 알려진 에피쿠로스는 행복은 무지나 미신에 기초한 신이나 죽음에 대한 공포에서 벗어나는 거라고 했다. 독일의 염세주의 철학자 쇼펜하우어는 삶은 고통과 권태의 반복이나 권태가 지속하면 고통으로 바뀌기에 삶은 고통의 연속이라고 단언했다.

세 사람은 인간이 살아가면서 느낄 수밖에 없는 심리를 정확하게 파악했다. 삶이 고통이고 인생이 고해라는 점, 욕망을 채워서 만족할 수 없다는 점, 사람에게 가장 좋은 건 쾌락이지만 영원한 쾌락은 없다는 걸 깨달았다. 세 사람은 결핍을 채우는 방식이 아니라 욕망을 줄이는 방법으로 고통을 벗어나려 했다. 탐욕스러운 사람의 고통이 큰 법이다. 이룰 수 없는 일이 너무나 많으니 말이다.

 에피쿠로스는 인간이 살아가는 데 꼭 필요한 의식주에 대한 기본 욕구를 필수적인 욕망이라고 정의하고 그 외 욕망을 억제하는 게 쾌락에 이르는 지름길이라고 하였다. 맛있는 음식, 좋은 옷, 쾌적한 집은 필요하나 필수적이지 않은 욕망이다. 명성이나 인기는 허망한 욕망이다. 필수적이지 않은 욕망과 허망한 욕망은 쾌락을 지속하지 못한다. 채워질수록 기대 수준이 더 높아져 고통만 주기 때문이다. 반면에 필수적인 욕망은 큰 노력 없이 얻을 수 있으며 일단 채워지면 만족한다. 굶주린 사람이나 목마른 자는 면하는 순간 쾌락에 이른다. 인간은 필수적인 욕망 외에는 모두 버리는 게 좋다.

 싯다르타나 에피쿠로스나 쇼펜하우어가 제시한 고통스러운 삶에서 벗어나 행복에 이르는 길은 같다. 아무리 채워도 채워지지 않는 불필요한 욕망을 버리는 것, 진정한 쾌락은 엄청난 희열이나 즐거움이 아니라, 몸이 고통스럽지 않고 마음이 괴롭지 않은 상태임을 터득할 때 가능하다. 쇼펜하우어가 말한 일상이 무미건조하여 지루한 상태, 즉 권태가 사람이 누릴 수 있는 가장 행복한 순간이다. 그걸 깨닫기만 한다면 말이다.

젊어서부터 붓다나 에피쿠로스나 쇼펜하우어를 만나 그가 한 말을 듣고 이해하였다면 덜 고통스러웠으리라. 편안하게 살면서 더 많이 웃고 즐겼으리라. 불행하게도 젊은 날의 나는 욕망의 화신이었다. 닥치는 모든 사람을 제압하고 맨 꼭대기까지 오르기를 열망하였다. 대한민국의 영광과 번영을 내 손으로 이루겠다는 허울 좋은 명분으로 말이다. 알베르 카뮈는 불평불만이 올라올 때마다 '아, 나는 인생이 고통이라는 진리를 아직 받아들이지 않았구나……'하고 되뇌었다. 나는 그럴 생각이 없었다. 내가 가진 욕망은 충분히 이루리라 믿었기에 인생이 고통이라는 생각은 추호도 없었다.

1999년은 개인적으로 희망찬 한 해였다. 불확실하긴 하지만, 내가 주도해서 개발한 탄약시스템을 정상 궤도에 올려놓는다면, 분야뿐만 아니라 군이나 정부 차원에서도 공적을 인정할 것이다. 분야 최고 권력을 가진 무장전자처에서 하는 일이다. 참모총장의 권위를 등지고 하는 만큼 어지간한 난관은 쉽게 통과하리라. 혼자만 하는 일이 아니다. 국방부와 국방정보체계연구소, 개발업체, 타 군 운영 요원이 협력해서 하는 일이다. 육·해·공군 실무자가 한마음으로 추구하고 국방부에서 강력하게 후원하는 사업이 잘못될 리 있는가?

세상은 간단하지 않다. 생태계 먹이사슬이 아주 촘촘하게 짜여 약육강식이 일어나듯 인간세서도 마찬가지다. 서로 다른 목적으로 자신의 이익을 추구하는 사람은 타인을 인정하는 데 인색하다. 인색한 게 아니라 이해조차 어렵다. 각자 자기 삶을 사는데 너무 바빠서 다른 사람을 자세히 들여다보려 하지 않는다. 과정은 생략하고 결과만 요구할 뿐이다. 의사결정 과정이 위로 올라갈수록 그 현상은 심해진다. 상급부서일수록 의사 결정해야 할 업무량은 증가하고, 그 결과에 따른 영향력은 커진다. 원인과 과정이 복잡다단하지만 단순명쾌한 결론을 원한다. 윗자리를 차지하는 것이 마냥 좋은 게 아니다. 능력을 초과하는 일은 스스로 이해하기도 다른 사람에게 설명하기도 어렵다. 사람은 몸에 맞는 옷이 좋다.

희망을 가득 안고 무장전자처에 들어갔지만, 절망에 이르는 데는 긴 시간이 걸리지 않았다. 처장은 유능하고 판단력과 추진력이 탁월하였으나, 기대 수준에 못 미치는 일에 관용은 없었다. 괴롭고 힘든 시간이었다. 쇼펜하우어는 삶에서 고통과 권태가 반복된다고 하였으나 공본 무장처에서 권태는 없었다. 오직 고통뿐이었다. 카뮈의 말대로 진지한 철학적 문제는 오직 자살뿐이었다. 자살할 것인가 말 것인가, 언제 죽을 것인가, 어떻게 죽을 것인가?

처장은 매주 월요일 일과 시작하는 여덟 시에 처 전체 회의를 주관하였다. 보통은 과장과 하는 회의에서 과장이 실시사항, 진행사항, 계획사항을 보고하고, 처장이 지침을 내리면 과장이 전파하는 식이었으나, 처장은 20여 명 전체 직원의 지난주 실시사항과 금주 계획사항을 직접 보고 받았다. 군대는 보고에서 시작해서 보고에서 끝난다는 말이 있다. 보고는 중요하다. 일사불란한 지휘를 위해서 신속 정확한 현황 파악이 필요하다. 특이사항만 보고하는 데 어려움은 없다. 매주 시간을 정해서 하는 보고는 쉽지 않다. 매주 완료한 사항과 할 일을 논리적이고 타당하게 설명하는 건 곤욕이다. 완료한 일과 계획한 일을 보고하지 못하는 사람이 장교 자격이 있느냐고 되물을 수 있지만, 일이 주 단위로 끊어지는 것도 아니고, 주 단위로 할 일이 생기는 것도 아니다.

탄약시스템은 4년 동안 개발하고 운영시험을 끝으로 전 군에 설치하였다. 적어도 물리적으로는 완성 상태였다. 각 부대 서버와 클라이언트가 연결되어 자료를 입력하고 조회할 수 있었다. 입력한 자료가 집계되어 제공되었다. 이 숫자가 정확한지 검증하는 게 쉽지 않았다. 정상운영 중이었으나 개발이나 보완이 미흡하여 조건부 수락 내용도 수십 건이 있었고, 운영 중 추가 요구사항이 지속해서 발생하고 있었다. 내가 주도적으로 처리하였으나 개발업체에서는 주 단위로 수정, 보완 진행 정도를 알려주지 않았다. 소프트웨어 개발이나 보완 업무 특성상 맺고 끊는 게 쉽지 않았으리라.

눈에 보이지 않는 소프트웨어는 건축 공사와는 다르다. 과정을 확인할 수 없기에 출력한 결과로 정상 여부를 판단할 수밖에 없다. 오류를 찾아내어 수정하는데 시간 예측이 거의 불가능하다. 내가 아무리 하소연해도 업체에서 일일이나 주간 단위로 진행 수준을 통보해 주지는 않는다. 나는 오래 사업에 관여하여 업체 처지를 이해하였지만, 처장은 그럴 마음이 없었다. 궁색하게 무슨 일을 진행했고 무엇을 할 계획이라 보고하면 처장은 딘도긱입적으로 물었다.

"그래서 정상이야?"

정상이라는 개념이 그렇다. 사람을 정상 비정상을 구분한다면 어떤 사람이 정상인가? 팔다리가 없거나 실명한 사람은 확실히 비정상이다. 그렇다면 손가락이 하나 없는 사람은, 발톱이 빠진 사람은, 난청인 사람은, 시력이 나빠 안경 없이는 아무것도 할 수 없는 사람은 비정상인가?

탄종별 기술자료는 아직 구축하지 못했고, 최종 목표는 저장, 검사, 정비, 사격, 폭파 등 무기체계 운영 전반에 관한 동영상까지 제공하는 것이다. 지속해서 업데이트해야 하므로 영원히 완성할 수 없는 것인지도 모른다. 부대별 탄약고를 클릭하면 탄약의 적재 형태를 입체적인 시뮬레이션 영상으로 제공하는 것이 요구사항에 반영되었으나, 아직 소프트웨어조차 개발하지 못했다.

시스템 분류에서 저장관리 분야 어느 화면의 어떤 기능이 정상이냐는 물음에는 답할 수 있었으나, 탄약시스템이 정상이냐는 질문에는 대답할 수 없었다. 정상이라고 하면 모든 요구사항이 개발 완료되어 작동하느냐고 반문하면 뭐라고 대답한단 말인가? 할 말이 없다. 묵묵부답이면 재차 삼차 추궁이 이어진다. 마지못해 대답할 수밖에 없다.

"아닙니다. 아직 해결하지 못해 진행 중인 보완 요구사항이 있습니다."

"그동안 뭐 했어? 그거 해결하라고 네가 있는 거 아니야? 문제의 핵심은 아는 거야? 업체에서 보완 능력은 있는 거야? 언제까지 하겠다는 거야? 맨날 말로만 한다고 하고 차일피일하는 게 그냥 이대로 끝나는 거 아니야?"

말인즉슨 모두 옳은 말이다. 공군의 요구사항을 종합하여 업체에 개발하도록 하는 게 내 임무고, 문제점이나 추가 요구사항을 해결하는 것이 내가 할 일이며, 업체에서 보완 가능하다고 하면서도 완료하지 못하고 있고, 어쩌면 정말 할 수 없을지도 모른다. 그렇지만 나 혼자 힘으로 해결할 수 있는 일은 없다. 온갖 질책과 무시와 경멸을 감내해야 했다. 자신의 처지를 일목요연하고 명쾌하게 설명할 수 없을 때 뼛속까지 고독해진다. 간단명료하게 설명할 수 없는 사안을 명쾌한 답을 요구하는 처장이 원망스러웠다.

인간은 허영의 동물이다. 사람이 사는 목적이 생존과 번식이라고 말하는 건 생물학자의 원론적인 말일 뿐이다. 인간이 의식주를 해결하고 난 뒤 하는 활동은 모두 타인에게 인정받고 우월함을 증명하려는 것이다. 스스로 우뚝 서기를 바란다. 늘 찬란하게 빛나기를 바란다. 뭇 사람이 우러러보며 찬사를 보내고 갈채하기를 희망한다. 그러니 거짓말인 줄 번연히 알면서도 아첨에 흐뭇해하는 것이다.

자부심이 남다른 사람은 허영심이 더 크다. 자부심으로는 타의 추종을 불허하는 삼국지 관운장을 추앙하는 나다. 당시 나는 근자감이 하늘을 찔렀다. 지금이야 내가 별 볼 일 없는 평범한 사람임을 잘 알지만, 당시는 아니었다. 겉으로 표현하지 않았지만 언젠가 국가 지도자가 되는 과정으로 생각하고 매사에 최선을 다할 때다. 웬만한 모욕이나 수치에는 끄떡도 하지 않았다. 어차피 나중에 안길 거대한 영광과 희열을 위해 신이 배려한 시련을 슬퍼할 이유는 없다.

사적인 장소에서 받는 개인적인 치욕은 참을 수 있어도 공공의 장소에서 받는 수모는 다르다. 처장이 사적으로 하는 질책이나 욕설이었다면 그렇게 비참하지 않았으리라. 모든 사람이 지켜보는 자리에서 하는 적나라한 욕설과 원색적인 비난은 견디기 어려웠다. 군에서 성공을 위해서는 처장만 중요한 게 아니다. 처장보다 더 오래 근무해야 할 미래 전우이자 상관이 함께 근무하는 동료 장교다. 그들이 보는 앞에서 무참하게 짓밟히면서 어떠한 항거도 할 수 없는 내가 수치스러웠다. 자존심은 무너졌다. 해결책이 무엇인가? 알베르 카뮈가 말한 인간에게 유일하게 진지한 철학적 과제만이 답이다. 자살하는 것이다.

공군 ROTC 병영훈련 때 화장실에서 얼차려 받으면서 느낀 굴욕감에서, 원하던 이성과의 실연에 따른 상실감에서 심각하게 고민했던 자살, 죽고 싶다는 마음으로 가득했다. 회의가 끝나고 5층 옥상에서 담배를 피우며 지상을 내려다보면 콘크리트 바닥이 양탄자나 스펀지같이 푹신해 보였다. 뛰어내린다면 편안해지리라. 아무것도 알 수 없으리라. 이 모멸감과 굴욕감에서 벗어나리라.

괴로웠고 심각한 상황이었으나 오래는 가지 않았다. 앞서 두 차례 자살을 고민할 때는 혼자였으나 나는 이미 혼자 몸이 아니다. 아내와 두 아이가 있다. 내가 괴롭다고 홀쩍 떠난다면 아내는 어떻게 한단 말인가? 역사나 현실에서 보았던 수많은 아낙네의 고달픈 삶을 살아야 하지 않는가? 그래서 내가 남자를 혐오했는데 내가 그런 사람이 될 수는 없지 않은가? 번뇌는 하루를 넘기지 않았다. 월요일 하루만 지옥같이 보내고 퇴근 후 한잔 술로 모든 걸 잊었다. 해결할 수 없는 문제는 어쩌면 망각이 최선의 답일지도 모른다.

다행이었던 건 나만 그런 처지가 아니었다는 사실이다. 회의 시간이 한정적이었던 이유도 있어서 월요일 오전에 깨질 수 있는 사람은 보통 서너 명이었다. 한 사람 작살 내는 데 삼십여 분이 소요되었다. 욕설과 비난에는 계급이나 기수 고하가 없었다. 나는 장교로서 막내였는데도 굴욕감에 치가 떨렸는데, 나보다 오래 근무한 다른 소령이나 중령, 과장의 심정은 어땠을지 상상조차 할 수 없다.

회의가 끝나면 흡연자는 모두 옥상에 모이게 마련이다. 지금은 흡연 구역이 없지만, 당시에는 옥상이 흡연 구역이었다. 그날 된통 혼난 사람은 마치 세상 모든 걸 잃은 사람마냥 망연자실하였다. 어찌 그렇지 않겠는가? 중령은 내일모레가 대령 진급 심사고 소령은 얼마 후 중령을 노려야 한다. 인사권을 가진 병과장에게 사람 취급당하지 않았으니 장차 앞날이 어찌 될 것인가? 걱정이 태산일 수밖에 없다. 역시 붓다나 쇼펜하우어의 통찰은 옳았다. 삶은 고통이다.

"조 소령님, 뭘 그만한 일로 그렇게 심각하십니까? 처장이야 늘 그런 분 아닙니까? 그러려니 하고 마음 푸십시오. 죽기는 왜 죽습니까? 그럴수록 오기로 더 잘 살아야지. 잘 사는 게 복수하는 겁니다. 이따가 퇴근 후에 족발에 소주나 한잔 찐하게 하시지요."

당시 무장전자처에는 나 말고도 선배 조 소령이 있었다. 죽고 싶다는 선배 말에 마치 세상일에 도통한 사람처럼 조언하였다. 불과 일주일 전 상황과 정확히 반대다. 죽고 싶다는 사람과 만류하는 사람이 뒤바뀐 것이다. 20여 명 처원 전체가 엄청난 비난과 질책에 시달렸으므로 모두 자기 앞가림에 바빴다. 아마 당사자 외에는 누가 무슨 일로 혼났는지 기억조차 하지 못하리라. 다른 사람 잘못을 이해하고 도울 처지가 아니었다. 당장 나에게 어떤 질문이 떨어질지 몰라 전전긍긍했다.

월요일 퇴근 후 술맛은 좋았다. 모멸감과 수치심에 떨던 사지에서 벗어난 사람은 모든 걸 잊고 삶의 의지를 다졌고, 천만다행으로 그날을 무사히 넘긴 사람은 행복하였다. 인간이 이성적 동물인 것은 맞지만, 그다지 사려 깊거나 위대한 건 아니다. 위기에 처하면 그 순간을 모면하는 데 급급하다. 저승사자 같은 처장의 손아귀에서 벗어난 것만으로 안도의 한숨을 쉬었다. 어쨌든 회의하는 처장실이 지옥이라면 지옥을 벗어나는 일은 간단하다. 회의가 끝나면 끝이다.

세밀하게 계획을 세우고 철저하게 감시 감독하는 게 최선이라고 생각하지만 그건 큰 착각이다. 적당한 관리 감독은 필요하지만 적절한 권한 위임이 필요하다. 철두철미한 사람한테는 진정으로 충성하거나 조언하지 않는다. 목표는 단 하나 오직 지적을 면하는 길을 택한다. 모두 열심히 일했고 개인의 영달뿐 아니라 조국의 번영에 이바지하겠다는 열정이 가득하였다. 업무적인 성과는 별로 없었다. 왜 그렇지 않겠는가? 조국의 번영은 좋다. 그건 나중 일이다. 우선 살아야 하지 않겠는가? 오늘 당장 사는 일이 최우선이다. 사는 길은 하나다. 처장의 감시에서 벗어나는 것, 회의 시간에 박살나지 않는 것이다.

오전 일과를 마치고 퇴근하는 토요일은 행복했다. 총알이 빗발치는 전장은 아니었으나 그보다 더 처절하게 싸워야 했다. 다음 주 월요일에 보고할 실적을 만들어야 하지 않는가? 어떻게 교묘하게 실적을 미화하고 지연되는 사업에 대하여 변명할 것인가? 그게 일주일간 하는 일이다. 칭찬은 기대하지 않는다. 어떻게 하면 죽고 싶지 않을 정도의 욕만 먹을 것인가? 월요일 회의자료를 준비하고 퇴근하는 토요일 오후에는 모든 걸 잊는다. 사람은 쉬어야 한다. 충분히 휴식을 취해야 다음 전투를 효과적으로 수행할 테다.

일요일 오전까지는 편안하다. 오후가 되면 슬슬 온몸이 불편해지기 시작한다. 내일 보고할 실시사항과 계획사항에 불 보듯 뻔한 예상 질문이 뇌리를 감싼다. 열심히 핑곗거리와 변명을 구상하지만, 내 궁색한 답변에 대한 처장의 반응에 확신이 없다. 밥맛도 없고 잠도 오지 않는다. 병이다. 이것이 강박관념 정신병이다. 그 원인이 내부에 있는 게 아니라 외부에 있을 뿐이다. 매 맞는 사람보다 기다리는 사람이 더 괴롭다는 말이 있다. 일요일 오전이 지옥이었으나, 알면서도 피할 수 없는 지옥을 기다려야 하는 일요일 오후는 더한 지옥이었다.

그렇게 평균 한 달에 한 번 정도 깨지면서도 처장과의 바둑은 계속하였다. 부르는데 어쩌겠는가? 특별한 일이 있다면 모르되 별일 없으면서 가지 않을 도리가 없다. 어쨌든 당시 유일한 생명줄이다. 제대하지 않는 이상 복종해야 한다. 업무는 업무고 바둑은 바둑이다. 바둑은 내가 모두 이겼다. 완전히 전세 역전이다. 나는 통쾌하였으나 처장은 앙앙불락이었다.

처장 집에서 둔 바둑이 득이었을까, 실이었을까? 매번 이긴 바둑이 상황을 더 악화시켰을까, 그렇게 일과시간 외에 봉사했기에 그나마 그 정도에서 그친 것일까? 알 수 없는 일이다. 하여간 그 기간이 무려 2년이나 되었다. 삶이 고통의 연속이라는 쇼펜하우어의 통찰은 정확했다.

포대 화상 금복주

공본 무장처에서 근무하는 사람 모두가 피할 수 없는 현실에 괴로워했으나 예외가 있었다. 아니 예외라기보다는 속으로 괴로웠을지는 모르나 겉으로 표현하지 않는 사람이 한 명 있었다. 이창혁 소령이었다. 이 소령은 전에 가끔 본 적이 있으나 함께 근무한 적이 없어서 잘 모르는 선배였다. 일단 겉모습이 인자한 웃음을 띤 얼굴이어서 상대하면 마음이 편안했고, 합리적인 사고방식에 후배의 처지에 깊이 공감하고 배려하는 행동이 인상적이었다.

무장처에서 근무해 보니 이전에 알았던 건 아주 일부라는 걸 깨달았다. 이 소령은 후배에게만 자상한 선배가 아니었다. 상관이나 선배에게도 늘 역지사지하여 자신의 의견을 상대 처지에서 개진하였다. 모든 사람의 가치판단 기준은 자기 자신이다. 일반적, 보편적, 상식적, 대부분, 정상석이라는 말은 정확히 자기 자신을 대변한다. 자기 생각이 일반적이고 보편적이라고 주장한다. 사장은 사장

위치에서, 근로자는 근로자 처지에서 자기 말이 옳다고 주장한다. 처지가 다르니 의견이 일치하기 어렵다. 인간관계가 어렵고 갈등이 발생하는 이유다.

이 소령은 상대 처지에서 사물을 바라보는 게 습관이 된 사람이다. 어떤 계기로 그렇게 되었는지 모르지만, 상대방 위치에서 사고하고, 상대의 주장에 공감하면서 말한다. 갈등이 생길 리 없다. 이 소령은 인간관계의 달인이었다. 상관, 동료, 후배, 부하 누구와도 친밀하였다.

그런 이 소령이었으나 처장에게 지적받는 건 어쩔 수 없었다. 다른 사람보다 빈도가 현저히 적고 강도가 약하기는 하였으나 가끔 혼찌검이 났다. 이 소령이 아무리 유능하고 탁월하더라도 모든 방향에서 처장과 생각이 일치할 수는 없는 노릇이다. 처장 처지에서는 어쩌면 모든 사람을 질책하는 터에 이 소령만 예외인 게 어색해서 일부러 그랬는지도 모른다.

"이 정도밖에 안 돼? 지금까지 뭘 배웠어. 장교가, 영관 장교씩이나 되는 사람이 이따위밖에 할 수 없나?"

똑똑하고 업무 능력이 탁월한 사람일수록 질책이나 비난을 참기 힘들어한다. 당연하다. 늘 칭찬만 받던 사람이 모욕적인 욕설이나 비난을 받는다면 참을 수 없으리라. 더구나 사무실의 모든 선후배가 지켜보는 데서 말이다. 나는 말이나 태도도 솔직하지만, 그 전에 얼굴에 적나라하게 드러난다. 치욕을 당하면 당장 얼굴이 붉으락푸르락 확 바뀐다. 상대가 즉각 알아차린다. 그러거나 말거나 격

앙되어 거칠게 대꾸하기 마련이다.

"처장님 그건 아닙니다. 사실은 이러고저러고 해서……."

이 소령은 달랐다. 우선 표정의 변화가 없다. 늘 인자하게 웃는 금복주 얼굴 그대로다. 목소리가 떨리거나 커지지도 않는다. 아무 일 없다는 듯이, 조금 전에 욕설이나 질책을 전혀 받은 적이 없다는 듯 부드럽게 대꾸한다.

"처장님, 감사합니다. 제가 그 부분까지는 미처 생각하지 못했습니다. 다시 검토해서 보고드리겠습니다. 사실은 처장님께 미처 보고드리지 못했으나 이런저런 일이 있었습니다. 전체적으로 다시 판단해서 방향을 바로잡겠습니다."

욕설에 가까운 비난을 받았음에도 첫 마디는 '감사합니다'라는 칭찬이다. 감정의 동요 없이 웃는 모습으로 또박또박 설명하는 사람에게 재차 화를 낼 수는 없다. 웃는 낯에 침 못 뱉는다는 속담이 있잖은가. 처장 처지에서는 질책에 굳은 표정으로 묵묵부답으로 있는 사람이나, 후끈 달아올라서 거칠게 반박하는 사람은 반항하는 것으로 보일 테다. 보통은 얼굴이 경직되거나 표정을 감추느라 땅에 고개를 처박지만, 이 소령은 처음부터 끝까지 고개를 뻣뻣이 들고 금복주 표정을 유지한다.

"알았어."

다른 사람 같으면 지적에, 질책에, 비난에, 마지막에는 욕설까지 더해지기 마련이지만 이 소령은 내게로 몇 마디 주고받는 것으로 끝났다. 이 소령은 아버지가 해병대 중령 출신으로 제주도 출생이다. 처장과는 동향인 셈이다. 아버지의 말과 태도에서 영감을 받았는지, 장교의 생활 자세에 대하여 아버지의 특별 교육이 있었는지는 알 수 없으나 내가 경험한 사람 중 가장 뛰어난 대인관계 능력을 보여 준 장교다.

금복주는 대구에 소재한 소주 브랜드 회사다. 소주병에는 복영감 캐릭터 마스코트가 부착되어 있다. 이 복영감은 미륵신앙의 포대 화상에서 따왔다. 포대 화상은 당나라 말 명주 봉화현 출신 인물로 미륵보살의 현신으로 여겨진 사람이다. 본명은 계차인데 항상 포대 자루를 들고 다녔기에 포대 화상으로 불렸고, 배가 불룩하게 나오고 대머리인 게 특징이다. 이 포대 화상은 큰 얼굴에 웃는 모습이다. 웃느라 눈은 감긴 상태고 입은 좌우로 길게 찢어졌다. 소주를 마셔도 마음이 고양되어 너그러워지지만, 이 금복주 마스코트의 미소만 봐도 푸근해진다.

이 소령은 배울 점이 많은 훌륭한 장교다. 과대망상으로 나는 스스로 모자랄 게 없다고 자부하였으나, 화가 났을 때 참을성은 한참 모자랐다. 그런 측면에서 이 소령은 완벽하였다. 사고방식이나 태도, 말과 행동 무엇 하나 모자람이 없었다. 나는 이 소령이 가진 눈에 띄는 장점을 보고 배우려고 노력하였다. 이 소령은 예상대로 모두에게 인정받아 승승장구하여 나중에 장군에 이른다.

내 눈은 정확하였다. 마음으로 존경한 이 소령이 분야와 공군을 이끌게 되리라는 짐작은 들어맞았다. 다른 사람의 능력을 꿰뚫어 볼 수 있다는 건 비할 데 없는 장점이다. 앞날이 탄탄한 사람에게 자신의 능력을 충분히 보여주는 것만으로 미래가 보장되리라. 내가 노력하지 않은 것은 아니다. 불행하게도 능력이 미치지 못했다.

나는 이 소령의 지식과 말과 태도와 행동을 최대한 배우고 내면화하려고 노력하였다. 내가 가진 이상이나 장점을 최대한 이 소령에게 보여주려고 진력하였다. 나는 선배를 존경하면서 믿고 따랐다. 그뿐이었다. 나는 선배에게 인간성이나 업무 능력으로 최고로 인정받지 못했다. 내가 이 소령에게 가장 훌륭한 장교로 인정받았다면 나중에 중령 진급에 그토록 노심초사하는 일은 없었으리라. 대령 진급에서 소외되지 않았으리라. 비록 사관학교 출신이 아니더라도 말이다. 이 소령은 선배로서 나에게 많은 도움을 주며 이끌었으나, 내가 기대하는 만큼은 아니었다. 스스로 과대평가하여 기대가 너무 컸던 탓이리라.

야구 중계

 박찬호는 한국인에게 희망이었다. 꿈에도 생각하지 못한 국가 부도로 신음하던 1997년, 1994년 메이저리그에 진출했으나 이전까지 단 5승에 불과했던 LA다저스의 박찬호가 14승을 올려 일약 에이스급 투수로 발돋움했다. 이전까지 한국인 메이저리거는 없었다. 야구의 본고장 미국에서 전 세계 최고 기량의 선수와 당당하게 맞서 싸워서 이기는 야구선수 박찬호를 보고, 개인으로는 실직과 가정파탄, 국가로는 경제 주권 상실의 치욕에 시름하던 국민은 마음을 달랬다.
 시기가 절묘했다. 이전에는 두드러진 활약을 하지 못했으나 한국에 외환위기가 발생한 1997년부터 맹활약하기 시작했다. 1970년대와 1980년대 축구선수 차범근이 분데스리가에서 맹활약할 때도 국민의 성원이 있었으나 이 정도는 아니었다. 박찬호는 지푸라기가 되었다. 당시 한국인은 실직한 사람뿐만 아니라 전 국민이 실의에 빠졌다. 스스로 가난을 벗어나고 민주화를 이루었으며 머지않아 선진국에 도달하리라는 꿈과 희망이 와르르 무너졌다. 자존심은 뭉개지고 자부심은 허물어졌다. 모두 물에 빠진 사람 격이었다. 그때 떠오른 게 미 프로야구 메이저리거 박찬호였다. 박찬호는 마음의 구세주였다. 한 줄기 희망의 빛이었다. 박찬호는 곧바로 전 국민의 우상이 된다. 1998년 LPGA U.S 오픈에서 우승한 박세리와 함께 국민을 위안하는 쌍두마차, 양박이 된다.

한 번 떠오른 박찬호는 쉽게 가라앉지 않았다. 전 국민의 열화와 같은 성원 덕분이었는지도 모른다. 박찬호는 1997년 14승에 이어 1998년에는 15승을 달성한다. 시간대가 달라 낮이나 새벽에 경기할 때가 많아서 새벽잠을 설치는 사람이 많았다. 그나마 새벽에 할 때는 TV로 시청할 수 있었으나, 출근 후 일과 중인 낮에는 관전할 방법이 없었다. 핸드폰이 없을 때다. 아내는 나한테 야구 중계를 해야 했다.

웬만해서는 즐거운 일이 없을 때다. 아내가 전화로 전해 주는 소식을 사무실 사람에게 큰소리로 알렸다.

"3회 말 현재 박찬호의 LA다저스가 3대 0으로 앞서고 있습니다."

소식을 전하는 순간 환호성이 일었다. 아내는 야구 문외한이다. 야구뿐만 아니라 어떤 스포츠도 좋아하지도 잘하지도 않으며 당연히 궁금해하지도 않는다. 내가 자꾸 전화로 물으니 어쩔 수 없이 TV를 켜놓고 시켜보지 않을 수 없었다. 처음에는 점수나 알려주는 수준이었으나 몇 달이 흐르자 웬만한 아나운서 뺨치는 해설가가 되었다.

전문가는 배워서 되는 게 아니다. 관심을 가지고 지켜보고 사랑하면 조예가 깊어진다. 야구든 축구든 바둑이든 빠짐없이 지켜보면 나중에는 별의별 게 다 눈에 들어오고 모르는 것이 없어진다. 투수 명단, 타자 명단을 다 외우고 투수 교체 시기와 대타까지 알아맞힌다. 심지어 상대 팀 정보까지 빠삭해진다. 정보를 전하는 시기도 정확하다.

"6회 말까지 던지고 강판했는데 투구 수 100개, 탈삼진 8개, 2실점 1자책, 현재 점수는 3대 2로 이기고 있어요."

나는 즉시 궁금해하는 사무실 사람들에게 전파했다.

"6회 말 현재 3대 2로 이기고 있습니다."

희한하게도 스포츠 스타로 선구자적 역할을 한 사람에 박 씨가 많다. 박찬호가 프로야구로 메이저리그를 개척하였다면 박세리가 프로골프로 LPGA를 정복하여 수많은 키즈를 양성하였으며, 2002년 월드컵 4강 주역 박지성은 프로축구 잉글랜드 프리미어리그 최고 명문 구단인 맨체스터 유나이티드에서 맹활약하여 축구선수의 희망이 되었다. 2008년 베이징올림픽 수영 400m 자유형에서 금메달을 획득한 박태환은 불모지 수영에 일대 신드롬을 일으켰다. 수많은 어린이가 수영에 입문했다. 2024 파리 올림픽에 출전한 수영 황금세대 황선우 김우민은 모두 박태환 키즈다.

이런 우스갯소리가 나돌았다.

'운동선수는 박 씨가 유리하다.'

'박 씨라면 일단 운동부터 시켜라.'

'충청도에 사는 박 씨라면 운동선수가 제격이다.'

박찬호와 박세리는 어려서 공주와 유성에서 자랐다.

박찬호가 선발 출전했던 경기가 종료하면 즉각 연락이 왔다.

"LA다저스가 최종 5대 3으로 이겼습니다. 승리투수는 박찬호입니다."

"와~우 짝짝짝!"

사람은 길조(吉兆·吉鳥)가 되어야 한다. 좋은 소식을 전하고 칭찬하는 사람은 인기가 많다. 당연한 일이다. 누가 슬프거나 괴로운 소식을 전하거나, 타인을 험담하는 사람을 좋아하겠는가? 사람은 상대가 원하는 좋은 소식은 최대한 빨리 전하고, 다른 사람의 험담보다는 미담을 말해야 한다. 이야기 자체를 스스로 생산하지 않았더라도 전하는 것만으로도 충분히 신뢰를 얻을 수 있다. 길조가 무엇인가? 좋은 소식이 올 것 같은 예감이다. 좋은 소식을 전하는 새다. 우리나라에서는 까치다. 속담에 미루나무 꼭대기에서 까치가 울면 반가운 손님이 온다고 하지 않던가? 나는 아내 덕분에 길조가 되었다. 물론 박찬호가 패한 날에는 누가 묻지 않는 이상 말하지 않는다. 굳이 좋지 않은 소식을 전해서 기분 나쁘게 할 필요가 있는가?

IMF 사태는 우리 현대사의 아픈 상처다. 그 상처는 아직도 완전히 아물지 않고 곳곳에 남아 있다. 수많은 재벌 기업과 대기업, 중소기업이 도산하였고, 아직도 노숙자로 지내는 사람이 있다. 파탄

난 가정에서 자란 어린이는 힘겨운 삶이 이어졌으리라. 그 어둡고 암울하던 시기에 박찬호와 박세리는 한 줄기 빛이었다. 아내의 헌신 덕분에 나는 그 빛을 나누는 전도사가 되었다. 세 시간이나 취미에 없는 프로야구를 시청하는 건 쉬운 일이 아니다.

박찬호와 박세리의 양박에 박지성과 박태환을 더해서 4박은 1990년대와 2000년대 한국인에게 희망의 아이콘이었다. 박 씨의 시조라고 일컫는 박혁거세가 하늘에서 뿌듯해하리라.

혈관 확장 주사

언젠가부터 뒷골이 당기기 시작했다. 운동 중 부상한 적도 없고 최근 교통사고도 없었다. 이유는 알 수 없었으나 가끔 짜릿짜릿하거나, 골이 흔들리거나, 낚싯바늘로 콕 짚어 쭉 당기는 느낌이 들었다. 스트레스 때문이겠지, 과로한 탓이겠지 하면서 가볍게 넘겼으나 빈도가 잦고 증상이 차츰 심해졌다.

공군본부로 전속 온 이래 벌써 7년째다. 운동이라곤 매주 수요일 체련의 날 4시간이 전부다. 업무는 종일 컴퓨터 앞에 앉아서 자판 두드리는 일이다. 거의 매일 야근이라 하루 열 시간 이상 일하는 게 보통이고, 주말에 출근하는 날도 적지 않았다. 증상을 애기해도 주변 사람은 경험이 없어서인지 뚜렷한 원인이나 대책을 말해주는 사람이 없었다. 스스로 생각하기에 운동 부족이거나 지나친 업무 스트레스 영향으로 느껴졌으니 병으로 생각하진 않았다. 컴퓨터 앞에서 오래 앉아 있어서 그러려니 하고 예하 부대에 내려가면 없어질 것으로 여기면서 버텼다.

  1년 이상 버텼으나 증상은 호전되지 않고 점점 심해졌다. 걷거나 대화할 때도 증상이 나타났고, 처장이나 군수참모부장에게 대면 보고할 때마다 두드러졌다. 탄약시스템 세부 내용에 대하여 아는 사람은 사실상 나밖에 없다. 처장이나 과장도 세부적인 개발 요구 사항이나 개발 내용, 정상운영 여부를 설명하기 힘든 실정이다. 군수참모부장이 궁금해하는 사항이 있으면 직접 찾아가서 대면 보고했다. 군수참모부장실에 들어갈 때부터 왼손으로 목 뒷부분을 잡고 말하자 이상히 여겼다.

  "조 소령, 왜 목 뒤를 잡고 말하나?"

  "죄송합니다. 원인은 알 수 없는데 종종 목 뒤가 짜릿짜릿하고, 골이 흔들리거나, 무엇으로 당기는 느낌이 듭니다. 말할 때는 증상이 심해져서 손으로 잡아야 합니다."

  "그래? 언제부터 그랬는데? 병원은 가 봤나?"

  "1년은 좀 지난 거 같습니다. 운동 부족이나 스트레스 과다로 여겨서 예하 부대로 내려가면 낫겠지 생각하고 참고 있습니다. 병원에 간다고 뚜렷한 해결책이 있을 것 같지 않아서 말입니다."

  "이 사람 참 무식한 친구네. 그건 자네 생각이고 전문가의 진단을 받아야 할 게 아닌가? 그렇게 목 뒤를 잡고서 어떻게 생활하겠나?"

  뜻밖이었다. 살다 보면 사람은 몸에 온갖 불편한 증상을 느낀다. 가렵기도 하고 저리기도 하며 어떤 때는 짜릿하게 통증도 온다. 그때마다 병원을 찾지는 않는다. 며칠 지나면 언제 그랬냐는 듯 증상이 사라지곤 한다. 눈에 보이는 큰 부상이나 곧 죽을 듯 심한 통증이 아니라면 보통 주무르거나 마사지하는 등 자가치료로 넘어간다. 1년이 더 지났으니 증상이 좀 오래되긴 했다. 나는 스트레스로 생긴 증상은 스트레스를 받지 않으면 사라지려니 했다. 해결책은 예하 부대로 전속 가면 그만이다. 군수참모부장은 목 뒷부분을 잡고 보고하는 사람은 처음 보았기에 놀라서 조언한 듯하다.

죽을병은 아닌 듯하였으나 어쨌든 너무 괴로웠고 부장의 말에 일리가 있다. 고치고 못 고치고는 병원 의사가 판단할 일이고 일단 진단받는 게 옳은 듯하다. 스트레스 해소가 답이라도 당장 예하 부대로 전속 갈 처지도 아니다. 계룡시 엄사리에 있는 병원에 찾아가니 의사는 뜻밖에 대수롭지 않게 말했다.

"혈액순환이 잘 안 돼서 그렇습니다. 스트레스를 받아서 혈관이 좀 막힌 듯하네요. 혈관 확대 주사 몇 대 맞으면 괜찮아질 겁니다."

"예? 혈액순환이 안 돼서요? 아니 혈액순환 안 된다고 뒷골이 당기나요?"

"그렇습니다. 피가 흐르지 않으면 몸 어느 곳이든 제대로 작동하지 않습니다. 작동하지 않는다는 신호가 통증입니다."

놀라운 일이었다. 지금은 여러 서적을 통해서 자연과 인체에 대하여 조금 이해하는 편이지만, 당시만 해도 전혀 문외한이었다. 동물의 피가 어떤 역할을 하는지 전혀 몰랐다. 혈액은 체세포의 생명줄이다. 생명의 최소 단위인 세포가 살아가려면 물과 산소와 에너지가 필요하다. 그걸 100조 개 체세포에 연결된 모세혈관으로 심장박동에 따라 공급되는 혈액이 담당한다. 뇌세포는 특히 에너지 공급 없이 생존시간이 짧아서 3시간 동안 혈액이 공급되지 않으면 회복할 수 없을 정도로 손상한다고 한다.

  사람은 자신만만하다. 자신의 경험과 지식을 과신한다. 사실 보통 정도의 지식만으로 일상을 살아가는 데 큰 문제가 없다. 경험하지 못한 특별한 상황이 아니라면 대처하는 데 어려움이 없다. 새로운 환경이나 낯선 상황에서는 어찌할 바를 모른다. 소크라테스의 말대로 나는 나 자신을 몰랐다. 스트레스로 생긴 병이라도 스트레스를 받지 않는다고 저절로 낫지는 않는다. 나는 스스로 무지하다는 사실을 살면서 계속 깨닫게 된다.

  혈관 확대 주사는 한 번 맞는데 7만 원이었다. 당시에는 적지 않은 액수다. 어쨌든 뒷골이 흔들리고, 당기는데 어쩌겠는가? 첫날 목에 주사를 맞으니 눈의 흰자위가 토끼 눈이 되었다. 막힌 혈관이 뚫리니 피가 머리로 많이 몰려서 그렇다고 한다. 정확히 매일 한 차례, 일주일 동안 일곱 번 주사를 맞았다. 효과는 놀라웠다. 뒷골이 짜릿하지도 흔들리지도 당기지도 않았다. 거짓말같이 증상이 사라졌다. 좋은 세상이다. 의학 발달이 놀랍다. 의사는 훌륭하다. 49만 원으로 고질병을 사라지게 하다니 말이다.

  1년 전에 병원을 찾았다면 어쩌면 주사 한두 대로 정상이 되었을지도 모른다. 늦게나마 병원을 찾았으니 망정이지 더 늦었으면 뇌졸중에 걸렸을지도 모른다. 뇌졸중은 노인에게만 오는 질병이 아니다. 어떤 이유로 뇌로 공급되는 혈액이 차단되면 뇌경색이요, 혈관이 터지면 뇌출혈이다. 모두 원인은 혈관이 막혀서 생기는 증상이다.

혈관확대 주사를 맞은 후 변화가 있었다. 혈압이다. 나는 평소 혈압이 80에서 120이었다. 보통 사람 평균치다. 주사를 맞은 후에는 70에서 110으로 바뀌었다. 심장의 펌프질하는 힘은 그대로인데 몸의 일부 혈관이 헐거워지니 혈압이 낮아진 것이다. 인체의 신비를 다소나마 깨달은 기분이었다.

인간은 무지하고 멍청하다. 적어도 나는 그렇다. 그런 경험이 있는데도 여전히 내 나름대로 판단하고 처방한다. 30여 년 전부터 가슴이 답답했다. 병원에 가니 당시로는 원인을 찾을 수 없다고 하였다. 그래서 지금까지 1년에 몇 차례 가슴이 답답한 증상이 있어도 참아 넘겼다. 최근에 빈도가 너무 잦고 증상이 심해져서 병원을 찾았다. 의학과 의술은 30년 전과 달랐다. 병원에서는 당장 원인을 찾아내었다. 심장 동맥경화 초기고 부정맥이었다. 동맥경화는 당장 문제가 아니었으나 부정맥은 심장마비와 뇌졸중 위험단계라는 진단이었다.

1년 전부터 아침저녁으로 동맥경화와 부정맥 치료 약을 먹는다. 완치되는 게 아니어서 평생 먹어야 한다고 한다. 약 먹는 건 괜찮다. 부정맥의 주요 원인이 음주에 있다고 한다. 나는 술을 좋아한다. 술이 센 편이다. 술을 사랑하고 누가 권해도 마다하지 않는다. 그것이 몸에는 해로웠던 모양이다. 30년 전 알았더라도 술을 끊지는 않았으리라. 무제한으로 마시지는 않았을 것이다. 술을 획기적으로 줄이라는 의사의 권유다. 마치 사형선고를 받은 느낌이다. 대한민국 보통 사람이 그렇듯 나는 술 중독자다. 주로 술 마시는 재미로 살았다. 그 재미를 온전히 느낄 수 없는 것이다.

술뿐만이 아니다. 부정맥에는 카페인이 해롭다고 한다. 부정맥은 심장이 불규칙하게 뛰는 것이다. 박동이 작게 자주 뛰는 게 위험하다. 이른바 빈맥(頻脈)이다. 카페인은 심장박동을 빠르게 한다. 하루에 석 잔 마시던 커피를 끊었다. 젊어서 담배를 피울 때는 식사 후 커피를 마시며 피우는 담배 맛이 꿀맛이었다. 술 마시며 피우는 담배 맛도 일품이다. 담배는 후두암을 의심하는 진단에 놀라 끊었다. 이제 술도 커피도 끊으라고 한다.

늙으면 서러운 게 한둘이 아니다. 몸은 제대로 작동하지 않고 기억은 희미해진다. 시력과 청력이 떨어지니 정보 수집이 늦다. 정보 수집이 늦으니 판단력이 떨어진다. 발전하는 건 없고 모든 신체 기능이 퇴화한다. 그 와중에 이런저런 이유로 먹거리도 사라진다. 늙는다는 건 잃는다는 것이다. 늙은이는 상실의 시대를 살아간다. 나도 이제 늙었다.

젊어서는 늙은이의 비애를 모른다. 당연하다. 경험하지 않고 상상만으로는 절대로 이해할 수 없는 게 무수하다. 엄마가 그렇고 부모가 그렇고 늙은이가 그렇다. 자식 키우지 않은 독신자는 절대 부모 마음을 이해할 수 없다. 젊은이의 기능이 사라질 때 인간은 비로소 젊은이의 위대함을 깨닫는다. 꺼지지 않는 열정을 그리워한다. 그래서 늙은이는 젊은이를 부러워한다.

젊은이는 경쟁이 힘들다. 학교 다닐 때나 졸업 후에도, 취업이나 결혼 후에도 경쟁은 끊이지 않는다. 그 끝없는 경쟁에 지쳐 경쟁 없는 삶을 꿈꾼다.

늙은이는 경쟁하지 않는다. 경쟁할 이유도 일도 없다. 조금씩 잃어간다는 사실을 잊는다면 늘 평화롭다.

원기 왕성한 젊은이는 편안한 노후를 꿈꾸고, 무기력하게 평화를 누리는 늙은이는 청춘을 그리워하는 모습이 아이러니하다. 그래서 세상이 공평한 것인지도 모른다.

젊은이든 늙은이든 현재 삶이 최상이다. 젊은이로 돌아간다면 피곤하고 괴로울 것이요, 늙은이로 변한다면 무기력하여 세상만사에 시들해질 것이다. 현재에 만족하고 감사하라. 그것이 행복에 이르는 첩경이다.

한화 이글스 한국시리즈 우승

나는 스포츠매니아다. 다양한 운동을 즐기는 건 아니다. 치열한 승부를 좋아한다. 운동 신경이 발달하지 않아서 그렇기는 하지만, 직접 하는 것보다는 관전을 좋아한다는 측면에서 스포츠매니아라기보다는 도박사 기질이 있는 것인지도 모른다.

1982년 프로야구가 태동했을 때만 해도 고교야구를 좋아했다. 프로야구가 무엇인지 몰랐고 실업 야구와 구분할 줄도 몰랐다. 미국이나 일본에서 프로야구가 성행한다는 사실조차 몰랐다. 1970년대 가장 인기 있는 스포츠는 고교야구다. 지역별로 골고루 분포해 있는 야구 명문고는 자연스럽게 연고지 팬을 만들었다. 기억나는 명문고로는 호남의 군산상고 광주일고, 경남의 부산고 부산상고 경남고 경남상고, 경북의 경북고 대구상고, 충청의 대전고 북일고 공주고 세광고, 서울의 선린상고 덕수상고, 인천의 인천고 동산고 등 무수하다. 기억하는 가장 멋진 명승부는 유중일의 경북고와 김건우 박노준의 선린상고 간 쟁패다.

1982년은 내가 금오공고에 입학한 해다. 나는 프로야구에 관심이 없었으나 좋아하는 친구가 많았다. 금오공고가 경북 구미에 있는 만큼 경북에서 온 친구가 많았고 삼성 라이온즈를 응원하는 사람이 가장 많았다. 1970년대 말이 경북고와 대구상고의 전성기였던 터라 삼성에 우수한 선수가 많아서 우승권으로 분류되었다.

1982년 프로야구 원년 우승은 천만뜻밖에도 OB 베어스였다. 우수한 전력이 아니었으나 미국 마이너리그에서 활약하던 박철순이 24승을 기록하는 원맨쇼에 힘입어 우승했다. 당시 OB 베어스의 연고지는 충청도였다. 고향이 충남 부여인 만큼 연고지 팀을 응원하였다면 원년 우승의 감격을 누렸을 터다. 불행하게도 당시에는 프로야구 문외한이었다.

처음에는 아니었으나 내가 프로야구 팬이 되는 데는 오랜 시간이 걸리지 않았다. 친구 따라 강남 간다고 주변 사람이 읊어대는 풍월에 넘어가지 않을 수 없었다. 사람은 적응하는 동물이다. 리처드 도킨스의 적자생존은 강자가 살아남는다는 걸 말하지 않는다. 강자 생존이 진리라면 가장 강한 포식자인 호랑이나 사자가 세상을 지배할 것이다. 적자생존은 환경 변화에 가장 잘 적응하는 자가 살아남는다는 의미다. 사람은 환경에 잘 적응한다. 폭력집단에 속하면 조폭이 되고, 로마에서는 로마인이 된다. 친구가 좋아하는 프로야구를 좋아하지 않는다면 왕따 신세가 되리라.

전력이 가장 강한 삼성이 정규시즌을 압도하지만, 한국시리즈에서 약한 것도 프로야구를 좋아하게 된 계기였다. 사람은 이해관계가 없다면 대체로 약자를 응원한다. 강자의 횡포에 신음하는 약자를 도와주고픈 마음이 정의요 양심이다. 1984년 한국시리즈는 기적이었다. 삼성에는 타율 홈런 타점의 타격 3관왕 이만수와 타격의 달인 장효조가 타선을 이끌었고, 20승 투수 김일융과 김시진이 버티고 있었다. 롯데는 최다 탈삼진의 최동원이 고군분투할 뿐이었다. 그 최동원 하나로 롯데는 한국시리즈를 거머쥐었다.

롯데 강병철 감독은 최동원이 1차전 3차전 5차전 7차전에서 승리한다면, 우승이 가능하다고 생각했다. 실제로 최동원은 1차전 완봉승과 3차전 2실점 완투승을 거두었다. 삼성은 김일융이 등판한 2차전과 4차전을 이겨 승부는 원점이 되었다. 운명의 5차전에서 최동원은 호투하였으나 3실점 완투패 하였다. 삼성은 역전한 7회 다음날 선발투수로 내정한 김일융을 투입하는 초강수를 두어 승리를 챙겼다. 최동원이 없는 6차전에서 한국시리즈의 승자가 결정될 것으로 누구도 의심하지 않았다.

운명의 여신은 짓궂다. 인간의 예상을 조롱하는 데 선수다. 하긴 그러니 승부가 뻔한 경기에 몰두하는 광 팬이 생기는 것이리라. 승부가 확실한 경기를 지켜볼 관중은 없다. 삼성이 선취점을 얻어 앞서나갈 때만 해도 예측대로 흘러가나 싶었다. 잘 던지던 삼성 선발 투수 김시진이 4회 3실점 역전을 허용한다. 5차전에서 김일융을 투입하는 승부수로 승리를 거머쥔 삼성처럼 롯데는 최동원을 구원투수로 내보낸다. 일종의 승부수였지만 사실상 무모한 기용이었다. 전날 9회를 던진 투수에게 5회를 책임지라는 건 작전이 아니라 혹사다. 힘 빠진 최동원이었으나 삼성 강타선을 단 3안타로 틀어막고 구원승을 챙긴다. 경기 후 롯데 강병철 감독은 7차전에 최동원이 나올 수도 있다고 말했으나, 지난 이틀간 13이닝을 던진 최동원이 다시 등판할 가능성은 희박했다. 삼성은 5차전에서 3이닝만 던진 김일융이 건재했기에 아직도 삼성이 우승할 확률이 훨씬 높았다.

하루를 쉰 뒤 치러진 마지막 7차전 선발은 최동원과 김일융이었다. 이전 6차전까지 네 차례 등판하여 3승 1패를 거둔 최동원도 대단하였으나 세 차례 등판하여 3승을 거둔 김일융도 어지간하였다. 삼성과 롯데가 치르는 승부가 아니라 마치 최동원과 김일융의 일대일 대결이라는 느낌이었다. 최동원은 지쳤다. 인간인 이상 그도 어쩔 수 없으리라. 매회 위기를 자초하며 6회까지 4실점 하였다. 삼성으로서는 지긋지긋한 최동원의 수렁에서 벗어나는 듯하였다.

운명의 여신은 다른 각본을 준비하고 있었다. 7회에 2점을 따라붙고 8회 초 유두열의 3점포로 역전에 성공하자 갑자기 최동원이 힘을 내기 시작했다. 머나먼 마라톤 끝에 고지가 보이자 탈진해 가던 기력을 회복하였는지도 모른다. 그렇게 최동원은 삼성에 승리하였다. 한국시리즈 MVP는 역전 3점포를 날린 유두열에게 돌아갔지만, 그날의 영웅이 누구라는 건 세 살 먹은 꼬맹이도 안다. 프로야구 7차전 승부에서 4승을 거둔 이는 세계저으로 전무후무하다.

1984년 한국시리즈를 기점으로 완전히 프로야구에 빠졌다. 이후에도 삼성은 내가 프로야구에 빠지는 데 기폭제 역할을 했다. 삼성은 강하고 해태는 약했다. 주식회사 삼성과 해태의 규모는 엄청나게 차이 났고, 삼성 라이온즈와 해태 타이거즈 구단의 전력 차도 컸다. 사자와 호랑이가 아니라 사자와 고양이가 어울릴 정도로 예산과 선수단 규모에 차이가 있었다. 정규시즌에서 삼성은 다른 팀을 압도하였다. 이상하게 한국시리즈에 가면 꼬리를 내렸다. 삼성은 1985년 전후기 통합우승하였으나 이후 1986년과 1987년 연거푸 해태 타이거즈에 한국시리즈에서 패했다.

예산이 적고 선수단이 단출한 해태는 정규시즌에 늘 고전하였으나 한국시리즈에서는 펄펄 날았다. 불가사의한 일이었다. 1980년 광주민주화운동의 아픈 역사를 간직한 호남인의 열렬한 응원 덕분이었을까. 대중이 약자의 불가능한 역전을 응원하더라도 현실에서 이루어지기는 힘든 법이다. 운에도 한계가 있다. 해태는 그런 게 없었다. 어쩌면 이기는 데 습관이 들었는지도 모른다. 나는 최동원의 고군분투에 감동하고 해태의 투쟁에 감명받았다. 해태 타이거즈는 내가 처음으로 응원한 프로야구 구단이다.

사람은 이기적이다. 사실 사람뿐만이 아니라 모든 생물은 이기적이다. 개체의 생존을 우선시한다. 스스로 생존보다 중요한 일은 없다. 최우선은 언제나 자신이다. 자신의 생존에 유리한 쪽으로 사고하고 판단하고 행동한다. 생존에 가장 중요한 게 누구인가? 가족이다. 가족 다음에는 자신이 속한 공동체다. 사람은 누구나 가족과 고향과 조국을 사랑한다. 가족이나 민족을 위해서가 아니다.

가족과 고향과 조국이 발전할 때 자신에게 기회가 올 것이다. 공동체의 발전이 개인의 성취와 직결하는 건 아니지만, 좋은 영향을 받을 가능성이 크다. 사람은 누구나 집 떠나면 가족과 고향과 고국을 그리워하며 사랑한다.

나는 1987년까지 해태 팬이었다. 그때가 좋았다. 전력이 시원찮은 해태가 강팀 삼성을 중요한 한국시리즈에서 꺾었으니 얼마나 통쾌한가? 1982년 충청도 연고로 창단한 OB 베어스가 서울로 옮긴 뒤 충청도에는 연고 팀이 없었다. 1986년 빙그레 이글스가 창단되었으나 신생팀으로 전력이 허약하였다. 창단 첫해인 1986년에는 7개 팀 중 7위, 1987년에는 6위에 그쳤다. 그러던 빙그레 이글스가 1988년부터 기지개를 켰다. 갑자기 전력이 급상승했다.

투수에는 이상군과 한희민 원투 펀치가 건재했고 타자에는 이정훈 이강돈 고원부에 연습생 출신 장종훈이 가세했다. 이제는 강팀으로 바뀐 해태를 견제할 만한 전력을 갖추었다. 나는 드디어 본연의 자세로 돌아왔다. 응원할 고향 팀을 찾은 것이다.

사람이 외국에 나가면 애국자가 된다. 물설고 낯선 해외에서 온갖 차별과 괄시를 받다 보면 저도 모르게 고국이 그리울 터다. 차별받지 않는다고 해도 말투며 정서가 비슷한 가족이나 고향을 그리워하는 게 인지상정이다. 젊어서 나는 개인보다 조국이 더 중요하다고 생각하는 민족주의자 혹은 국수주의자였다. 애국애족이 최상의 가치요, 애국자를 가장 훌륭한 사람으로 생각하였다. 애국자는 나라만 사랑하는 게 아니다. 고향과 가족도 소중히 생각한다. 나라를 사랑하는 사람은 고향을 사랑하게 마련이다.

내 고향은 부여다. 내 애창가(愛唱歌)는 '백마강'이다. 조국의 융성을 내 손으로 이끌고 싶다는 야망이 있었으나, 고향 부여를 대한민국 어디보다 잘사는 도시로 만들고 싶다는 소망도 있었다. 그런 사람이 승승장구하는 충청도 연고 팀 이글스를 버리고 타이거즈를 계속 응원하겠는가? 나는 이글스 골수팬이 되었다. 지금은 프로야구에 그다지 관심이 없는데도 이글스 소식에는 귀가 쫑긋할 정도다.

좋아하는 팀, 응원하는 대상이 있다는 건 좋은 일이다. 무료한 일상에서 벗어나 집중할 수 있고, 스트레스 해소에 도움이 된다. 경기장에서 함께 응원하면 응원단과 일심동체가 되는 느낌도 짜릿하다. 문제는 질 때다. 애국자의 단점이 조국의 영광을 방해하는 외국이나 외국인을 배척한다는 점이다. 이글스가 패하면 기분이 좋지 않다. 아무 관계가 없는 상대 팀을 멀리하고 혐오하게 된다. 1988년 한국시리즈는 빙그레 이글스와 해태 타이거즈가 치렀다. 공교롭게도 어제의 응원 팀과 오늘 응원하는 팀이 만난 거다.

사람은 과거를 소중히 여긴다. 과거는 자신의 정체성이다. 역사를 공부하고 되새기는 이유다. 과거가 소중한 유산이지만 현재나 미래보다 소중한 건 아니다. 과거 영화를 추억하거나 치욕을 잊지 못해서 일으키는 분노는 큰 의미가 없다. 중요한 점은 오늘 누리는 기쁨과 즐거움이며 미래의 영광이다. 과거에는 해태를 열렬히 응원하였으나 이제 적이다. 어떻게든 이글스가 이기기를 바랐다. 내 생각은 바뀌었으나 해태는 바뀌지 않았다. 해태는 삼성에 이기던 방식 그대로 빙그레를 압도하였다. 아이러니하게도 어제는 해태의 승리가 큰 기쁨을 안겨주었다면, 오늘은 실망과 좌절을 안겨 주었다.

1988년 해태 타이거즈에 2승 4패로 한국시리즈 우승을 넘겨준 빙그레 이글스는 1989년과 1991년에 다시 해태와 맞붙었으나 결론은 버밍엄이었다. 마치 빙그레 이글스가 예전의 삼성 라이온즈가 된 듯하였다. 쓸데없이(?) 삼성을 미워하고 해태를 응원한 업보인가? 정규시즌에는 펄펄 날다가도 한국시리즈에서 해태만 만나면 고양이 앞에 쥐, 아니 호랑이 앞에 독수리 신세가 되었다. 패배도 습관인가? 1992년에는 한국시리즈에서 롯데 자이언츠를 만나지만, 결과는 1승 4패로 패하여 준우승에 머물렀다.

세상은 돌고 돈다. 지구도 돌고, 달도 돌고, 태양도 돈다. 심지어 태양계도 돌고, 은하계도 돈다. 눈에 보이지 않는 원자핵 주변에는 전자가 돈다. 원자핵의 크기는 원자 크기의 십만분의 일 정도라도 한다. 원자 무게는 원자핵의 무게지만, 크기는 전자의 회전 궤도인 셈이다. 우주도 텅 빈 무한한 공간이고 원자도 사실 거의 아무것도 없는 공간인 셈이다. 역사도 돌고 돈다. 사실상 텅 빈 우주와 원자에 오묘한 물리학이 작용하듯이 인간 역사에는 묘한 운명이 작용한다.

1984년 한국시리즈에서 삼성이 롯데에 3승 4패로 패할 때 감독이 김영덕이었고, 승리한 롯데 감독이 강병철이었다. 1992년 한국시리즈에서 빙그레가 롯데에 1승 4패로 패할 때 감독이 김영덕이었고, 롯데 감독은 강병철이었다. 삼성이 해태에 패한 두 차례의 한국시리즈에서 감독은 모두 김영덕이었고 해태 감독은 김응용이었다. 빙그레가 해태에 패한 세 차례의 한국시리즈에서 감독은 김영덕이었고 해태 감독은 김응용이었다. 이건 우연한 운명이 아니라 아예 판박이다. 팀만 삼성에서 빙그레로 바뀌었을 뿐 패한 감독은 모두 김영덕이요, 이긴 감독은 강병철과 김응용이다.

응원하는 팀을 바꾼 한국시리즈 연속 패배는 나를 슬프고 아프게 하였다. 정규시즌에 더 많은 기쁨을 누리기는 하였으나 완벽한 보상이 될 수 없었다. 비록 한국시리즈에서 우승하지 못했지만, 그때가 이글스의 최전성기였다. 이후 1994년 한화 이글스로 구단명을 바꿨으나 다시는 그 시절이 돌아오지 않았다. 잘해야 중위권이요, 대부분 하위권에 머물 뿐 다시는 한국시리즈 출전 기회조차 없었다.

영원히 오지 않으리라 여겨지던 기회가 실력으로가 아니라 운명의 여신의 도움으로 찾아왔다. 1999년 프로야구는 변화를 모색했다. 단일리그로 운영하던 정규시즌을 매직리그와 드림리그로 분리 운영한 것이다. 미국과 일본에서 양대 리그를 운영하고 있었고, 8개 팀으로 둘로 나눌 수 있었기에 침체한 프로야구 흥행을 위한 고심의 카드였다. 동일리그끼리는 20경기, 다른 리그와는 18경기씩 치렀다. 드림리그에는 현대, 두산, 해태, 롯데가 편성되었고 매직리그에는 LG, 삼성, 쌍방울, 한화로 이루어졌다.

전년도 성적을 기준으로 리그를 나누었으나 막상 경기를 치르니 드림리그 성적이 월등하였고 매직리그는 전반적으로 저조하였다. 시즌 내내 드림리그 3위 현대가 매직리그 2위 한화를 앞설 정도였다. 이대로 끝난다면 현대와 한화가 플레이오프를 치러야 할 형편이었으나, 한화가 막판 10연승으로 간신히 플레이오프를 면한다. 그야말로 하늘의 도움이었다. 하늘의 도움은 계속된다. 운명의 여신은 변덕이 심하기로 유명하지만 때로는 초지일관을 유지한다.

공교롭게도 양 리그 모두 1위와 2위 팀이 동률인 상태에서, 서로 최종전 맞대결을 하게 되었다. 매직리그는 72승 57패 2무로 동률인 삼성 라이온즈와 한화 이글스가 10월 7일 최종전에서 만나, 삼성 라이온즈가 승리를 거두면서 삼성이 매직리그 1위, 한화가 매직리그 2위로 순위가 확정되었다. 드림리그는 75승 51패 5무로 동률인 두산 베어스와 롯데 자이언츠가 10월 8일 최종전에서 만나, 두산 베어스가 승리를 거두면서 두산이 드림리그 1위, 롯데가 드림리그 2위로 순위가 확정되었다.

이에 따라 드림리그 1위 두산 베어스와 매직리그 2위 한화 이글스, 매직리그 1위 삼성 라이온즈와 드림리그 2위 롯데 자이언츠가 포스트시즌에 진출해서 각각 7전 4선승제의 플레이오프를 치렀다. 한화는 전문가의 예상을 뒤엎고 우세한 전력의 두산을 4연승으로 가볍게 꺾고 한국시리즈에 올랐다. 롯데는 상대적으로 약한 삼성을 접전 끝에 4승 3패로 이겨서 간신히 한국시리즈에 진출했다. 4차전까지 3승 1패로 삼성이 앞서있으니 이후 세 경기를 모두 내주었다. 특히 7차전에서는 삼성이 8회까지 5대 3으로 앞서 승리가 결정적이었으나, 9회 초 임수혁의 극적인 동점 2점 홈런으로 승부는 원점이 되었다. 롯데는 연장 11회 초 1점을 득점하여 천신만고 끝에 한국시리즈에 진출한다.

이쯤이면 신의 의도를 짐작할 것이다. 승률 전체 4위 팀 한화가 전체 1위 팀 두산에 4연승을 거둔 것이나, 승률 전체 2위 팀 롯데가 전체 3위 팀 삼성에 악전고투하며 간신히 이긴 건 전문가의 예상이 완전히 빗나간 결과다. 아마 그 반대가 정상이었으리라. 어쨌든 신의 의도대로 한화는 체력을 충분히 비축한 상태로, 롯데는 쓰러지기 일보 직전의 체력이 완전히 고갈된 상태로 한국시리즈를 맞았다. 한화로서는 1992년 한국시리즈에서 롯데전 패배를 설욕할 기회를 잡은 셈이다.

승리의 여신은 한화 편이었다. 게다가 훌륭한 조연이 있었다. 1999년 한화의 두 외국인 타자 데이비스와 로마이어는 롯데의 펠릭스 호세와 함께 압도적인 기량을 뽐내었다. 마지막 불꽃을 태운 연습생 신화 장종훈과 함께 한화 클린업 트리오를 이뤄 다이너마이트 타선을 완성하였다. 투수는 최고 선발 투수 정민철과 송진우가 건재하였고, 마무리는 대성불패라는 신조어를 낳은 구대성이 지켰다.

한국시리즈는 신의 연출대로 조연의 활약이 폭발한 한화의 승리였다. 푹 쉰 한화 선수와 지친 롯데 선수와의 경기인 데다 승리 여신의 도움을 받는 한화였지만, 의외로 경기 내용은 박빙이었다. 최종 결과는 4승 1패 우승이었으나 다섯 차례 경기 중 한 점 차 승부가 네 경기에 달할 정도로 경기 내용이 치열하였다. 그러나 그것조차도 신의 연출이었다고 여겨진다.

원래 마무리 투수는 지거나 큰 점수 차로 이기는 경기에는 등판하지 않는다. 한두 점 차로 불안하게 앞서가는 8회나 9회에 승리를 결정짓기 위하여 나선다. 한화 이글스의 마무리 구대성은 박빙의 리드를 지키기 위해 한국시리즈 다섯 경기에 모두 출전한다. 출전한 경기에서 모두 승리하였다면 한국시리즈는 4차전에서 끝났으리라. 3차전 2대 2 동점 상황에서 구원 등판한 구대성은 연장 10회 초 결승점을 헌납하여 패전투수가 된다. 그래서 구대성의 한국시리즈 최종 성적은 1승 1패 3세이브로 당연히 MVP로 선정되었다.

해태를 응원할 때가 좋았다. 워낙 자주 이기고 우승하니까. 빙그레를 응원할 때도 좋았다. 한국시리즈에선 계속 패했으나 긴 정규시즌에는 기쁨을 선사할 때가 훨씬 많았으므로. 한화로 팀명이 바뀌고 나서는 1999년에만 좋았다. 승리의 여신 혹은 운명의 여신의 도움을 받은 게 확실해 보이지만 어쨌든 우승했으니까. 나 스스로 일군 영광은 아니지만, 진심으로 응원했으므로 충분한 기쁨을 만끽했다. 그걸로 끝이었다. 가뭄에 콩 나듯이 간혹 선전하는 해가 있었으나 준우승 혹은 3위가 마지노선이었고 대부분 꼴찌였다. 결론은 버밍엄이다. 프로야구에서 꼴찌는 한화 아니면 롯데다.

한화를 응원하지 않는 편이 훨씬 행복했으리라. 어쨌든 우승은 겨우 한 번뿐이고 훨씬 더 많은 실의와 좌절을 안겼으니까. 응원하는 팀을 바꾼다면 간단히 해결될 일이다. 그게 안 되니 인간이다. 인간에게는 정체성이 있다. 그가 태어나서 살아온 총합이 정체다. 바꿀 수 있는 게 있고 없는 게 있다. 부모나 고향이나 조국을 바꿀 수는 없다. 바꿀 수도 없지만 바꾼다면 다른 사람이 될 것이다.

한 번 사랑하기 시작한 한화를 버릴 수는 없었다. 그건 과거의 나를 부정하는 짓이다. 아무리 현재와 미래가 중요하더라도 과거의 나를 부정할 수 있는가? 나의 모든 사고와 판단과 행동이 잘못이라고 인정할 수 있는가? 나는 늘 최선을 다하였다. 결과가 잘못되었다고 그 과정까지 부정할 수는 없다.

한화는 2010년대 이후에는 거의 단골로 꼴찌였다. 2010년대 중반부터는 가치관이 바뀌어서 애국심이 최고의 가치에서 멀어졌고, 프로야구를 향한 관심도 시들해졌다. 국가대표 축구 경기에서 패해도 약간 우울한 정도지 슬프거나 아프지 않다. 나는 이제 한화 골수팬이 아니다. 그런데 희한하게도 승률이 가장 낮은 한화 팬은 오히려 늘었다. 승리를 갈망하는 팬이 아니라 시즌 초반에 반짝하더라도 언제나 꼴찌인 한화가 불쌍해서일까? 아니면 늘 강팀에 처참하게 짓밟히는 모습이 현대를 살아가는 서민의 모습과 겹쳐서 생기는 감정이입일까?

이유는 모른다. 2024년과 2025년에 입장권이 가장 많이 매진된 구단이 한화라고 한다. 류현진이 돌아와서인지도 모른다. 꼴찌를 응원하는 마음이건 류현진이 좋아서건 성적과 무관하게 한화를 좋아하는 사람이 많다는 건 내게 좋은 일이다. 어쩌다 우연히 만난다면 쉽게 공감할 수 있으니까.

  프로야구에서 멀어졌다고 한화까지 멀어질 수는 없다. 가난하다고 가족을 미워할 수 없고, 부여가 도시가 아닌 촌이라고 고향을 바꿀 수 없으며, 정치 경제 사회 문화적으로 나라가 흔들린다고 해도 조국을 미워하거나 떠날 수는 없지 않은가? 잘하든 못하든 프로야구 한화 이글스는 내 정체의 일부다.

21장

2000

에버랜드

에버랜드는 경기도 용인시 처인구 포곡읍에 있는 대한민국 최대 규모 테마파크다. 1976년 처음 개장할 때는 '용인 자연농원'이었다. 1996년 개장 20주년을 맞아 에버랜드로 이름을 바꿨다. 용인 자연농원은 시골 농장의 자연학습장이나 식물원을 연상하게 하는 이름이다. 식물원 동물원뿐만 아니라 엄청나게 많은 놀이기구와 각종 축제 장소인 대한민국 최대 테마파크와는 어울리지 않는 이름이었다. 외래어로 바꾸는 데 반대하는 사람이 일부 있었으나 세계 시장 진출을 위하여 '에버랜드'라고 이름을 바꾼 것은 적절한 선택이었다. 에버랜드는 시공간을 의미한다.

에버랜드는 어린이가 꿈꾸는 환상의 세계다. 아이가 좋아하는 거의 모든 놀이기구가 설치되어 있다. 물론 아이가 처음부터 에버랜드를 좋아할 리는 없다. 그런 게 있다는 사실을 모르기 때문이다. 부모는 아이의 행복한 모습을 보기를 원한다. 서너 살 혹은 대

여섯 살이 되면 에버랜드에 데려가기 마련이다. 당연히 아이는 처음 보는 신세계에 환호한다. 동물원이나 식물원보다는 놀이기구에 열광한다. 한번 가본 아이는 에버랜드를 잊지 못한다. 부모는 처음에 좋은 의도로 데려가지만, 또 가자는 아이의 성화에 들볶이게 마련이다.

에버랜드는 서민이 자주 이용하기에는 입장료가 너무 비싸다. 놀이기구를 타기 위해서는 별도의 비용을 내야 한다. 자유이용권이 있지만, 몇만 원씩이나 해서 부모와 아이가 함께 사용하기에는 부담이 크다. 작년에 큰맘 먹고 네 살 먹은 딸과 돌이 안 된 아들을 데리고 구경한 적이 있다. 아내와 나는 모두 고소공포증이 있어서 놀이기구를 타지 못한다. 자유이용권이 필요 없었기에 동물원과 식물원을 비롯한 시설 구경이 전부였다.

자식은 둘만 낳아 기르려고 마음먹은 상태였기에 에버랜드에서 화가를 지망하는 아르바이트 대학생을 만나서 가족 모두를 대상으로 캐리커처를 그린 바 있다. 가격은 한 사람당 오천 원으로 적지 않은 금액이었으나 기념 삼아 그림을 남겼다. 학생은 우리 가족 넷에 강아지 한 마리를 서비스로 그려 넣었다. 나중에 예기치 않은 셋째가 태어나서 왜 자기는 없느냐는 말에 아내는 강아지가 셋째라고 둘러댔다. 그 말을 사실로 믿었는지 아이는 심술을 부리지 않았다 우리가 셋째를 원하지 않았던 걸 아이가 본능적으로 깨달은 것인지도 모른다. 캐리커처에 없더라도 세상에 온 것은 다행 아닌가? 그런 생각으로 참고 넘어갔는지도 모른다. 물론 이것은 뒷날이야기다.

　당시 꼬맹이였던 아들은 유모차에 실려 갔다. 아마 에버랜드에 갔던 사실조차 알지 못하리라. 둘째인 아들이 태어났을 때 외모가 특이했다. 머리는 털벙거지를 쓴 것 같이 덥수룩했고, 눈은 작고 째졌으며 얼굴이 검었다. 그런데 백일이 지날 무렵 환골탈태했다. 벙거지 같은 머리는 다 뽑혀서 사라지고 새로운 머리카락이 자랐으며 얼굴은 뽀얗게 살이 오르고 째진 눈은 쌍꺼풀진 큰 눈으로 바뀌었다. 마치 갓 태어난 송아지 눈을 연상케 했다. 보잘것없는 외모에서 꽃미남으로 바뀐 것이다. 지나가는 사람이 모두 유심히 들여다보며 아들인지 딸인지 물을 정도였다. 어쩌면 그 아들 모습을 캐리커처로 남기고 싶었는지도 모른다.

　다른 아이들은 에버랜드를 다녀오면 또 가자고 조르는 게 당연하지만, 우리 아이들은 그렇지 않았다. 딸은 놀이기구 타는 것을 두려워하여 흥미가 없었고, 아들은 에버랜드에 갔던 기억조차 없었으니 당연하다. 없는 살림에 다시 에버랜드에 갈 일이 없었으나 뜻밖에도 기회가 생겼다. 여동생이 에버랜드 자유이용권 몇 장을 선물로 받았는데 자기 가족은 연간 이용권이 있으므로 필요 없다는 것이었다. 여동생 집은 수원이다. 남편과 아이 둘 다 놀이기구 타는 걸 좋아해서 연간 이용권을 구매한다. 돈 아까워서 못 가는 에버랜드인데 공짜라면 마다할 이유가 없지 않은가?

　공짜 자유이용권 덕분에 아직 쌀쌀한 2000년 봄 어느 날 에버랜드에 갔다. 비 예보는 없었으나 출발할 때부터 날씨가 우중충했다.

계룡에서 용인으로 가는 도중 날씨는 더 흐려졌다. 날씨가 좋지 않다고 지금 와서 돌아갈 수는 없다. 에버랜드는 언제라도 거의 만원 사례다. 사람이 많아서 들어가고 나오는 것도, 주차하기도 힘들다. 놀이기구를 타려면 몇십 분, 심지어는 몇 시간씩 기다리는 일이 허다하다. 그날은 달랐다. 아직 쌀쌀한 데다 금방이라도 비가 쏟아질 듯한 날씨여서 많이 사람이 외출을 포기한 듯하다. 주차장이 텅 비다시피 하였다.

날씨가 흐린 건 에버랜드의 아름다운 경치를 구경하기에 불리하였으나 오가는 데는 편하였다. 에버랜드가 이렇게 한산한 모습은 일 년에 한두 번 보기도 힘들다. 놀이기구를 좋아하는 사람이라면 천재일우의 기회이리라. 나나 아내가 놀이기구를 좋아하였다면 본전을 뽑고도 남았으리라.

아들은 두 번째지만 첫 번째는 전혀 기억이 없다. 들어서자마자 수많은 처음 보는 놀이기구에 눈을 휘둥그레 뜨고 환호성을 질렀다.

"야호! 놀이기구다! 아빠, 빨리빨리!"

전주 동물원에서 딸도 처음 꼬마 청룡열차를 보고 기뻐서 환호성을 질렀다. 청룡열차가 출발하자마자 공포에 질려서 내려달라고 울음을 터뜨려서 나를 난감하게 하였다. 딸은 아버지가 모든 걸 통제하는 신으로 알겠지만, 내가 할 수 있는 건 그리 많지 않다. 사실 나도 공포에 질려서 제정신이 아니었다. 그날 딸은 서럽게 오래오래 울었다. 웬만하면 다 들어주던 아빠가 그날따라 자기 말을 들어주지 않은 게 서러웠으리라. 엄마가 달래려고 아이스크림을 사주었는데도 먹는 중간중간 울먹였다. 어쩌면 그때 처음으로 아빠가 믿을 수 없는 인간으로 보였을지도 모른다.

　아들은 달랐다. 꼬마 청룡열차를 타는 내내 신이 나서 연방 소리를 질렀다. 세 돌이 안 되었을 때다. 유아는 보호자가 동반해야 한다. 아내는 한사코 못 탄다고 버텨서 어쩔 수 없이 내가 탔다. 아들 앞에서 쪽팔렸지만, 나는 즐겁지도 신나지도 않았다. 나는 공중 부양을 기본적으로 싫어한다. 아무리 높은 산이라도 땅에 붙어 있으면 불안하지 않은데 허공에 뜨는 건 생명에 위협을 느낀다. 빨리 끝나기만을 마음속으로 빌었다. 그건 부질없는 내 희망 사항이었다.

　"한 번 더! 한 번 더!"

　아들은 내리자마자 도로 탑승구로 달려갔다. 보통 때는 상상할 수도 없으나 입장객이 적어서 놀이기구는 무한 반복해서 탈 수 있었다. 대기하는 줄이 없었다. 처음 타보는 꼬마 청룡열차에 아들은 매료되었다. 세상에 이보다 더 재미있는 놀이가 있을 것인가? 아들은 '한 번 더'를 외쳤으나 한 번으로 족하지 않았다. 계속 '한 번 더'를 외쳤다. 얼마나 오래 반복하였는지 모른다. 아마 십여 차례는 족히 탔으리라. 신난 아들의 기분과 반비례해서 나는 죽을 맛이었다. 꼬마 청룡열차라고 얕봐서는 안 된다. 달리는 고도가 낮다뿐이지, 속도나 급회전은 성인 청룡열차나 다를 바 없다.

　꼬마 청룡열차만 탄 게 아니다. 이름 모를 놀이기구를 무수히 탔다. 물론 한 번으로 끝날 때는 없었다. 문제는 아들이 너무 어려서

키 제한으로 탈 수 없는 놀이기구가 많았고, 혼자서 탈 수 있는 게 없다는 것이다. 규정상 탈 수 없는데도 통곡하며 타겠다고 투정을 부렸다. 겁 없는 아들 덕분에 나는 녹초가 되었다. 종일 긴장과 공포에 떨어야 했다. 개중에 나은 것이 그나마 회전목마와 붐붐카였다. 회전목마와 붐붐카는 고공으로 올라가지 않는다. 고소공포증이 있는 나나 딸도 함께 즐길 수 있었다. 그마저도 아내는 마다하였다. 아내는 천성으로 운동이나 놀이기구를 싫어한다.

한 번은 아내도 공중자전거를 탔다. 그렇게 높지도 않았을뿐더러 동력으로 움직이는 게 아니고 스스로 페달을 굴러서 가기에 속도 조절이 가능하다. 공중자전거가 무섭지 않게 여겨져서 탔으나 착각이었다. 사오 미터 높이에서 움직이는 공중자전거는 직선 구간에서는 그런 대로 탈만 하다. 직각으로 꺾이는 지점에 가자 갑자기 공중에 뜬 상태가 되었다. 레일이 보이지 않자 자전거가 공중에 뜬 느낌이었다. 아찔하였다. 내가 그랬을진대 아내는 어떻겠는가? 무섭지 않은 놀이기구는 없다. 타지 않는 게 상책이다. 남자와 여자는 다르다. 생김새뿐만 아니라 기질이 확실히 다르다. 겁많은 부모 아래 태어난 아들은 용감하였다. 처음 보고 처음 타는 놀이기구에 놀라거나 겁먹지 않았다. 오히려 신이 나서 천방지축 날뛰었다. 날씨 탓으로 입장객마저 거의 없었다. 자유이용권 덕분에 가능한 모든 놀이기구를 탈 수 있었다. 아들은 키와 나이 제한으로 탈 수 없는 놀이기구를 제외하고는 모든 걸 섭렵했다. 그때까지 본 세상 중에서 가장 신기하고 신나는 날이었을 것이다. 아들에게는 환상적인 날이었으나 내게는 악몽 같은 시간이었다.

아들은 이후에도 여러 차례 에버랜드를 가자고 졸랐다. 아내는 못 이겨서 가려고 한 적이 있으나 나는 반대했다. 성인이 돼서 가는 건 좋다. 부모가 동반 탑승하는 놀이기구라면 사양한다. 아내는 본인이 타지 않아도 되므로 허락하는 게다. 나는 한 번도 허락하지 않았다. 아들은 한 번이라도 놀이기구를 타본 것으로 만족해야만 했다. 그 한 번의 추억이라도 간직한 게 얼마나 다행인가? 타고 싶다면 먼 훗날 손자, 자기 아들과 함께 타면 되리라.

막내딸

피임

　1990년대는 저출산 고령화에 대하여 사회적 관심이 고조될 때다. 가까운 일본이나 먼저 선진국이 된 유럽 여러 나라에서 보듯 일정한 소득 수준을 넘어서면 출산을 하지 않으려는 경향을 띤다. 이유는 두 가지다.

　첫째는 여성의 사회 참여 기회가 늘면서 육아가 사회활동을 제약하는 요소가 되었다. 일에 집중하기 힘든 아이 엄마를 회사에서는 싫어할 수밖에 없고, 주위 동료도 늘어나는 일로 마땅치 않게 여긴다. 눈치 보다가 휴직이나 퇴직하는 사례가 많은데 애 두셋을 낳다 보면 직장 복귀가 어렵다. 회사에서 원하지도 않을 뿐 아니라 스스로 업무 처리에 곤란을 느낀다. 긴 업무 공백으로 이른바 경력 단절이 오는 게다. 애를 하나만 낳거나 아예 낳지 않으려는 풍조가 성행한다. 애가 싫어서가 아니라 직장을 잃지 않으려는 이유에서다.

둘째는 육아 비용이 부담스럽다. 산업화 이전, 사람이 자기 먹을 것을 가지고 태어난다는 사고방식은 바뀌었다. 자식을 노동력으로 여기고 많이 낳을수록 좋다는 농사꾼의 사고도 사라졌다. 1960년 대 이전 시골에서는 자식 교육에 관심이 없었다. 열 살이 넘으면 어른 못지않은 일꾼으로 여겼다. 산업화가 이루어지면서 소득이 증가하였고 시민의식이 바뀌었다. 당시 근로자는 교육 혜택을 받지 못한 사람이 다수다. 저학력이라는 이유로 사회에서 차별과 불이익을 받은 사람이 많다. 자신이 느꼈던 서글픔이나 억울함을 자식에게까지 물려주고 싶은 사람은 없으리라. 많이 낳아서 성공하기를 기대하는 것보다 하나라도 제대로 키워야겠다는 생각으로 바뀌었다.

문제는 비용이다. 보릿고개에 굶주림을 걱정할 때는 사실 먹는 것 말고는 모두 부수적인 문제였다. 사람은 며칠 굶는 걸 견딜 수 없다. 당장 한 끼만 굶더라도 보이는 건 온통 음식투성이다. 배부르게 먹고 따뜻한 방에 누우면 행복하다. 소득이 증가하고 중고등학교 진학이 일반화하자 성적 차이가 나기 시작했다. 부잣집 아이는 돈 걱정 없이 공부만 할 뿐 아니라 학원까지 다닌다. 집안일을 도와야 하는 사람과는 처지가 다르다. 공부할 시간조차 차이가 난다. 타고난 재능이나 노력이 아니라 환경이 성적을 좌우하게 되었다.

아무리 가난한 처지라도 자식은 부모에게 희망이다. 미래 자식이 성공하리라는 희망이 고단한 현실을 견디게 하는 원동력이다. 매달 나오는 성적은 부모 마음을 참담하게 한다. 찢어지게 가난한 형편에 애 두셋을 낳아 기를 여가가 없다. 육아가 문제가 아니라 장차 중고등학교와 대학교 교육이 더 큰 문제다. 가랑이가 찢어지더라도 애 하나를 낳아서 모든 걸 쏟아붓는 수밖에 없다. 뱁새가 황새 따라가다 가랑이가 찢어진다는 속담이 있지만, 찢어질 때 찢어지더라도 처음부터 포기할 수는 없지 않은가? 이것이 한국의 부모 마음이다.

사실 가난한 사람은 애가 아니라도 걱정이 태산이다. 월세를 벗어나는 게 급선무다. 전세로 옮기기만 해도 기초생활비에 차이가 난다. 애보다는 집이 먼저다. 학력이 짧은 남편 혼자 벌어서 집값이나 전세비를 마련할 수 있는가? 꿈같은 이야기다. 악착같이 맞벌이를 해서 최대한 빨리 목돈을 마련해야 한다. 아내가 직장을 포기해서는 안 된다. 이래저래 가난한 사람은 애 여럿 둘 형편이 안 된다.

부유한 사람은 많은 아이를 둘 것인가? 부잣집 사모님은 우아하고 고상한 삶을 원한다. 돈 많아서 좋다는 게 무엇인가? 서민이 시장이나 식당에서 허드렛일을 할 때, 우아하게 차려입고 고상한 취미생활을 할 수 있어서가 아니던가? 아이를 키우는 일은 우아함과 거리가 멀다. 고상한 취미생활에도 적합하지 않다. 중고등학교 이후 돈 걱정 없이 학원이나 대학에 보낼 수 있어도 어려서 고된 육아는 피할 수 없다. 국가 시책대로 하나나 둘만 낳아서 잘 키우면 되는데 자기 인생 희생하면서까지 많은 자식을 둘 까닭이 있는가?

처한 상황은 다르지만, 결론은 같다. 애는 적을수록 좋은 게다.

예전에도 그렇게 생각했을 수는 있다. 애를 낳지 않으려고 해도 방법이 없었다. 남녀가 결혼하는 이유는 유전자의 지엄한 명령인 번식을 위해서지만, 사랑하는 사람과 기쁨을 나누기 위함이다. 남녀가 사랑하면 애는 반드시 나온다. 터울이 일 년이냐, 이 년이냐, 삼 년이냐 하는 차이가 있을 뿐이다. 해방 후까지 자녀 수가 십여 명인 게 보통이었다. 여자가 십 대에 시집가면 열두어 명, 이십 대나 삼십 대에 결혼하면 일고여덟 명을 낳을 뿐이다.

  과학기술의 발전은 산업혁명을 낳았지만 엄청난 인구 증가도 가져왔다. 여기에도 두 가지 이유가 있다. 첫째는 화석연료를 동력으로 이용하는 기계의 발달로 농업 생산량이 획기적으로 늘었다. 생명체는 자원의 한계까지 증가하는 속성이 있다. 식량 생산이 증가한 만큼 인구가 늘었다. 둘째, 의학의 발전으로 인류 수명이 길어졌다. 각종 전염병을 백신으로 잡자 유아 사망률이 확 떨어졌다. 성인병과 암과 심혈관질환 치료로 노인 수명이 급속도로 길어졌다. 어려서 일찍 안 죽고 늙어서 오래 사니 그 결과가 무엇이겠는가?

  1960년대 우리나라는 산업화는 이루어지지 않았는데 선진 의학기술이 도입되어 인구가 급격하게 증가하였다. 식량 증산 없는 인구 증가는 그대로 재앙이었다. 보릿고개는 빈곤의 문제지만 이면에는 의학 발달에 따른 인구 증가가 큰 역할을 하였다. 이래서는 아무리 경제 성장을 이루어도 굶주림을 벗어나는 데 요원하다.

  정부는 적극적인 가족계획을 펼쳤다. 가정마다 형제가 많아서 보통 다섯 명 이상의 자녀를 선호할 때다. 처음에는 세 자녀 낳기 운동을 하다가 둘로 줄었고, 급기야는 하나만 낳아 잘 기르자는 구호로 바뀌었다. 다음은 가족계획 구호 변천사다.

'알맞게 낳아서 훌륭하게 키우자.'

'덮어놓고 낳다 보면 거지꼴을 못 면한다.'

'3명의 자녀를 3년 터울로 35세 이전에 단산(斷産)하자.'

'남녀는 평등하며 여성은 출산 도구가 아니다.'

'아들딸 구별 말고 둘만 낳아 잘 기르자.'

'하나씩만 낳아도 삼천리는 초만원.'

'둘 낳기는 이제 옛말 일등국민 하나 낳기.'

'잘 키운 딸 하나 열 아들 안 부럽다.'

대한민국은 빠르다. 모든 게 빠르다. 경제 성장이나 민주화도 세계에서 유례를 찾아볼 수 없을 정도로 빨랐으나 출산율 감소나 고령화 속도도 최고였다. 우리나라처럼 빨리 경제가 성장하고 인구가 감소 추세로 바뀐 나라는 일찍이 없다. 유럽 선진국이나 일본을 유심히 살폈다면 오늘날 출산율 증가에 목을 매는 일은 없었을 것이다. 1980년대까지 하나만 낳자고 호들갑을 떨다가 1990년대 이후에는 싹 바뀐다. 모든 선진국이 저출산에 인구 감소를 고민하고 우리나라도 출산율이 두 명 이하로 떨어졌다. 당장은 수명 증가로 인구가 감소하지 않더라도 감소 추세로 바뀌는 건 시간 문제일 뿐이나. 가족계획 구호는 '낳지 말자'에서 '제발 좀 낳아라'로 바뀐다.

'아이가 희망입니다.'

'가가호호(家家戶戶) 아이 두셋, 하하 호호 희망 한국.'
'자녀에게 가장 좋은 선물은 동생입니다.'
'허전한 한 자녀, 흐뭇한 두 자녀, 든든한 세 자녀.'

부끄러운 일이다. 아무리 잘못된 정책이라도 백팔십도 바뀌는 건 정상이 아니다. 어제까지 적게 낳은 사람에게 주던 혜택을 오늘부터 많이 낳은 사람에게 주는 것으로 바뀌는 게 말이 되는가? 아이를 낳는 건 때가 있다. 낳고 싶다고 아무 때나 낳을 수 있는 게 아니다. 더 낳고 싶어도 복지혜택을 손해 보지 않으려고 덜 나은 사람이나, 국가 정책에 호응하여 적게 나은 사람이 갑자기 혜택을 받지 못한다면 누구에게 하소연할 것인가?

나는 처음부터 둘 이상을 낳고 싶었다. 주변에 셋 낳는 사람은 드물었다. 대부분 하나나 둘이었고, 셋째가 있는 사람을 짐승 보듯 하였다. 더 낳고 싶은 마음은 있었으나 키우는 데 드는 비용이 걱정되었고, 짧은 군인 정년도 문제였다. 은퇴 후 양육 문제로 직장을 연장하고 싶은 마음이 없었다. 딸 아들 둘을 낳았으니 기본 의무는 다한 셈이다. 아내의 마음도 같아서 피임하기로 하였다.

피임은 남자가 하는 게 간단하다. 당시만 해도 씨 없는 수박이 일찍 늙는다느니, 정력이 떨어진다느니 하는 등 아무 근거 없는 말이 떠돌았다. 과학적으로 증명되지 않은 낭설이라도 주변 남자가 그런 식이었으므로 께름칙하여 나는 피임하는 데 망설였다. 눈치 보던 아내가 피임하겠다고 나섰다. 우리는 애를 그만 낳을 작정이었다.

아내가 피임을 시작한 뒤 얼마 지나지 않아서다. 어느 날 아내가 잠자리에서 말했다.

"아무래도 몸이 이상해, 임신이 아닌가 하는 생각이 들어."

"무슨 소리야. 피임하는 우리가 임신한다면 세상에 임신 못 해서 걱정하는 사람 하나도 없겠네. 쓰잘데없는 소리 말고 고마 자소."

"아냐, 몸이 찌뿌둥한 게 아무래도 이상해. 내일 병원에 가봐야겠어."

"그러든가…… 어쨌든 임신이 아니라도 몸에 이상이 있다면 원인은 알아봐야지."

아내는 다음날 바로 병원에 가서 확인했다. 놀라운 일이었다. 임신이었다. 결혼 후 사오 년 혹은 십 년이 지나도 아이가 없어서 걱정하는 사람이 한둘이 아니다. 우리는 결혼하자마자 첫째와 둘째를 가졌다. 그런데 피임 중인데도 임신한 것이다. 그렇다면 도대체 피임은 왜 한단 말인가?

생명은 오묘하다. 경이롭기까지 하다. 나중에 의사에게 확인한 바에 따르면 완전한 피임은 없다. 확률을 낮출 뿐이다. 남자 몸에서 방출된 정자는 죽을 때까지 전진한다. 자궁에 착상하거나 죽을 때까지 나아간다. 여자나 남자가 피임해서 정상적인 정자의 이동 통로가 막히면 혈관을 뚫어서라도 돌파한다. 그래서 여자가 피임하면 임신할 확률이 천분의 일이고, 남자가 하면 만분의 일이라고 한다. 놀랍지 않은가? 눈에 보이지도 않는 작은 정자도 일반 동물과 다를 바 없다. 위험하면 달아나고 장애물이 나타나면 뛰어넘는다.

"어떻게 하지?"

아내는 자못 심각한 표정으로 물었다. 이를테면 진퇴양난이다. 낳아서 기르자니 고생하는 앞날이 훤하게 그려지고 임신중절 수술하자니 마음이 께름칙하다. 아무리 임신 초기라고 해도 생명이다. 더구나 내 피를 물려받은 자식이 아닌가?

"어떡하긴 뭘 어떡해? 이왕 이렇게 된 거 그냥 낳읍시다. 우리가 피임해도 찾아왔으니 그 애가 얼마나 태어나고 싶어서 그랬겠소. 그 어려운 확률을 뚫고 우리에게 왔는데 거부하는 건 너무 잔인해."

"그렇지? 나도 양심에 찔려서……."

"그럼, 옛말에 자기 먹을 건 가지고 태어난다고 하지 않았소? 우리가 무슨 짓을 하더라도 애 하나 더 건사하지 못하겠소? 아마 키우고 나면 복덩이가 될끼구마는…… 이미 그 애는 우리에게 뜻하지 않은 선물을 준 거요. 선물을 마다하는 건 예의가 아니지."

그렇게 우리는 하늘이 준 선물을 기꺼이 맞았다. 비록 셋째를 가질 의도는 없었으나, 우리는 스스로 찾아온 선물을 받지 않겠다는 생각은 추호도 하지 않았다. 아내는 몸이 이상해도 감기약은 먹지 않았다. 혹시나 해서 말이다. 임신 중에 약을 잘못 먹으면 아이에게 해롭다.

첫째는 딸이고 둘째는 아들이다. 아들을 낳고 딸을 낳으면 100점이요, 딸 다음에 아들이라면 200점 아빠란다. 나는 이미 200점 아빠다. 셋째는 무얼까, 딸일까 아들일까? 셋째를 낳고 나서는 몇 점짜리 아빠가 될 것인가?

천년둥이

1999년은 아이 갖기 열풍이 불던 해다. 사람은 의미 부여하는 것을 좋아한다. 왜 그렇지 않겠는가? 사람은 누구나 자신을 특별한 존재로 여기고 타의 추종을 불허하는 위대한 사람으로 기억되기를 바란다. 모든 사람이 바라는 일을 이루기는 쉽지 않다. 너무 경쟁이 치열하기 때문이다. 그래서 사소한 데 의미를 둔다. 그렇게라도 하지 않는다면 70억 인류 중 한 사람이라는 보잘것없는 존재로 전락하리라. 자식은 특별할수록 좋다. 그래서 기억에 남는 태몽을 원하고 독특한 이름을 짓기도 한다.

다음 해가 2000년이다. 세기를 바뀌는 걸 보기는 쉽지 않다. 인간은 100살을 넘기기가 어렵기 때문이다. 천 년이 바뀌는 걸 본다는 건 특별한 일이다. 현재 살아가는 사람은 20세기와 21세기를 살아가는 사람일 뿐만 아니라 1000년대와 2000년대를 살아가는 사람이기도 하다. 2000년에 태어나는 아이는 새 천 년을 맞이하는 천년둥이다. 매년 출생아가 감소 추세고, 정부에서는 출산율 높이기에 고심하던 때다. 1999년에는 달랐다. 태어나는 아이에게 특별한 의미를 선사하고 싶은 신혼이나 예비부부의 애 갖기 열풍이 일었다.

결혼하면 따르는 게 아이지만 마음먹은 대로 되는 건 아니다. 낳고 싶다고 애가 생기는 게 아니고, 낳기 싫다고 애가 생기지 않는 것도 아니다. 생명의 탄생은 아주 낮은 확률로 우연히 발생한다. 인간이 원한다고 되는 게 아니다. 의학이 발달하고 지식이 는 현대인은 신의 역할을 자처한다. 아기 낳는 시기를 조절하려고 한다. 시건방진 생각이다. 신혼을 오래 즐기며 늦게 아이를 가지려다가 아이를 낳지 못하는 사람이 비일비재하다. 아이 낳는 시기와 수를 조절하려는 건 신의 영역을 침범하는 오만한 행위다.

아기는 삼신할머니가 점지한다는 말이 있다. 단 한 번의 시도로 애가 생기기도 하지만 정화수 떠 놓고 삼 년을 기도하면서 온갖 노력을 해도 영영 소식이 없는 경우가 허다하다. 그러니 태어나는 아이의 수나 시기를 조절한다는 건 허황된 짓이다. 사람이 할 수 있는 일은 그저 피임 여부를 결정하는 것뿐이다. 그것도 최근에 와서야 가능해졌다. 결혼을 앞둔 선남선녀는 자신의 능력을 지나치게 확대해석하지 마시라. 아이 낳는 시기를 조절하려고 하지 말고 주면 주는 대로 감사히 받으시라. 새 생명의 창조는 사람의 능력 범위가 아니다.

천년둥이를 두기 위하여 신혼부부가 애 갖기 열풍이 인다는 사실을 뉴스에서 보았다. 그건 남의 일이었다. 우리는 이미 딸과 아들이 있다. 둘만 잘 키우더라도 적지 아니 보람이 있으리라. 적어도 남보다는 뒤지지 않는다. 원한 건 아니었으나 운명의 여신은 우리에게 뜻밖의 선물을 주었다. 천년둥이를 선사한 것이다. 천년둥이는 나이 계산이 쉽다. 해를 가리키는 네 자리에서 앞의 두 자리를 떼면 만 나이다. 늙어서 치매가 걸려도 나이를 잊는 일은 없으리라.

셋째의 출산 예정일은 2000년 4월 22일이었다. 아내는 큰 고생하지 않고 첫째와 둘째를 낳았다. 애 낳는 일이 그 무엇보다도 고통스럽다고 들었으나 아내를 봐서는 그렇지도 않은 듯하다. 아내의 몸과 마음이 건강해서일 것이다. 결혼 전 아내의 조건에 대하여 심사숙고한 내 생각은 옳았다. 아내의 조건은 외모에 앞서 건강한 몸과 건전한 정신이 먼저다. 예정일이 되었으나 소식이 없었다. 2000년 4월 22일은 토요일이었다. 화창한 봄날에 집에 있는 게 좀이 쑤셨는지 아내가 말했다.

"아이들과 바람이나 쐬러 나갈까요?"

"출산 예정일인데?"

"예정일이라고 다 낳는 게 아니에요. 아이가 나오려고 해야 낳는 거지…… 내가 노력한다고 되는 일도 아니고…… 아이들 감기 기운이 있으니 병원에 들렀다가 산책이나 하지요."

오늘은 내가 주인공이 아니다. 큰일을 치르는 사람은 아내다. 어쨌든 아내 기분을 잡쳐서는 안 된다. 사실 오늘뿐만 아니라 가정의 주인공은 늘 아내다. 부모 형제나 자식과 내 생활의 중심에는 늘 아내가 자리한다. 모든 일에는 중앙에서 교통정리가 필요하다. 나는 그저 아내의 수신호에 따라 서거나 가야 하는 운전기사 처지다. 시장을 보는 데 보조하거나 아이들 병원이나 유원지로 나들이 갈 때 기사 역할을 제대로 해야 한다. 아내 말대로 분만 상태도 볼 겸 산부인과 병원에 들렀다.

"어머, 분만이 벌써 사십 퍼센트나 진행됐네요. 지금 당장 입원해야겠어요."

산부인과 간호사가 아내의 몸 상태를 살피더니 대뜸 하는 말이었다.

"아니, 그래요? 나는 아무런 징후를 못 느꼈는데요. 그러면 당장 입원은 안 되고요. 집안 정리하고 다시 올게요."

"진통이 오지 않고 뭉쳤다 풀렸다 하는 건 분만 신호예요. 1분 간격으로 신호가 오면 바로 와야 해요."

당장 입원해야 한다는 간호사의 말에 아내는 나와 아이들 저녁 식사 준비라도 마치고 오겠다며 부득부득 우겨서 집으로 돌아왔다. 아내가 입원해서 아이를 낳는다고 해도 우리가 굶어 죽을 리 없다. 내가 차려 먹어도 되고 근처 식당에서 사 먹어도 된다. 가정주부는 걱정이 끊이지 않는 사람이다. 집 안 청소하고 빨래하고 세 끼니를 준비하는 것으로 부족해서 온갖 가족 걱정을 한다. 하긴 그런 사람이 있으니 가정이 평화로우리라. 세상에 공짜는 없다. 그냥 이루어지는 일은 없다. 누군가의 희생이나 헌신 위에 유지되는 게 평화와 안녕이다.

아내는 얼마나 입원해야 할지 모르므로 집 안 청소를 말끔하게 하고 나서 저녁상까지 차려놓았다. 바쁘게 움직이던 아내가 어느 정도 할 일을 마치자 말하였다.

"하연이 아빠, 얼른 갑시다. 뭉쳤다 풀렸다 하는 게 이제 나오려는 모양이에요. 1분 간격으로 신호가 오면 바로 오라고 했어요."

아내의 말에 부리나케 모든 가족을 차에 태우고 병원으로 향하였다. 아내가 애 낳는 동안 내가 할 일은 없다. 요즘은 남편도 함께하지만, 당시에는 여자만 분만실에 들어갔다. 분만실에 들어가면서 아내가 말했다.

"아이들하고 집에 가서 쉬다가 저녁 식사하고 오세요."

딱히 병원에서 할 일도 없는지라 아내 말에 따르기로 하였다. 산부인과 병원은 3층이었다. 1층 현관을 나서려고 할 때였다. 갑자기 간호사가 고함쳤다.

"나왔어요! 애 낳았어요! 공주님이에요, 공주님!"

병원 현관도 나서기 전에 황급히 뛰어온 간호사가 한 말이다. 어안이 벙벙했다. 아무리 성미가 급해도 그렇지 분만실에 들어가서 몇 초 만에 나오다니…… 막내딸은 세상이 무진 보고 싶었나 보다. 허겁지겁 3층에 올라오니 간호사가 보에 쌓인 아기를 내밀었다.

"축합니다. 예쁜 공주님이에요."

나는 얼른 받아서 자세히 살펴보았다. 간호사의 말은 농담이나 인사치레가 아니었다. 정말 예뻤다. 첫딸도 예뻤지만 그건 내 자식으로서였지 미적 관점은 아니었다. 셋째는 얼굴이 주먹만 하고 이목구비가 크고 오밀조밀한 데다 피부까지 말끔하였다. 신생아는 피부가 검고 충분히 성장하지 못해서 주름진 게 보통이다. 셋째 아이는 아니었다. 피부가 100일 된 아이처럼 깨끗하였다.

현대 미인의 조건은 뚜렷한 이목구비와 작은 얼굴이다. 아마 앞에서 본 얼굴은 자고 옆에서 본 얼굴이 큰 백인의 영향이리라. 동양인 얼굴은 대체로 널찍하고 납작하다. 갸름하기보다는 둥근 편이다. 내 막내딸은 아니었다. 갸름한 달걀 모양이었다. 요즘은 성형

수술이 유행이다. 웬만한 얼굴은 다 뜯어고쳐 미인으로 만든다. 돈만 많다면 미녀가 되는 일은 어렵지 않다. 서민에게는 그림의 떡이다. 먹고살기 바쁜 판에 허튼(?) 데 돈 쓸 여유가 없다.

뜻밖에 받은 선물은 횡재였다. 재능은 어떤지 알 수 없으나 적어도 완벽한 외모를 타고났다. 자식 성형수술은 꿈에도 생각하지 않았으나 심각한 결함을 가지고 타고나면 어쩔 수 없다. 아무리 돈이 많이 들더라도 자식이 평생 움츠리고 살게 할 수야 없지 않은가? 그런 걱정이 사라졌다. 타고난 재능과 미모는 신의 선물이다. 보통 사람이 바라는 꿈이다. 살아가는 데 몇십 배 유리하리라. 셋째는 우리에게 크나큰 선물이었다. 딸, 아들, 딸이니 나는 300점짜리 아빠다. 딸, 아들, 아들이었다면 200점에서 멈췄을 것이다. 아들은 딸보다 키우는 데 힘들다.

위기일발

태어나면서부터 제대로 사람 꼴을 갖춘 셋째가 신기해서 한참을 들여다보다가 두 아이를 데리고 집으로 돌아왔다. 아내가 차려놓은 저녁을 먹기 위해서다. 서둘러 저녁을 먹고 다시 병원으로 갔다. 몸조리 겸 하루를 입원해야 한다고 해서다. 아내 병실에서 아내는 침대에서 링거를 맞고 우리 셋은 보에 싸인 셋째를 바닥에 뉘어놓고 꼼지락거리는 두 손을 지켜보고 있었다. 눈도 뜨지 못한 아이가 두 손을 움직이는 모습이 신기한지 언니와 오빠도 눈을 떼지 못했다.

"이게 뭐예요?"

아내의 목소리가 들렸다. 간호사가 링거에 무슨 주사를 놓으려고 하자 아내가 물었다.

"산모의 빠른 회복을 위한 거예요. 자궁수축 촉진제예요."

간호사가 주사를 놓으며 말했다. 그때였다. 갑자기 간호사가 소리를 지르기 시작했다.

"언니! 안돼요! 정신 차리세요! 언니! 언니……"

큰일이 난 것이다. 깜짝 놀라서 아내를 보니 눈은 죽은 동태눈깔처럼 동공이 흐려진 상태였고, 얼굴은 푸르뎅뎅해지면서 실핏줄이 보였다. 아내는 무언가 말을 하는 듯하였으나 소리가 나지 않았다. 한눈에도 죽어가는 모습이었다. 나도 모르게 간호사와 함께 소리 지르면서 아내를 잡고 흔들었다.

"여보! 안돼! 가면 안 돼! 하연이 엄마! 여보! 안돼……"

"언니, 정신 차리세요! 제발 돌아와요!"

간호사와 나는 제정신이 아니었다. 얼마나 오래 아내를 흔들면서 외쳤는지 모른다. 몇 시간이 흐른 듯하였으나 실제로는 몇 분이 지났을 것이다. 어느 순간 푸르뎅뎅하던 아내의 얼굴에 화색이 돌았다. 가냘픈 숨소리가 들리는 듯하더니 속눈썹이 움직였다. 돌아온 것이다. 돌아올 수 없는 강을 건너기 직전에 아내는 살아 돌아왔다.

나중에 아내의 말을 들어보니, 어느 순간 목이 무거워지면서 의식이 몽롱해졌다고 한다. '누가 목을 받쳐 주었으면 좋겠는데, 아 목이 무거워…… 목을, 목을……' 말을 하는데 소리가 나오지 않았다. 의식이 멀어지는데 누군가 부르는 소리가 들렸다. 아득히 먼 데서 말이다.

"여보! 안돼! 가면 안 돼! 하연이 엄마 가면 안 돼! 여보……"
"언니! 정신 차리세요! 언니! 언니……"

대답하고 싶었으나 소리는 나지 않고 차츰 멀어져갔다. 한참을 가다 보니 커다란 빛이 보이면서 세상이 하얗게 바뀌었다. 빛의 터널을 통과하려는 순간 의식이 돌아왔다. 아내는 죽다가 살아났다. 임사체험을 한 것이다.

명백한 의료과실이었다. 자궁수축 촉진제를 놓는다는 것이 다른 약을 투약한 게 틀림없다. 우리는 경황이 없었다. 우선은 아내 의식이 돌아온 데 안도하였고, 병원에서 어떤 잘못을 했는지 알 수가 없었다. 세상 경험도 짧았고 의학 지식도 없었다. 몇 년 전 장인이 돌아가신 데도 의혹이 많았다. 혼자 걸어서 입원하신 분이 갑자기 위독해진 데는 필시 어떤 이유가 있을 테다. 아무도 의혹을 제기하지 않았고 어떤 절차를 밟아야 하는지도 몰랐다. 나중에야 의료과실을 의심했을 뿐이다.

사람은 알아야 한다. 우주의 섭리나 자연법칙을 모두 알 수는 없더라도 최소한 생활에 밀접한 지식은 알아야 한다. 억울한 일을 안 당하려면 법을 알아야 하고, 위기에서 생명을 지키려면 의학 상식을 알아야 한다. 자신이 모른다면 주변에 도움을 청해야 한다.

집안에 의사나 판검사가 있어야 한다는 말은 괜한 소리가 아니다. 보통 사람은 알 수 없는 사실을 몇 마디 말로 진상을 파악하고 대처할 방식을 찾는다. 그러니 가진 자가 끼리끼리 뭉치는 것이다. 부유한 사람은 사위나 며느리로 판검사나 의사를 맞는다. 재산을 나누어 쓰는 대신 법이나 의학 지식을 도움받는 것이다. 누이 좋고 매부 좋은 일이지만, 보통사람에게는 해당하지 않는다. 부익부 빈익빈은 자본주의 사회의 구조적인 현상이다.

당시 공군본부 법무실이나 군의관에게 문의하였다면 진상을 규명하고 적절한 보상을 받을 수도 있었으리라. 거기까지 생각이 미치지 못했다. 그저 되살아난 아내에 감지덕지했을 뿐이다. 시간이 한참 흐르고 나서야 아내가 의혹을 제기하였으나 이미 물 건너간 뒤였다. 기억 외에는 아무런 증거가 없는데 무엇으로 단죄하겠는가? 무지는 때로 용서할 수 없는 죄다.

아내는 죽다가 살아났다. 사실은 내가 죽다가 살아난 것이나 다름이 없다. 의식이 사라진 아내를 본능적으로 흔들면서 소리쳤으나, 나중에 아내가 의식이 돌아오자 등에 식은땀이 흘렀다. 부모형제 중 형편이 넉넉한 사람은 없다. 보통 정도로 사는 사람조차 없다. 모두 근근이 자기 앞가림하기에 바쁘다. 아내가 죽는다면 우리 가정은 어떻게 될까? 내가 직업을 관두고 애를 키운다면 돈은 누가 번단 말인가? 나 없는 집에서 여섯 살, 네 살, 한 살짜리 꼬맹이 셋이서 어떻게 지낸단 말인가?

아무리 생각해도 답이 없다. 미숙한 의사와 간호사를 만난 것은 불운하였으나 아내가 죽지 않고 살아난 건 천운이었다. 초등학교 때 친구 실수로 내 팔이 부러진 적이 있다. 학교에서 가까운 부여군 임천면 보건소에서 치료하였다. 부러진 부위가 제대로 접합되지 않아서 지금도 힘을 제대로 못 쓴다. 나중에 알고 보니 의사가 무면허였다. 몇 년 뒤 처벌받았고 당연히 의사 일을 그만두었다. 셋째를 낳은 산부인과 병원도 얼마 후 폐업하였다. 무언가 또 사고를 쳤으리라. 그런 와중에 아내가 살아난 건 우리 가족에게 천우신조였다.

아내의 얼굴은 한 달여 동안 실핏줄이 터진 상태여서 울긋불긋하였다. 아내에게 미안했다. 셋째에게는 미안한 말이지만 내가 피임을 했더라면 아마 이런 일은 없었으리라. 수영도 못하는 아내가 죽음의 강을 건너려고 시도하지 않았으리라. 아이는 좋다. 키울 능력만 있다면 많을수록 좋으리라. 아내가 있을 때 얘기다. 부부가 함께할 수 없다면 아이는 재앙이다. 부모가 없는 아이에게도 재앙이리라.

가능성의 싹조차 없애야 한다. 월요일이 되자마자 나는 일과 중에 외출증을 끊어서 비뇨기과에 갔다. 정관수술을 하기 위해서다. 물론 나중에 안 일이지만 정관수술을 해도 임신할 확률은 있다. 그렇지만 여자가 피임할 때와는 비교할 수 없을 정도로 낮다. 자라 보고 놀란 가슴 솥뚜껑 보고 놀란다던가! 씨 없는 수박이 건강에 해롭든 정력이 떨어지든 알 바 아니었다. 다시는 비슷한 일이 반복되지 않아야 한다. 나는 일말의 망설임 없이 그 싹을 잘랐다.

가족수당

셋째가 오는 과정은 쉽지 않았다. 의료과실은 우리 탓이 아니었으나 어쨌든 아내는 불귀의 객이 될 뻔했다. 상상하기도 싫은 끔찍한 일이었으나 그랬다면 셋째는 선물이 아니라 재앙으로 바뀌었으리라. 다행히 운명의 여신은 우리 가족을 저버리지 않았다. 거의 매년 전속하다시피 해야 하는 내가 애 셋을 제대로 건사할 방법은 없었으리라. 엄마 역할까지 하느라고 녹초가 되었을 것이고, 아이는 험한 세상에 방치되었을 것이다. 아내의 무사 귀환은 나나 아이들에게 커다란 행운이었다.

애를 낳으면 관청에 신고해야 한다. 주민등록 해야 합법적인 사람으로 인정받는다. 4월에 낳았으니 5월에는 처리가 되지 않더라도 6월에는 가족수당이 늘어날 줄 알았다. 군인이나 공무원에게는 가족수당이라는 게 있다. 기본급이 낮기에 여러 명목으로 수당을 지급한다. 수당은 기본급에 포함되지 않으므로 봉급 인상 대상이 아니다. 봉급 인상으로 예산이 기하급수적으로 느는 걸 방지하기 위한 시스템이 각종 수당이다.

2000년 당시 가족수당은 배우자가 2만 원, 부양가족이 1만5천 원이었다. 나는 아내와 두 아이가 있었으므로 매달 5만 원을 받았다. 아이가 하나 늘었으므로 가족수당은 6만5천 원이 될 테다. 봉급명세서를 보니 가족수당이 그대로다. 나는 행정착오로 생각하고 즉각 회계 관리부서에 전화했다.

"4월에 셋째를 낳아서 가족이 늘었는데 가족수당이 그대로네요.

무언가 착오가 있는 건가요?"

"셋째요? 셋째는 가족수당이 없는데요."

기가 찰 노릇이었다. 1980년대 후반부터 저출산 고령화에 대한 문제가 여러 연구소에서 제기되었다. 방송이나 신문에서 주로 다루는 단골 소재였다. 정부에서도 발 빠른 대응을 해서 1990년대 가족계획은 산아제한이 아니라 더 낳기 운동으로 바뀌었다. 하나 낳기 운동을 할 때 셋째 가족수당을 지급하지 않은 건 이해할 수 있다. 1990년대 후반에는 애를 더 낳게 하려는 묘안을 짜내는 중이었으나 백약이 무효였다. 한 번 낮아지기 시작한 가임 여성당 평생 출산율은 일본의 1.3명을 넘어서 1명 이하로 떨어진 상태였다. 그런 판국에 셋째 가족수당이 없다는 것이었다. 나는 화가 꼭뒤까지 치밀었다.

"아니 그게 말이 됩니까? 세계에서 가장 낮은 출산율로 골머리를 앓고, 신문과 방송에서 저출산 고령화로 법석이며, 세계에서 가장 먼저 사라질 나라라고 걱정하는 판에 셋째는 가족수당이 없다니요?"

"저한테 화낼 일이 아니고요. 법이 그렇습니다. 출산율 낮은 건 낮은 거고, 법은 법 아닙니까? 아직 법과 규정이 바뀌지 않았는데 어쩝니까?"

"그렇다면 규정이나 법 개정을 건의해야지요. 공군본부 담당자가 그 정도는 해야 하는 것 아닙니까? 본부에서 하는 일이 뭔데요? 제도절차 개정 아닙니까?"

"건의는 했고요. 기획재정부나 행정자치부 훈령과 규정이 먼저 바뀌어야 하고요, 국방부 훈령이 먼저 개정돼야 하는데 그게 안 되었어요. 저도 안타깝습니다. 공군규정 개정으로 해결이 되지 않아요. 상위 규정이 바뀌지 않은 상태에서 바꿀 수도 없지만요."

흔히 공무원은 철밥통이라는 말을 많이 한다. 철로 만들어서 튼튼하고 깨지지 않는 밥통이라는 뜻으로, 해고의 위험이 적어서 고용이 안정된 직업을 비유적으로 이르는 말로 공무원이 해당한다. 어떤 과정으로든 일단 공무원이 되면 본인이 원하지 않는 한, 범죄 행위가 발각되지 않는 한 웬만해서는 직장을 잃지 않는다. 진급을 위해서 애쓰지 않는 사람이라면 열심히 일할 동기가 사라지는 셈이다. 내부 경쟁이 없는 조직은 쉽게 썩기 마련이다.

군인도 공무원이다. 군인 중에도 정년까지 버티겠다는 철밥통이 없는 것은 아니지만, 젊은 장교는 그런 꼴을 보지 못한다. 어쨌든 국민의 세금을 날로 먹는 건 개인 양심을 떠나 범죄 행위다. 맡은 바 임무를 완수해야 한다. 직업에 소명의식이 있는 공무원이라면 국회에서 법을 새로 만들기 전에 먼저 문제를 제기하는 게 맞다. 법이 개정되었는데도 내부 훈령이나 규정을 고치지 않아 국민에게 손실이 간다면 직무유기다.

나는 분노하였다. 월급을 백만 원 가까이 받을 때였으므로 1만5천 원이 아까워서는 아니다. 겉으로는 승승장구하는 대한민국이었으나, 내부에서는 아직 부정부패와 부조리가 사라지지 않았나. 국민의 시민의식은 개발도상국과 다를 바 없으며 공무원 조직은 활기가 없다. 이래서는 아무리 경제 성장을 하더라도 허울 좋은 모래성에 불과하다. 하드웨어가 커지고 튼튼해지려면 소프트웨어가 따라야 한다. 인간사회 소프트웨어는 법과 규정이다. 그걸 운영하는 사람이 공무원이다. 공무원이 제 역할을 하지 않는다면 나라의 미래가 없다. 국가 지도자를 꿈꾸는 사람으로서 대한민국의 현실이 안타까웠다. 무엇을 어디서부터 손대야 할지 모르는 암담한 상황이다.

대한민국이 너무 빨리 성장하였기 때문에 곳곳에 부조리가 존재한다는 사실은 알았다. 그건 핑계일 뿐이다. 모든 이가 각자 맡은 일을 성실하게 수행한다면 부조리가 사라질 것이다. 누군가 임무를 소홀히 하고 복지부동하는 자가 있기에 생기는 문제다. 국회의원이 가장 욕먹는 집단이지만, 알고 보면 당시 공무원도 마찬가지다. 지자체 활성화로 민원에 적극적으로 대응하는 현재와는 전혀 달랐다.

나는 1995년에 첫딸을 낳았다. 그때도 가족계획은 애를 더 낳자고 할 때였다. 계룡대에 금오공대 5년 선배 장교 중에 자녀가 셋인 사람이 있었다. 그 선배는 위로 딸만 둘이었는데 아들 하나 가질 욕심으로 셋째를 두었다. 불행하게도(?) 셋째도 딸이었다. 원하든 원치 않았든, 딸이든 아들이든 이미 생긴 바에야 열심히 키울 수밖에 없다. 같은 월급으로 더 많은 자녀를 키우는 게 만만치는 않지만 말이다. 애 셋을 키우는 것이 하나 키울 때보다 세 배 비용이 드는 건 아니지만, 알게 모르게 더 들어갈 수밖에 없다. 아무래도 살림이 쪼들리게 마련이다.

그 선배 형수가 셋째 병원에 갈 때마다 내 아내를 찾았다. 하필 셋째가 몸이 약해 자주 병원에 가는데 의료보험 혜택을 받을 수 없다는 것이었다. 당시에는 전산화가 되지 않아서 가족 의료 보험증에 이름과 생년월일이 기재되어 있었다. 다른 사람 의료 보험증을 이용하는 건 불법이다. 그렇더라도 친한 선배의 가족이다. 게다가 불합리한 제도가 원인이며, 선배의 어려운 형편을 모른 척할 수 없었기에 아내는 말없이 의료 보험증을 빌려주었다. 그 얘기를 듣고 불법을 탓하기보다는 출산율을 높이자고 부르짖으면서도 국민 생활에 직결되는 법 제도를 그대로 두는 정부와 공무원에 분노했다.

그건 벌써 5년 전 일이다. 까마득히 잊었고 아직도 그런 일이 벌어지고 있으리라고는 상상도 하지 않았다. 사회 이곳저곳에서 불협화음이 끊이지 않지만, 기본적으로 대한민국 사회가 바른 방향으로 발전하고 있다고 믿었다. 기대 이하다. 아무리 세상 물정에 어두운 정치인이나 공무원이라도 신문이나 책을 조금만 읽는다면 미래가 보인다. 더구나 우리에게는 앞서가는 일본이라는 좋은 타산지석 혹은 반면교사가 있다. 좋은 일은 따라 하고 좋지 않은 일은 예방하면 된다. 늦게 만들어진 기업이 앞서가는 기업을 모방하는 건 잘못이 아니라 훌륭한 벤치마킹이다. 그 쉬운 길을 마다하고 세계 최저 출산율이라는 늪에 빠지고서도 제정신을 못 차린 게다.

지금은 웬만한 일에 감정의 등락 폭이 크지 않다. 나와 식섭 관련된 일에도 희로애락이 크게 느껴지지 않는다. 크게 기대하지 않는 탓이다. 국회의원이나 정부나 언론을 그다지 신뢰하지 않는다. 그러니 엄청난 잘못에도 화가 나지 않고, 국가대표 축구팀이 요르단에 져서 아시안컵 4강에 들지 못해도 크게 열 받지 않는다. 경제성장률이 높아지고, 살림살이가 다소 나아지거나, 현대기아차가 세계 3대 회사로 성장했다는 소식에도 환호하지 않는다. 욕심을 버려서 마음이 평온해진 만큼 실망이나 기쁨도 적다.

그때는 아니었다. 비록 비현실적인 망상이었으나 나는 스스로 꿈을 이룰 자신이 있었다. 장군이나 대통령이 가능하다고 생각하였고, 그보다 어려운 세계 일등 국가 건설도 자신 있었다. 그건 하루아침에 이루어지는 게 아니다. 아무리 유능한 지도자라도 짧은 임기 안에 할 수 있는 일은 많지 않으리라. 그 전에 차근차근 단계를 밟아 올라가야 한다. 그러는 중이라고 믿었다. 그렇지 않다는 게 확실하였다. 욕망이 용솟음쳤고 자신만만하였으며 조국의 발전과 영광을 확신하였기에 실망이 컸다. 아프고 쓰라렸다.

아직 꿈이 사라진 정도는 아니나 미래는 암울하다. 가정주부 역할로 온갖 살림을 도맡아 하는 공무원이 제대로 일하지 않는다면 나라의 앞날은 밝지 않다. 지도자에게 아무리 탁월한 재능과 비전이 있더라도 손발이 말을 들어야 제대로 일할 수 있다. 세계 일등 국가 건설이 덧없는 망상일 수도 있다. 어쩌면 꿈은 이루는 게 아니라 깨져 가는 것인지도 모른다. 불가능을 꿈꿀 때 행복하다. 현실을 깨닫는 순간 비참해진다. 그게 보통 사람이다. 내가 현실에서 비애를 느낀다는 건 보통 사람이라는 걸 깨달아 가는 과정일까?

권총 사격

장교 무기체계는 권총이다. 군인의 기본화기는 신분이나 계급에 무관하게 소총이지만 장교만큼은 권총이다. 권총은 전투에 효과적인 무기가 아니다. 명중률이 무척 낮다. 서부 영화에서는 주인공의 총알에 백발백중 악한이 사라지지만 완전한 허구다. 오죽하면 이십오 미터보다 먼 거리에서 "손들어! 움직이면 쏜다!"라는 적의 위협에는 그냥 달아나는 게 최선이란 말이 있겠는가? 소총이 이백, 삼백 미터 거리에서도 적에게 정확하게 타격하는 무기라면 권총의 용도는 전혀 다르다.

권총은 적 살상이 아니라 호신용, 위협용, 자살용이다. 권총은 크기가 작아 휴대에 편리하다. 군복에는 허리에, 사복에는 가슴에 늘 차고 다닐 수 있다. 전투할 때는 무용지물에 가깝지만, 평소에는 다르다. 전장이 아니라면 보통 사람이나 사병은 무기를 휴대하지 않는다. 장교는 전시에는 항상 권총을 휴대한다. 맨손인 사람에게는 칼을 든 사람조차 위협적이다. 권총을 가진 사람에게 함부로 할 사람은 아마 없으리라. 적이 아니라도 위기에서 사용할 수 있는 권총은 호신용이요, 허리에 찬 자체로 상대를 위협하는 권력이다. 권총을 지닌 사람의 말에는 권위가 실린다. 덩치 큰 조폭처럼 말이다.

전시에는 아군 통제용이요, 퇴로가 막혔을 때 자살용이다. 전시에는 명령 불복종에 즉결처분할 수 있다. 권총 찬 장교가 좀 아둔하고 사리에 맞지 않는 명령을 내리더라도 따르지 않을 수 없다. 전쟁에는 유능한 지휘관 여럿보다는 무능한 장수 한 명이 더 효율적인 법이다. 완전한 작전보다는 신속 과감한 작전이 효과적이다. 빠른 결단과 일사불란한 행동이 승패를 결정한다. 권총 찬 장교 명령에는 거부할 수 없는 권위가 실린다.

장교는 정보가 많다. 소대장이나 중대장이라면 자신의 임무를 정확히 아는 정도지만, 대대장 이상 고급 장교는 연대나 사단, 심지어는 군 전체 전략 전술에 밝다. 적에게 포로로 잡힌다면 작전계획을 적에게 알려주는 꼴이다. 작전계획을 세우는 일은 간단하지 않다. 다른 사단이나 군단뿐만 아니라, 종합 작전에는 육·해·공군이, 연합 작전에는 외국군과 사전에 조율해야 한다. 주요 지휘관 한 명이 적에게 사로잡힌다는 건 전투에서, 나아가서는 전쟁에서 패배하는 결과를 가져올 수 있다. 주요 지휘관은 포로가 되기 전에 스스로 삶을 마감해야 한다. 그것이 전쟁에서 승리하는 길이다. 장교가 스스로 삶을 마감할 때 사용하는 무기가 권총이다.

사람은 언제 어떤 상황을 맞이할지 알 수 없다. 어떤 상황에서도 난관을 헤치고 할 일을 해야 한다. 임무를 완수하지 못하더라도 최소한 생존해야 한다. 역사에서 훌륭한 전사의 조건이 크고 튼튼한 몸과 빠른 발이었다면, 현대 군인에게는 사격술이다. 어떠한 상황에서 적과 마주치더라도 제압할 능력을 갖추어야 한다. 가장 효과적인 무기는 개인화기다. 먼 거리에서 적을 먼저 발견하더라도 한 발에 명중하지 못한다면 즉각 반격을 받으리라. 일발필중은 군인이 가져야 할 최선의 기술이다.

군에서는 분기마다 사격훈련을 한다. 매일 하면 좋겠으나 막대한 비용이 필요하다. 사격술은 전투력에 직결된다. 자주 연습하여 기량을 유지해야 한다. 기본군사훈련에서는 모든 장병이 소총으로 사격훈련을 하지만, 현업 부대에 부임하면 장교는 권총 사격만 한다. 유사시 특별한 상황이 아니라면 장교의 무기는 권총뿐이다. 명중률이 낮으나 유사시 의지해야 할 유일한 무기체계라면 최상의 사격술을 연마해야 한다. 그게 자신의 생존확률을 높이는 지름길이다.

사격술이 전시에 자신의 생존을 위해서도 중요하지만, 평소 자존심에도 역할을 한다. 사격훈련은 결과를 엄격하게 기록한다. 부대 사격점수는 연말 최우수부대 선발에 중요한 역할을 한다. 지휘관은 소속 부대원이 사격 능력을 향상하기 위해 묘안을 짜낸다. 실사격 전에 안전교육과 이론교육을 반드시 한다. 지휘관의 관심사인 데다 동료와 직접 비교 대상이 된다. 일반 업무에서는 서열이 뚜렷하지 않다. 사람마다 평가 기준이 다르다. 사격은 명중률을 점수로 환산하므로 정확히 드러난다. 뛰어난 권총 사격 능력은 겉으로 보이는 장교의 자부심이다.

공군본부도 사격훈련에서 예외는 아니다. 예하 부대와 마찬가지로 사격이나 화생방 훈련은 정해진 기준대로 반드시 실시한다. 2000년 2분기 사격훈련을 위해 사격장으로 이동하면서다. 참모부별로 날짜를 정해 훈련하는데 버스로 사격장까지 이동한다. 무장전자처 소령 셋이서 잡담하는데 선임인 조영민 소령이 말을 끄집어냈다.

"우리 심심한데 내기나 할까? 날씨도 후덥지근한데 사격점수로 아이스크림 내기 어때?"

"좋지요, 장교가 권총 사격이지. 함 해 봅시다."

공사 35기 조영민 소령의 제안에 36기 정금준 소령이 즉각 동의하였다. 나도 체면상 물러설 수 없었다.

"좋습니다. 셋 중 꼴찌 한 사람이 브라보콘 세 개 사는 겁니다."

먼저 제안한 조 소령이나 기꺼이 수락한 정 소령은 나름대로 계산이 있을 테다. 이길 확률이 없는 게임을 기꺼이 받아들일 리가 없다. 내기까지 걸렸는데 말이다. 조 소령은 나보다 2년, 정 소령은 1년 고참이다. 사격훈련은 나보다 더 많았을 것이다. 보통이라면 말이다.

사실 나는 권총 사격에 자신 있었다. 처음부터 잘한 것은 아니다. 광주비행단에 근무할 때 비행단 대표선수로 사격대회에 나간

적이 있다. 사격을 잘해서 뽑힌 게 아니라 무작위 차출이었다. 1990년까지는 비행단별로 가장 사격술이 뛰어난 장교 부사관 병을 선발해서 사격대회를 치렀다. 모든 부대가 우승을 목표로 하는 과열된 경쟁이 문제점으로 드러났다. 비공식적으로 1년 전부터 대표선수를 뽑아서 사격 연습을 하는 일이 드물지 않았다. 연습을 위해서는 다른 임무를 포기해야 한다. 이래서는 정예전사 양성이라는 사격대회 취지를 벗어난다. 본연의 임무를 포기하고 사격만 잘하는 장병이 정예전사이겠는가?

1991년부터는 사격대회 대표선수 선발방식을 바꾸었다. 연초에 부대별 사격훈련 명단을 제출하면 대회 1개월 전 작전사령부에서 무작위로 선수를 선발하여 비행단에 통보하였다. 부대별로 훈련 기간은 한 달뿐인 셈이다.

사격대회 대표선수는 영관장교 1명, 위관장교 1명, 부사관 2명, 병 2명이었다. 장교는 권총 사격, 부사관과 병은 소총 사격이었다. 위관장교 한 명에 내가 뽑혔다. 대부분 위관장교가 마찬가지였지만, 나는 권총 사격에 익숙하지 않았다. 이십오 미터 거리에서 하는 권총 사격에서 표적에 맞을 확률이 절반에 불과했다.

무작위 선발이었으므로 부사관과 병도 나와 마찬가지로 평범한 실력이었다. 군에서는 모든 경기 목표가 승리 혹은 우승이다. 이기는 자가 있으면 반드시 지는 자가 존재하지만, 군에서는 그걸 인정하지도 용서하지도 않는다. 합숙이 시작되었다. 야간에는 이론평가를 준비하고 낮에는 종일 사격하였다. 사격대회 평가는 실기뿐만 아니라 이론평가도 한다. 대표선수 선발은 영광이 아니라 자유를 잃는 족쇄다.

연간 사격계획은 일 년 전에 이미 정해진 바다. 부대별 인원수에 따라서 실탄을 보급한다. 별도로 대표선수 훈련용 실탄은 없다. 다른 사람 몫을 사용해야 한다. 부대별로 파견, 장기 출장, 휴가나 다른 이유로 결원 자는 생기게 마련이다. 설령 결원 자가 없더라도 사격훈련 기록을 조작해서라도 훈련용 실탄을 마련한다. 당시에는 그런 일이 비일비재했다.

하루에 수백 발씩 한 달 내내 사격 연습했으니 기량이 향상되는 건 당연하지 않겠는가? 평소 사격 표적은 사람 상반신 크기다. 몇 발 맞았는지로 평가한다. 사격대회는 다르다. 중앙에 5센티미터 크기의 검은 점이 있고, 주위에 2~3센티미터 간격으로 원 9개가 그려져 있다. 중앙 점에 명중하면 10점이고, 다음 원부터 각각 9점부터 1점까지 부여한다. 표적에 맞추는 게 아니라 중앙에 가깝게 명중해야 한다.

처음 점수 표적지에 사격했을 때는 절반 정도가 표적에 맞았으나 점수로 환산하니 30점에 미치지 않았다. 겨우 맞춘 실탄도 가장자리였다. 영관장교는 경험이 많아서인지 처음부터 70점대를 쏘았다. 개인 입상권에 들려면 권총이든 소총이든 95점 이상을 득점해야 한다. 모든 실탄이 9점 원 안에 들어가야 하는 게다. 사격 요령을 정확하게 배우고 수없이 연습을 반복하자 점수가 쑥쑥 올랐다. 사격대회 나갈 때는 평균 85점 정도를 기록하였다.

사격대회에서 부대도 개인도 입상한 사람은 없다. 그래도 비행단에서 취약한 부분으로 여겼던 위관장교로서 평균 이상은 해냈다. 사격대회는 완사와 속사로 이루어지는데 완사는 시간제한 없이 조준하여 사격하는 방식이고, 속사는 사람 상반신 크기의 표적이 오 초간 섰다가 눕는데, 그사이에 쏴서 명중해야 한다. 나는 완사에서 87점, 속사에서 열 발 중 아홉 발을 명중하여 90점을 기록했다. 비록 입상하지 못했지만, 대표선수로 선발된 덕에 사격 기량은 일취월장한 셈이다.

조 소령과 정 소령이 얼마나 잘 쏘는지는 모르겠지만, 아마 80점 근처에도 미치지 못하리라. 보통 사격대회 표적지 점수로 50점 이상이면 훌륭한 사수로 평가받는다. 나는 사격대회 나가기 전 종일 연습할 때의 기록은 나오지 않아도 80점 언저리는 자신 있었다. 어쨌든 승부에서 지지는 않으리라.

"표적에 맞은 발 수가 아니라 득점으로 하는 거다."

처음 제안했던 조 소령이 말했다.

"당근이죠, 표적에 못 맞추는 사람도 있습니까?"

정 소령이 받아쳤다. 까닭은 알 수 없었으나 조 소령과 정 소령은 적이 자신만만했다. 나도 호쾌하게 승낙했다. 세상은 만만치 않다. 아무리 자신 있다고 해도 상대를 무시해서는 안 된다. 위험한 승부를 결해시도 함부로 내기를 걸어서도 안 된다. 결과는 나의 완패였다. 믿을 수 없는 결과였다. 내가 득점을 적게 올린 게 아니다. 나는 79점을 받았다. 정 소령은 83점, 조 소령은 85점을 올렸다.

"아니 무슨 사격을 그렇게 잘합니까? 완전 사격 선수네, 선수!"

"이 사람아, 이래 봬도 왕년에 비행단 사격 대표선수 출신이야. 그때는 90점 이상을 받았어."

"예? 조 소령님도 그렇습니까? 저도 비행단 대표선수를 했었는데……."

내 질문에 조 소령이 답했고, 이어서 정 소령이 놀란 표정으로 말했다. 그랬다. 조 소령과 정 소령도 나와 마찬가지로 비행단 대표선수로 사격훈련 경험이 있었다. 그것도 나는 작전사령부 무작위 선출로 선발되었으나 조 소령과 정 소령은 1990년 이전에 사격우수자로 선발되어 연습한 차이가 있었다. 내 기량이 눈부시게 발전했다 하더라도 비행단 전체에서 수위를 다툴 정도는 아니었다. 나의 패배는 당연했다. 무더운 날씨 탓으로 내가 산 브라보콘은 별미였으나 마음은 쓰라렸다. 어쨌든 패배는 아프다.

남북정상회담

2000년 4월 10일 깜짝 놀랄 소식이 전해졌다. TV에서는 박재규 통일부 장관이 특별 기자회견을 통하여 「남북정상회담 개최 합의서」를 발표했다. 그간 말로만 무성했지 실제로 남북정상회담이 이루어질 것을 기대하는 사람은 많지 않았다. 사실 그렇지 않은가? 1945년 해방과 더불어 시작된 분단의 역사는 그야말로 피로 얼룩졌다. 6·25 전쟁을 제외하고도 북의 도발로 군사 분쟁이 끊이질 않았다. 당장 1년 전 6월 15일에 제1연평해전이 벌어지지 않았는가?

남북정상회담 개최 소식은 국내뿐만 아니라 전 세계에서 화제였다. 독일 통일 이후 유일한 분단국가로 남은 남북한은 일촉즉발 긴장 상태인 세계에서 가장 위험한 지역이었다. 1990년 소비에트연방의 분리 독립과 독일 통일로 상징되는 냉전체제 해체로 세계적으로 화해 분위기가 조성되었다.

한반도에서도 제5공화국이 무너지고 최초의 문민정부 김영삼 정권이 들어서면서 남북 화해 협력에 대한 기대가 높아졌다. 김영삼 대통령이 1993년 취임사와 1994년 취임 1주년 기자회견에서 북한의 김일성 주석과 만날 용의가 있음을 밝히자, 1994년 6월 북한은 방북한 지미 카터 전 미국 대통령을 통하여 수락한다. 이에 따라 남북정상회담이 급속도로 진행되어 1994년 7월 25일부터 남북정상회담을 열기로 합의하였다. 그러나 하필 1994년 7월 8일 김일성 주석의 갑작스러운 죽음으로 정상회담 일보 직전에서 무산되었다.

  1998년 출범한 김대중 대통령의 국민의 정부는 대북 화해 협력정책을 표방하였다. 일명 '햇볕 정책'으로 이솝 우화 '북풍과 태양'에서 착안한 이름이다. 행인의 외투를 벗게 한 것은 북풍이 아니라 햇볕이므로 우리도 북한을 몰아칠 게 아니라 햇볕을 쬐듯 포용하여 마음을 열게 하자는 취지다. 햇볕 정책의 3대 원칙은 첫째, 북측의 무력 도발을 허용하지 않는다. 둘째, 남측은 흡수 통일을 시도하지 않는다. 셋째, 남측은 화해와 협력을 추진한다는 것이었다.

  김대중 대통령은 1998년 취임사와 3·1절 기념사를 통하여 남북 기본합의서 이행을 위한 특사 교환과 북한이 원한다면 남북정상회담에 응할 용의가 있음을 밝혔다. 2000년 3월 독일을 방문 중이던 김대중 대통령은 북한의 경제적 어려움을 도와줄 준비가 되어 있다며 한반도 평화와 통일을 지향하는 '베를린 선언'을 발표하였다. 이후 북한에서 회담 개최 의사를 밝혔고, 남북 실무자 간 수차례 비공개 협의 끝에 4월 8일 최종합의서를 작성하고, 4월 10일 남과 북에서 동시에 발표하였다.

실로 긴 시간이었다. 거리는 지척이었으나 정상 간 첫 만남까지는 우여곡절이라고 표현하기에는 너무 길고 복잡한 갈등과 투쟁이 있었다. 문화적으로 같은 동포라고 하지만, 최대의 앙숙이다. 살기 위해서는 반드시 소탕해야 할 적이었다. 남북이 총칼로 상대를 호시탐탐 노려보는 정규군만 200만 명에 가깝다. 아마 전 세계에서 가장 조밀하고 강력한 군사력이리라. 전쟁이 일어난다면 승리에 큰 의미가 없다. 남북의 군사력이라면 엄청난 인명피해와 더불어 산업기반시설을 완전히 파괴하고도 남을 것이다. 그 위험을 피하기 위한 첫걸음을 뗀 것이다.

6월 13일 역사적인 날의 아침이 밝았다. 청와대를 출발한 김대중 대통령이 이북 실향민을 비롯한 환송객과 인사하고 시민의 환호 속에 방북 길에 나서는 장면이 전 세계에 생중계되었다. 공항에서 전용 비행기로 출발하기에 앞서 발표한 대통령의 방북 담화문이 한껏 기대를 부풀게 하였다.

"민족을 사랑하는 뜨거운 가슴과 현실을 직시하는 차분한 머리를 가지고 방문 길에 오르고자 합니다."

평양의 순안공항에서는 김대중 대통령을 맞이하기 위한 환영객이 신사복과 한복으로 차려입고 열 지어 있었다. 오전 10시 20분 180여 명의 방문단을 태운 비행기가 공항에 도착하였다. 전 세계에서 모여든 취재진의 열기가 뜨거웠다. 그때 갑자기 환호성이 터져 나왔다. 김정일 국방위원장이 현장에 나타난 것이다. 누구도 예상하지 못한 파격이었다. 공식 석상에 좀처럼 나타나지 않던 김정일의 등장에 북한 주민은 환호하고 취재진은 놀라움을 감추지 못했다. 김정일 국방위원장이 직접 공항 영접을 나온 사례는 없다. 비행기에서 내려 기다리던 김정일과 덥석 손을 마주 잡고 흔드는 김대중 대통령의 표정이 밝았다. 아마 평생 바라던 소원이 이루어지던 순간이었으리라.

비록 북한 독재정권의 연출이겠으나 환영 인파의 열기는 뜨거웠다. 평양 시내 도로에 환영 나온 시민이 60만 명에 달했다. 어린이와 노약자를 제외하고 거의 모든 시민이 모인 것이다. 모든 면에서 최상의 영접 의전을 편 김정일 위원장은 김대중 대통령이 승용차에 탑승하자 옆자리에 올라탔다. 예정에 없던 비공개 단독 정상회담이 이루어진 것이다. 환영식 장면만으로도 세계는 놀라고, 우리 국민은 바짝 다가온 평화와 통일에 대한 기대로 가슴이 벅차올랐다.

백화원에서 첫날 벌어진 정상회담은 처음부터 끝까지 화기애애했다. 김정일 위원장은 권위적이고 무뚝뚝하리라는 예상과는 달리 유머 넘치고 쾌활한 모습이었다. 오히려 김대중 대통령보다 더 밝은 표정이었다. 농담과 자연스러운 태도로 분위기를 부드럽게 만들었다.

6월 14일 오후 세 시 백화원 영빈관에서 두 번째 정상회담이 이루어졌다. 미리 나와 있던 김대중 대통령과 이어서 등장한 김정일 위원장은 처음 만날 때와 마찬가지로 두 손을 마주 잡고 흔들며 따뜻하게 맞았다.

"아침부터 긴장하게 해 안됐습니다."

김정일은 활짝 웃는 모습으로 농담으로 긴장을 풀며 대화를 부드럽게 이끌었다.

"평양시민은 대단히 흥분 상태에 있습니다. 대통령께서 용단을 내려 직접 방문해 주신 데 대해 인민이 뜨겁게 맞이했는데 그래도 인사 차림이 제대로 됐는가 하고 걱정도 하고 있습니다."

"과분하게 환대해 주셔서 감사합니다. 직접 공항에 나와주시고, 수십만 시민도 나오고 해서 저도 감사하기 짝이 없지만, 남쪽에서도 다들 놀라고 있습니다."

김정일의 인사에 김대중 대통령이 웃으며 화답했다.

"저도 밤늦게까지 남조선 TV를 봤습니다. MBC도 보고 했는데, 남쪽 인민이 다 환영 분위기고, 특별히 실향민이라든가 탈북자에 대한 것 많이 소개해서 잘 봤습니다. 눈물 흘리면서 고향 소식이 이번에 전달될 수 있지 않겠나, 그 길이 빨라질 수 있지 않겠나 속을 태웁니다. 실제 우는 장면도 나오더라니까……"

"외국 기자도 수백 명 있었는데, 천 명이 모두 기립박수 했답니다. 김 위원장이 직접 공항에 나온 것 보고……"

"내가 무슨 큰 존재라고, 구라파 사람들은 나보고 뭐라 하냐 하면, 왜 은둔생활을 하냐, 은둔생활 하는 사람이 첨 나타났다. 난 과거에 중국도 갔댔고, 외국에도 비공개로 많이 갔댔는데, 나보고 은둔생활 한내. 김 대통령이 오셔서 이제 은둔에서 해방됐다."

김정일 위원장의 농담에 일제히 폭소가 터졌다.

"그런 말 들어도 좋아요. 모르게 했으니까……"

환담이 끝나고 일행과 취재진이 모두 나가고 단독 정상회담이 네 시간 동안 이어졌다. 회담을 끝내고 대한민국이 주관하는 만찬장에 들어오는 두 정상의 표정이 밝았다. 목표했던 성과를 모두 이루어냈을까.

"성공리에 정상회담을 마무리했습니다. 분단이 가져다준 불신의 벽을 허물고, 전쟁의 공포를 몰아내며 교류 협력의 시대를 여는 데 힘과 지혜를 모읍시다. 6월이라는 달이 비극이 아닌 내일을 향한 희망의 달로 역사에 기록돼야 하겠습니다. 김정일 위원장! 서울에서 만납시다!"

김대중 대통령의 인사말에 우레와 같은 박수가 터졌다.

6월 15일 양 정상은 남북공동선언문에 서명하고 손을 잡고 치켜들었다. 3일간의 정상회담을 성공리에 마무리한 것이다. 축하 샴페인으로 인사를 마치고 평양을 떠나는 방문단에 대한 환송도 뜨거웠다. 김정일 위원장은 비행기가 도착했을 때와 마찬가지로 김대중 대통령이 비행기에 탑승하여 이륙할 때까지 늘어선 인파와 더불어 손뼉을 치며 환송했다. 두 정상의 첫 만남과 이별은 뜨거웠다.

나는 사흘간의 남북정상회담을 지켜보면서 온갖 감회에 휩싸였다. 역사는 승자의 기록이다. 미래를 개척하는 것도 승자의 몫이다. 55년간 반목과 질시를 넘어 엄청난 살상을 부른 무력 분쟁은 사라져야 할 것이다. 미래의 안전과 평화를 위해 나아가야 할 방향은 명확하다. 어떤 이유라도 전쟁은 막아야 한다. 과거의 잘못을 들추어서 책임을 묻는다면 화해 협력의 길은 멀어질 것이다.

평화로운 가운데 번영하는 조국의 미래에 가슴 뿌듯하면서도 한편으로는 지금까지 남북 갈등으로 희생된 사람을 생각하면 가슴이 아팠다. 북한의 6·25 침략전쟁으로 얼마나 많은 사람이 희생되었는가. 울진·삼척 무장공비 침투, 김신조 일당 청와대 습격, 판문점 도끼 만행, 광복절 육영수 여사 저격, 아웅산 폭탄테러, 대한항공 858편 폭파, 제1연평해전 등 북의 도발에 희생된 사람은 무수히 많다. 그들 희생자 유가족의 마음은 어떠할 것인가.

역사는 기억해야 하지만, 복수의 대상은 아니다. 기억해야 하는 이유는 재발 방지를 위함이지 앙갚음하기 위해서가 아니다. 미래를 위해서는 과거를 가슴 속에 묻어야 함을 잘 알면서도 현재 살아있는 피해자를 생각하면 가슴이 아프다. 대의멸친과 멸사봉공이 바른 태도겠으나, 피해 당사자는 서글프리라. 그래도 장강의 흐름을 거스를 수는 없다. 전 세계적인 데탕트에 힘입어 드디어 한반도에도 화해와 평화의 시대가 열릴 것인가.

스트레이트 플러쉬

 어떤 사람은 공부하기 싫어서 직업군인이 되었다고 한다. 영화에서 훈련받고 전투하는 군인은 봤어도 공부하는 군인을 본 적은 없어서다. 세상은 간단치 않다. 보이는 게 전부가 아니다. 사회 어느 분야든 마찬가지겠지만 군대는 끝없는 평가의 연속이다. 선택사항이 아니다. 숙지와 암기를 강제한다. 신분이나 계급과도 무관하다. 제대할 때까지 군인은 공부해야 한다. 공부하기 싫어서 직업군인이 된 사람은 착각해도 제대로 한 셈이다.
 군인이 되자마자 훈련소에서 하는 기본군사교육이 있다. 모든 군인이 갖추어야 할 이론과 실기에 관한 소양 교육이다. 이어지는 특기(병과) 교육은 자신이 일할 분야에 대한 전문교육이다. 자대에 배치돼서도 교육 훈련은 이어진다. 전시 전환, 비상 출격, 긴급 귀환 및 재출동, 최대무장장착, 대량탄약조립, 화생방, 기지방어 훈련과 같은 군사작전 훈련도 있으나 보안, 정훈, 군인복무규율, 직무

지식 평가도 있다. 지능이 떨어지는 사람이 학교 다닐 때만 고생하는 게 아니다. 겉으로 보기에 시험과는 무관할 거 같은 군인도 끝없는 평가에 시달린다. 머리가 안 좋으면 손발이 고생한다는 말이 있지만, 손발은 당연하고 평생 스트레스를 받아야 한다. 공부하기 싫어서 직업군인이 된 사람은 끝없이 이어지는 평가에 지쳐 제대하는 사람이 있을 정도다.

병은 자대 평가에 그치지만 장교와 부사관은 보수과정 교육이 이루어진다. 계급이 올라감에 따라 더 깊은 전문지식을 쌓아야 한다. 장교 교육 과정은 대위 때 받아야 하는 초급지휘관 참모과정과 소령 때 이루어지는 고급지휘관 참모과정이 있다. 초급은 16주 고급은 48주가 교육 기간이다.

초급지휘관 참모과정 교육은 대위 때 하는 게 원칙이지만 부대나 개인 사정으로 받지 못하는 사람도 있다. 공군 탄약시스템 개발사업을 주관하던 나는 대위 때 입과할 시간이 없었다. 어느 부대라도 한창 일할 대위가 16주간이나 교육으로 자리 비우는 걸 바랄 리 없으나, 사업을 이끌던 나는 도저히 시간을 낼 수 없었다. 초급지휘관 참모과정 교육성적은 중령 진급심사 때 반영한다. 이미 소령 진급을 한 터라 더는 미룰 수 없는 상황에서 다행히 어렵게 처장 허락을 받았다. 2000년 여름에 공군대학 초급지휘관 참모과정에 입과하였다.

대위나 소령은 군의 중추 계급이다. 서른을 전후해서 다는 계급으로 10년 안팎의 경험으로 상당한 군사 지식이 쌓인 데다 몸과 마음에 활력이 넘치는 시기다. 어느 부대에서든 업무를 주도하면서 가장 많이 일할 때다. 새벽부터 늦은 밤까지 격무(激務)에 시달리던 청춘에게 공군대학 교육은 천국이었다. 보통 새벽 여섯 시에 출근하는 비행단이나 일곱 시에 출근하는 공군본부 또는 사령부에서 근무하는 대위 소령도 퇴근 시간은 대체로 밤 열 시 이후다. 초급지휘관 참모과정의 일과는 아침 여덟 시에 시작해서 오후 다섯 시면 끝났다. 나머지는 자유 시간이다. 군에 온 이후, 아니 초등학교를 졸업한 뒤로 이렇게 많은 자유 시간은 처음이었다. 중고등학교 때도 강제로 하는 야간학습이 있었다.

초급지휘관 참모과정을 허투루 넘겨서는 안 된다. A등급 평가를 받으면 중령 진급심사에서 교육점수 10점 만점을 받는다. B등급 8점과는 2점 차이다. 소수점 차이로 서열이 정해지는 진급심사에서 적지 않은 점수 차다. 누구나 A등급 받기를 희망하나, 쉽지 않다. 함께 수업한 50여 명 중 단 셋만 얻을 수 있는 영광이다. 처음 한 달은 열심히 공부했다. 사관학교 출신이 아니면서도 진급을 자신하였으나 낙관할 수는 없다. 교육점수라도 잘 받아야 유리하리라.

한 달 뒤 첫 평가에서 89점을 받았다. 높은 점수였으나 순위는 5위였다. 더 열심히 해서 3위 이내로 들 것인가, 적당히 심신의 피로를 푸는 데 주력할 것인가 선택의 갈림길이었다. 아무래도 자신 없었다. 내 지능 수준을 잘 아는 데다 나는 교관과 일면식도 없다. 사관학교 출신은 대부분 몇 년 선배인 교관을 잘 안다. 평가에는 이론평가만 있는 게 아니다. 교관의 주관이 좌우하는 생활 태도나

보고서 점수가 포함된다. 스트레스받지 말고 최대한 즐기기로 하였다.

당시 입과 기수는 공군사관학교 35기부터 42기까지였다. 37기까지는 소령이었고 이후 기수는 대위다. 사관학교 졸업 후 처음으로 대거 모인 동기나 선후배다. 몇몇 A등급을 목표하는 사람 외에는 처음부터 매일 회식과 오락이었다. 오후 다섯 시 일과 마치자마자 저녁 식사 겸 회식을 하고 2차, 3차를 술과 노래방으로 시간을 보내는 축과 식사를 마치자마자 숙소로 돌아와 포커를 즐기는 사람으로 나뉘었다.

승부를 즐기는 나는 즉각 포커판에 뛰어들었다. 포커 팀도 여럿이었으나 기수가 비슷한 소령 위주 그룹이 적당하였다. 비슷한 수입을 올리는 처지에 나이도 실력도 엇비슷해서 놀기에 딱 좋았다. 다만 오락이라기보다는 도박에 가까운 게 포커라는 사실이 좀 부담되었지만 말이다. 16주 중 처음 4주간을 빼고는 온전히 노는 데 집중하였다. 지금까지 살아오면서 그렇게 긴 시간, 그렇게 깊이 오락에 빠졌던 적은 없다. 수십 명이나 되는 또래와 어울릴 시간 자체가 있을 수 없는 일이다. 12주, 남은 석 달 교육 기간은 내게 지상낙원이었다.

포커는 일곱 장의 카드에서 다섯 장을 조합하여 가장 높은 족보를 만든 이가 판돈을 모두 가져가는 방식이다. 당연히 높은 족보를 갖는 사람이 유리하지만, 좋은 패를 자주 만든다고 돈을 따는 건 아니다. 내 패가 좋은가 나쁜가보다는 상대보다 높은지 낮은지가 중요하다. 패가 아무리 나쁘더라도 상대보다 우위에 있다는 확신이 선다면 배팅해야 하고, 엄청나게 좋은 패라도 상대보다 낮다는 게 확실하면 일찍 포기해야 한다.

상대방 패를 읽으려고 노력하지만, 확실하지 않다. 손에 든 세 장을 알 수 없는 상태에서 배팅이나 콜, 레이즈를 해야 한다. 확률과 직감으로 판을 키울 것인지, 그냥 따라갈 것인지, 포기할 것인지 판단해야 한다. 바닥에 깔린 패가 별 볼 일 없어도 상대가 강하게 배팅하면 손에 엄청난 패가 있을 거 같은 예감이 든다. 한 번 따라가기 시작하면 포기하기는 더 어려워진다. 판을 얼마나 더 키울지 모르기 때문이다. 기세 싸움이 이어진다. 공갈로 상대를 포기하게 만드는 게 최고의 승부사다. 그래서 포커는 도박이다. 대체로 돈 많은 사람이 유리하다. 밑천이 얼마 되지 않는 사람은 배팅이 쉽지 않다. 올인하는 순간 그날은 퇴장을 의미하기 때문이다.

처음에는 십만 원을 챙겨서 뛰어들었지만, 부족하다는 걸 깨닫는 데 긴 시간이 걸리지 않았다. 다음 날에는 이십만 원, 그다음 날에는 삼십만 원을 봉투 세 개에 나누어 주머니에 넣고 게임에 임했다. 얼마나 잃었는지 중간 성적을 가늠하기 위해서다. 다른 사람도 대체로 나와 비슷한 금액을 준비하였다. 좋은 패가 들어와도 겁이 나서 포기하는 건 승부사가 아니다. 처음부터 포커판에 들어오지 않는 게 정답이리라.

여러 포커팀에서도 우리 팀이 가장 인기가 좋았다. 대부분 소령 계급이라서 체면을 차렸고 매너가 좋았다. 판돈도 컸다. 저녁 식사 뒤 빨리 자리를 잡지 않으면 최대 인원인 일곱 명 안에 들 수 없었다. 늦게 온 사람은 뒤에 앉아서 누군가 돈이 떨어지기를 기다렸다. 새벽이 되어도 인원은 계속 충원되었다. 다른 포커팀에서 판돈을 쓸어 담은 사람이나 3차까지 마치고 늦게 귀가한 사람이 판에 들어왔기 때문이다. 3주간 그야말로 마음껏 마시고 놀았다. 거의 매일 밤을 새우다시피 하였다. 낮에는 비몽사몽 간에 수업을 듣는 둥 마는 둥 하고 밤이면 어김없이 포커로 밤을 지새웠다. 에피소드가 많다.

한 번은 후배 박 대위와 동기 오 소령이 마지막까지 기세 싸움을 이어갔다. 박 대위 앞에는 5, 6, 7, 8 네 장의 카드가 깔렸고, 오 소령 앞에는 무늬가 같은 네 장이 놓였다. 박 대위는 스트레이트를 노리고 있었고 오 소령은 플러쉬를 잡은 듯했다. 기세 좋게 배팅하던 두 사람이 마지막에 신중한 모습을 보였다. 뻥카로 보여서 따라오게 하려는 듯하기도 하고, 바닥만 화려했지 족보를 잡지 못해서 망설이는 것 같기도 했다. 오 소령이 먼저 배팅했다.

"만 원!"

박 대위의 고민이 길어졌다. 스트레이트였다면 오히려 배팅하거나 최소한 확인은 할 테다. 4나 9가 들어와야 하는데 잡지 못했다. 문제는 상대도 플러쉬를 잡지 못했을 가능성이 있다는 데 있다. 만 원은 베팅을 유도하는 미끼일 수도 있으나, 플러쉬를 잡지 못한 공갈일 수도 있다. 만약 오 소령이 플러쉬를 잡았다면, 박 대위가 스트레이트일 확률이 높았으므로 더 많이 배팅했으리라. 한참을

뜸 들이던 박 대위가 마침내 받았다.

"콜."

'콜'은 배팅을 받아들여 패를 확인하겠다는 의미다. 오 소령이 물었다.

"뭔데?"

"에이스."

"에이스 뭐?"

"그냥 에이스 높이에요. 플러쉬 드세요."

기절초풍할 일이다. 박 대위는 오 소령의 패를 플러쉬가 아니라 원 페어도 인정하지 않은 것이다. 박 대위는 페어 없이 가장 높은 패가 에이스(A)다. 보통은 패가 낮으면 공갈로 레이즈를 해서 상대를 포기하게 만든다. 페어 없이 '콜' 하는 경우는 거의 없다. 박 대위는 상대가 플러쉬를 들었을 가능성 때문에 레이즈하는 건 두렵고, 자기보다 더 나은 패를 들지 않았다는 감이 왔기에 확인을 선택한 것이다. 우리는 모두 어안이 벙벙했다.

"뭐? 에이스? 높이? 에라 자슥아, 쳐 묵으라!"

오 소령은 플러쉬도 페어도 없었다. 에이스보다도 끗발이 낮았다. 순간 파안대소가 터져 나왔다. 아무리 상대 패가 의심스럽더라도 자기 패가 워낙 낮으면 레이즈는 할지언정 절대 콜은 안 한다. 공갈로 포기하게 할망정 그냥 확인해서는 이길 확률이 너무 낮기 때문이다. 박 대위는 에이스로 상대 플러쉬 패를 확인했다. 용기가 아니라 만용에 가까웠으나 그 만용에 오 소령의 공갈이 무너졌다.

만용이 공갈을 이긴 것이다.

어느 날 내가 아주 좋은 패를 잡았다. 다섯 번째 패에 스트레이트 족보를 만든 것이다. 스트레이트는 그다지 높은 족보는 아니다. 상대가 한둘이라면 적당히 따라오게 할 필요가 있으나 일곱이라면 매우 쳐서 조기에 포기하게 만들어야 한다. 그런데 분위기가 심상치 않았다. 내 앞에서 이미 판이 커지기 시작했기 때문이다.

"삼천 원!"

"따당!"

바닥에 페어와 K를 깐 오 소령이 배팅하자 뒤에 앉은 황 소령이 레이즈했다. '따당'은 배팅한 만큼 다시 배팅한다는 의미다. 나는 더 배팅할 용기가 없었다. 조용히 따라갔다. 바닥에 하트 무늬 석장을 깔아놓은 뒤의 손 소령도 따라왔다. 오 소령은 배팅을 멈출 마음이 없었다.

"만 원 더!"

"따당!"

판은 걷잡을 수 없이 커졌다. 황 소령 앞에는 5 페어와 Q가 깔려 있었다. 마구 치는 걸 보니 벌써 풀하우스를 만들었는지도 모른다. 그게 아니라도 내 뒤에 두 명이나 남았다. 분위기상 스트레이트로 먹을 판이 아니었다. 아쉬운 마음을 가득 품은 채 나는 게임을 포기했다. 손 소령도 잠시 고민하였으나 따라갔고, 기세 좋게 배팅하던 오 소령은 잠시 멈칫하였으나 콜하였다. 다음에 오 소령 앞에 떨어진 카드는 K였다. K 투 페어가 된 것이다. 풀하우스를 잡았을 확률이 부쩍 높아졌다.

"이만 원!"

"따당!"

오 소령의 배팅에 황 소령은 눈 하나 껌벅이지 않고 레이즈했다. 이미 풀하우스를 잡았다는 강력한 신호다. 바닥에 하트 네 장을 받아놓은 손 소령의 고민이 이어졌다. 손 소령 앞에는 하트 무늬 A, 2, 3, 5 카드가 깔렸다. 손 소령도 이미 플러쉬를 잡은 듯했다. 그것도 A 플러쉬다. 포기하기 쉽지 않은 패다. 그러나 내가 보기에는 상대는 이미 풀하우스를 잡았거나 노리고 있는 게 틀림없었다.

"그냥 죽어요."

"콜!"

내가 귓속말도 속삭였으나 손 소령의 선택은 반대였다. 플러쉬가 훌륭한 카드임에는 분명했으나 집 싸움에 뛰어들 처지는 아니다. 아니나 다를까 오 소령은 다시 강력하게 레이즈했다.

"이만 원 받고 삼만 원 더!"

오 소령이 최대한 높은 패를 잡았다면 K 집이다. 황 소령은 잠시 고민하는 눈치였으나 콜했다. 계속 레이즈하던 기세는 사라졌다. 풀하우스를 잡았더라도 K 풀하우스에는 안 되는 게다. 두 사람이 집을 잡았다면 당연히 포기해야 할 손 소령은 끝까지 따라갔다. 마지막 패를 확인한 오 소령이 호기롭게 외쳤다.

"오만 원!"

황 소령의 고민이 깊어졌다. 자신이 잡은 패는 Q 집이었으나, 레이즈하는 오 소령의 분위기상 K 집이 분명했다. 아무리 그래도 집을 쥐고 죽을 수는 없지 않은가. 마지못해 따라가는 기색이 역력했다.

"콜."

그때였다. 이변이 발생했다. 고민하면서도 계속 따라갔던 손 소령이 레이즈했다.

"오만 원 받고 십만 원 더!"

나는 깜짝 놀랐다. 깔린 패에서 가장 높은 족보를 읽는다면 오 소령은 K 집이고, 황 소령은 Q 집이다. 풀하우스보다 높은 족보는 포커와 스트레이트 플러쉬뿐이다. 포커는 절대 상대가 눈치챌 수 없다. 손에 든 세 장이 바닥에 있는 패와 숫자가 같다면 포커다. 나는 슬쩍 손 소령의 손에 든 패를 훔쳐보았다. 이럴 수가! 마지막에 잡은 카드는 하트 4였다. 바닥에 깔린 하트 A, 2, 3, 5에 4를 끼워 넣은 것이다. A 스트레이트 플러쉬다. 손 소령 패를 이길 카드는 로열 스트레이트 플러쉬뿐이다. 평생 한 번도 잡기 힘들다는 기적 같은 패 말이다.

"콜!"

레이즈를 펼치던 오 소령의 목소리에 힘이 없었다. 큰일이 발생한 걸 직감한 거다. 이때라도 황 소령은 포기하는 게 답이었다. K 집이 예상되는데 되받아친 손 소령이다. 스트레이트 플러쉬가 보인다. 그래도 밤을 새워도 한 번 늘어오기 어려운 집 아니던가. 황 소령은 오 소령에 이어 손 소령까지 레이즈에 가담하는 바람에 패배를 직감하면서도 포기하지 못했다.

확인한 결과 황 소령이 5구 Q 집, 오 소령이 6구 K 집, 손 소령이 7구 A 스트레이트 플러쉬였다. 손 소령이 기적 같은 역전승을 거두었다. 스트레이트 플러쉬는 평생 한 번이나 잡을까 말까 하는 족보다. 나는 포커를 배우던 초기에 한 번 잡은 적이 있었으나 모른 채 지나갔다. 판이 끝난 뒤 옆 사람이 알려줘서 그제야 알았다. 당시 내 눈에는 플러쉬밖에 보이지 않았다. 플러쉬만 해도 얼마나 훌륭한가? 무늬만 맞추기도 힘든 판에 어느 세월에 숫자까지 맞춘단 말인가?

스트레이트 플러쉬는 엄청나게 운이 좋은 날 우연히 잡을 수는 있다. 노린다기보다는 그냥 들어와서 되는 것이다. 포커판에서는 마지막 패에 투 페어에서 풀하우스를 노리는 사람에게는 땔도 주지 말라는 말이 있다. 투 페어에서 같은 숫자가 뜨는 건 낙타가 바늘귀 통과하는 것과 같은 낮은 확률이다. 하물며 무늬와 숫자를 끼워 넣기라니! 내가 생각하기에는 그건 기적이다. 결코, 바라서는 안 된다. 판돈이 수십만 원이 걸렸는데 기대하는 건 만용이 아니라 미친 짓이다. 그 미친 짓 덕분에 손 소령은 판돈 67만 원이라는 거금을 쓸어 담았다. 포커판에서 내가 본 가장 큰 판이었다.

시드니올림픽 야구 동메달

축구와 야구는 가장 인기 있는 스포츠다. 전 세계에 가장 널리 퍼져 있고 가장 쉽게 접할 수 있는 축구는 모든 사람이 즐기는 운동이다. 별다른 도구 없이 공 하나만 있으면 할 수 있는 축구는 신분이나 빈부귀천 남녀노소를 가리지 않고 즐긴다. 전 종목에서 승부를 겨루는 올림픽의 인기를 단일 축구 대회인 월드컵이 능가할 정도다.

현장에서 볼 때 가장 역동적인 운동은 역시 축구다. 운동장에 있는 스물두 명의 선수가 마치 톱니바퀴처럼 맞물려 돌아간다. TV로는 볼 수 없는 광경이다. 점수 내기가 힘들다. 90분의 경기 시간을 0대 0으로 마치는 일도 드물지 않다. 그러니 어쩌다 골이 들어가면 골을 넣은 선수뿐만 아니라 지켜보던 관중도 미쳐 날뛰는 게다. 후반 추가 시간에 결승 골을 넣으면 경기장은 열광의 도가니, 아수라장으로 바뀐다. 2002년 월드컵 16강 이탈리아전에서 안

정환이 넣었던 골든골을 상기해 보라. 그때 선수와 관중과 국민의 표정을 보라. 환호작약 정도가 아니다. 그보다 더 큰 순간적인 쾌감은 없으리라.

세계적으로 가장 인기 있는 건 축구지만 야구도 만만치 않다. 야구는 축구와 비교하면 정적인 운동이다. 움직이는 건 투수 한 명이다. 상대하는 타자는 투수가 던진 공을 노려서 아주 짧은 순간 방망이를 휘두르는 게 전부다. 현장에서 볼 때 역동감이 떨어진다. 응원 열기는 축구 못지않다.

야구에 빠지는 이유는 첫째 거의 매일 볼 수 있다는 점이다. 체력 소모가 엄청난 축구는 일주일에 한두 번 경기하는 게 전부다. 야구는 투수를 제외하고는 매일 경기가 가능하다. 팬에게 끊임없는 관심을 유도할 수 있다.

둘째 TV 시청이 현장 못지않다. 동적인 운동인 축구는 경기장의 선수 스물두 명을 동시에 보여줄 수 없다. 야구는 투수와 타자만 교대로 보여주면 된다. 야구는 TV 중계에 최적화한 종목이다.

셋째 응원하는 팀의 승패뿐만 아니라 수많은 기록이 흥미를 자극한다. 축구는 팀의 승패와 골과 어시스트라는 개인 기록이 전부다. 야구는 열거하기 힘들 정도로 많은 기록이 있다. 투수 3관왕은 방어율 다승 탈삼진을 가리킨다. 타격 3관왕은 타율 타점 홈런왕을 일컫는다. 축구는 기록이 너무 단순해서 외울 필요조차 느끼지 않지만, 야구는 너무 복잡다단해서 골수팬이 아니라면 매일 변하는 수치를 암기하는 건 거의 불가능하다. 축구보다 야구에 빠지는 건 쉽지 않으나 한 번 빠지면 골수팬이 되기 쉽다.

우리나라는 올림픽경기에서도 축구와 야구가 가장 인기가 높은 편이지만 축구는 23세 이하만 참가한다는 데서, 야구는 프로선수 참가를 제한한다는 이유로 엄청난 관심을 끌어모으지는 못했다. 2000 시드니올림픽에서는 달랐다. 1996년 IOC 총회에서 프로야구 선수의 올림픽 출전을 허용하면서 한국과 일본은 프로선수 위주로 대표팀을 꾸린다. 국제야구연맹과 미국 메이저리그 사무국과의 불화로 메이저리그 선수는 참가할 수 없었으나 한국과 일본의 관심은 뜨거웠다.

이전까지 아마추어 야구의 강자는 쿠바다. 프로리그가 없는 쿠바는 출전 선수 제한이 없어서 거의 모든 대회 우승을 휩쓸었다. 프로선수까지 포함하더라도 쿠바를 상대할 나라는 미국이나 일본 정도로 여겨졌다. 프로선수 참가로 국내 팬의 관심은 높아졌으나 메달을 획득하는 건 현실적으로 쉽지 않다. 아마추어지만 야구 종주국인 미국, 아마 최강 쿠바, 역사가 훨씬 길며 프로선수가 참가하는 일본을 상대해야 한다. 최소 한 팀을 제쳐야 동메달이 가능하다. 한국은 열화같은 팬을 의식하여 김응용 감독을 중심으로 필사적으로 나섰다.

예선전은 출전한 여덟 나라의 풀 리그였다. 성적이 좋은 상위 네 나라가 결승 토너먼트 경기를 펼친다. 예선리그에서 우선 4위 이내에 드는 게 급선무다. 한국은 출발부터 삐걱거렸다. 1차전 이탈리아는 예상대로 쉽게 꺾었지만 2차전 홈팀 호주와의 경기에서 불의의 일격을 맞았다. 4위 안에 들려면 3강으로 점쳐지는 미국 쿠바 일본 외에는 모든 나라를 이겨야 한다. 약팀 호주에 당한 패배의 충격은 컸다. 3차전 쿠바와의 경기에서 6대 5로 분패한 데 이어 4차전 미국에마저 4대 0으로 완패하였다. 나머지 세 경기를 모두 잡고 다른 나라 성적에 따라 결승 토너먼트 진출을 기대해야 하는 신세가 되었다. 다행히 5차전 네덜란드에 2대 0으로 신승하였다. 약팀으로 분류된 네덜란드였으나 전날 경기에서 쿠바에 4대 2로 이기는 기염을 토하였다. 이미 3패로 한 번만 더 지면 탈락인 상황에서 일단 위기를 넘겼다.

6차전 상대는 일본이다. 7차전은 최약체 남아프리카공화국이었으므로 일본을 잡는다면 4강에 들 가능성이 컸다. 문제는 미국에 패한 일본도 여유가 없다는 점이었다. 마지막 경기는 쿠바전이다. 한국에 패하고 쿠바에 패한다면 4승 3패로 한국과 동률이다. 동률에서는 승자 승 원칙이 적용되므로 한국에 밀린다. 현재 4승이지만 자칫 4강에서 탈락할 수도 있다. 한국과 일본의 6차전은 단두대 매치가 되었다.

한국의 부진은 믿었던 투수진의 난조도 있었으나 타선의 핵인 이승엽의 부진이 컸다. 이승엽은 1997년부터 3년 연속 홈런왕에 올랐고, 특히 1999년에는 54홈런으로 국민타자라는 칭호까지 얻은 터이다. 김응용 감독은 이승엽을 믿고 4번 타자에 기용하였으나 결과는 12타수 무안타였다. 이쯤 되면 다른 선수를 기용할 만도 하지만, 김응용 감독은 끝까지 이승엽으로 밀고 나갔다. 그 믿음에 이승엽이 부응했다.

한국의 선발투수는 정민태였고 일본은 괴물 투수라고 불리던 마쓰자카 다이스케였다. 팽팽한 투수전이 되리라던 예측은 1회부터 무너졌다. 1회 초 선두타자 이병규의 좌전안타와 박종호의 볼넷, 박재홍의 삼진으로 1사 1, 2루를 만들었다. 다음 타자 김동주의 2루타로 이병규와 박종호는 홈을 밟는다. 이어 김기태는 아웃되었지만, 무안타에 시달렸던 6번 타자 이승엽이 친 첫 안타가 홈런이었다. 1회에 4점을 얻은 한국의 손쉬운 승리가 예상됐으나 언제나 승리의 여신의 마음은 종잡을 수 없다.

한국의 에이스 정민태는 1회 말 선두타자에게 홈런을 내주는 등 2점을 내주고 1사 1, 2루 상황에서 구대성에게 마운드를 넘긴다. 구대성은 1점을 내줬으나 7회까지 호투했다. 7회 초 박진만의 적시타로 점수 차를 두 점으로 벌려 승리가 결정되는 듯했다. 7회 말 구대성이 자초한 1사 만루 상황에서 등판한 임창용은 2타점 적시타를 맞는다. 5대 5 동점 상황에서 연장전에 들어갔다.

마쓰자카는 괴물 투수라는 명성답게 9회를 완투하고 내려갔다. 승부는 투수가 바뀐 10회 결정되었다. 10회 초 선두타자 장성호가 실책으로 출루하고 김기태와 이승엽이 연속안타를 쳐 1사 만루를 만들었다. 홍성흔의 내야 안타와 정수근의 희생플라이로 2점을 얻은 한국은 10회 말 일본의 추석을 한 껌으로 막아 7대 6 한 점 차 승리를 거두었다. 악전고투 끝 승리의 주역은 단연 이승엽이었다. 한 개의 안타도 없었던 이승엽은 1회 투런 홈런과 10회 안타로 결정적으로 승리에 이바지하였다. 호주가 이탈리아에 패하는 바람에 남은 경기와 관계없이 한국과 일본은 결승 토너먼트를 결정지었다.

3위로 예선을 통과한 한국의 준결승 상대는 미국이다. 예선에서 미국에 4대 0으로 완패한 한국의 열세가 예상되었으나 경기는 뜻밖의 상황으로 흘러갔다. 잠수함이라는 별명이 있는 언더스로 정대현이 미국의 타선을 꽁꽁 묶어서 6이닝 1실점으로 호투한 것이다. 승부는 오심으로 갈렸다. 2대 1로 앞선 7회 말 미국 공격에서 1루와 3루 심판의 두 번에 걸친 오심 세이프 판정으로 살아나간 마이크 킨케이드가 희생플라이로 득점하면서 동점이 되었다. 결국, 9회 말 잘 던지던 박석진이 끝내기 홈런을 맞으며 한국의 결승행이 무산되었다.

경기 후 한국뿐만 아니라 미국에서도 심판에 대한 비난 여론이 쇄도하였다. 미국은 그렇게 해서라도 우승하고 싶냐는 비아냥을 들어야만 했다. 야구에 만약은 없다지만, 오심이 없었다면 한국이 결승전으로 올라갈 수도 있는 상황이었다. 오심이 승부를 바꾸어 버린 것이다. 어쩌면 오심마저도 극적인 다음 경기를 예고하는 것이었는지도 모른다. 만약 한국이 결승에 진출하여 쿠바에 패해서 은메달에 머물렀다면 그처럼 큰 감동은 없었으리라. 승부는 운명의 여신의 농간이다. 일희일비할 게 아니라 끝까지 최선을 다하며 기다려야 한다.

동메달 결정전 상대는 쿠바에 패한 일본이다. 일본은 여러모로 숙적이다. 거의 모든 종목에서 아시아 수위를 다툰다. 스포츠뿐만이 아니다. 정치 경제 문화에서의 경쟁도 치열하다. 일본은 아시아에서 유일한 선진국이었고, 추격하던 한국으로서는 당연히 넘어야 할 산이다. 일본에는 절대 패해서는 안 된다는 국민 정서가 있다. 우리로서는 불과 100여 년 전 당한 침략의 상흔이 사라지지 않아서이리라. 그래서 패배는 더 큰 아픔으로 다가오고 승리의 기쁨은 배가 된다.

일본의 선발투수는 예선전 한국전에 나와서 9이닝을 던지고 패전을 떠안은 괴물 투수 마쓰자카였다. 한국은 마찬가지로 일본전에 계투로 나와 호투한 구대성이었다. 경기는 예선과는 달리 팽팽한 투수전으로 전개되었다. 한국은 1회 말 이병규와 박종호의 연속안타로 나온 무사 1, 3루에서 이승엽, 김동주의 연속 삼진과 김기태의 중견수 뜬 공으로 득점하지 못했다. 6회 말에 1사 1, 2루 기회에서 이승엽의 삼진과 김동주의 중견수 뜬 공으로 또다시 점수를 내는 데 실패했다. 일본도 구대성의 호투에 막혀 7회까지 득점하지 못했다.

긴 0의 행렬은 8회 말에 깨졌다. 선두 8번 타자 박진만이 내야안타를 쳤고, 정수근이 희생번트에 성공하여 1사 2루에서 이병규가 수비 실책으로 살아나가 주자 1, 3루가 되었다. 이어 박종호의 포수 파울플라이와 이병규의 도루로 2사 2, 3루에서 다음 타자는 이승엽이었다. 이승엽은 올림픽 기간 내내 제 컨디션을 찾지 못하다가 일본과의 예선전에서 홈런과 안타로 살아나는가 하였다. 이 날은 3연속 타수 삼진이었다. 풀카운트에서 투수 마쓰자카는 타격

감이 좋지 않은 이승엽을 깔보았는지 한가운데 직구를 던졌다. 이승엽은 이 공을 놓치지 않고 좌중간을 꿰뚫는 결승 2루타를 쳐 박진만과 이병규를 모두 홈으로 불러들인다. 이렇게 천신만고 끝에 한국은 2점을 따냈다. 이어 타석에 들어선 김동주가 우중간 안타를 치며 이승엽을 홈으로 불러들이는 데 성공해 한국은 대거 3득점을 올린다.

9회 초 일본의 마지막 공격에서 위기를 맞는다. 잘 던지던 구대성이 선두타자에게 2루타를 맞았고. 1사 2루 상황에서 적시타를 맞아서 한 점을 실점한다. 김인식 투수 코치는 결단을 내리고 투수 교체를 위하여 마운드에 오른다. '투아웃만 잡으면 내가 스포트라이트를 받을 수 있는데……' 이런 생각에 구대성은 공을 김인식 코치에게 건네지 않고 끝까지 던지고 싶다고 말한다. 이때 이미 구대성은 150구 가까이 던진 상태였다. 아무리 한화에서 혹사당하며 대성불패라는 별명을 얻은 구대성이지만 그건 너무나 위험한 작전이다.

"안 돼, 이미 너무 많이 던졌어."

김인식 코치는 딱 잘라 거절했다. 구대성은 막무가내다. 사실 보통 선수라면 그런 위기에서 투수 교체가 오히려 고마울 테다. 수많은 위기 상황에서 경기를 마무리한 경험이 풍부한 구대성은 안타까웠다.

"그럼 안타 하나 더 맞으면 바꿔주십시오."

"안 돼, 그것은 너무 위험하다."

"그러면 안 맞겠습니다."

구대성은 끝까지 던지겠다고 우겨 주장을 관철한다. 구대성은 장담대로 삼진과 2루 땅볼로 경기를 매조지 한다. 그야말로 구대성의, 구대성에 의한, 구대성을 위한 경기였다. 구대성은 9이닝 동안 155구를 던져 11개의 탈삼진을 거두며 딱 1점만 내주는 완벽한 투구로 승리했다. 아마추어 때 얻은 일본 킬러라는 별명에 걸맞은 활약이었다. 패했지만 마쓰자카도 괴물 투수다웠다. 8회 말 부진하던 이승엽에게 불의의 일격을 받아 3실점 하며 패전투수가 되었으나 8이닝 동안 160구를 던지는 기염을 토했다.

이후 국제대회에서 8회에 결정적인 득점을 할 때가 많아서 '약속의 8회'라는 말이 널리 회자되었다. 약속의 8회는 시드니올림픽 야구 동메달 결정전이 그 원조인 셈이다. 그 중심에는 이승엽이 있었다. 삼성 라이온즈 소속이어서 '라이언 킹'이라는 별명으로 불렸고, 1999년 54홈런을 비롯하여 홈런에 관한 한 거의 모든 기록을 쓰면서 불린 '국민타자'다운 활약이었다. 처음부터 뛰어났다면 상대도 견제했을 터이나 늘 초반에 부진한 점도 특이했다.

이후에도 이승엽의 결정적인 활약은 계속되었다. 특히 2008 베이징올림픽 뒤에는 '합법적 병역 브로커'라는 별명이 추가되었다. 수많은 후배 선수에게 병역 특례를 선물로 주었기 때문이다. 2000 시드니올림픽 동메달, 2002 부산아시안게임 금메달, 2006 WBC 4강, 2008 베이징올림픽 금메달로 40여 명에 이르는 야구선수가 병역 면제 혜택을 받았다.

IMF의 상흔에서 아직 완전하게 벗어나지 못하던 때다. 거리에 노숙자는 여전히 많았고, 수많은 해고 근로자가 일자리를 찾지 못하고 있었다. 스포츠는 실의에 빠진 사람에게 용기를 준다. 자신이 빠진 비참한 현실을 잠시나마 잊게 하는 진통제가 된다. 전 국민이 갈망하는 극적인 승리를 거두는 순간 하나 됨을 느끼며 희망에 부푼다. 그 대상이 일본이라면 감동은 더하다.

시드니올림픽 동메달은 감동 그 자체였다. 준결승전에서 미국에 이기고 결승전에서 쿠바를 꺾고 금메달을 땄더라도 그만큼 큰 희열은 없었으리라. 155구를 던지고 완투승한 구대성은 '대성불패'다웠으며, 8회 결승 2타점 2루타를 친 이승엽은 '국민타자'다웠다. 당시 영상을 보면 아직도 가슴이 두근거리고 눈시울이 붉어진다.

공본 탈출

 공군본부 근무만 무려 8년째다. 만 7년이 넘는다. 군에서는 한 보직에서 근무하는 기간이 보통 1~2년이고, 길어봐야 3년이다. 부사관이 아니라면 한 부대에서 7년 이상 근무하는 일은 거의 없다. 정보화 사업의 특성으로 나는 보직을 옮길 수 없었다. 어떤 이는 누구나 선호하는 공군본부에서 이사 다니지 않으며 7년 넘게 근무한 건 행운이자 특혜라고 생각할 것이다. 실상은 다르다.
 정보화 사업은 업무 인계인수가 쉽지 않다. 산더미 같은 문서와 산출물을 단기간에 파악하는 건 사실상 불가능하다. 새로 들어온 사람은 업무에 깊숙이 관여하지 못하고 겉돌기 마련이다. 문서를 읽어서는 상하 전후좌우 맥락을 파악하여 사업 범위와 내용, 진행 상태에 따른 당면과제를 찾아내기 어렵다. 문서에 기록하지 못한 구두 합의사항이나 회의내용도 방대하다. 공군으로서는 보직을 제대로 관리하지 못해 개인이 피해를 보는 한이 있어도 처음부터 끝까지 사업을 마무리하기를 바란다. 특히 나는 사업 시작이 아니라 준비단계부터 참여하였다. 거의 모든 업무를 혼자 하다시피 하였다. 어쩔 수 없는 부분이 있으나 업무는 고달팠다. 야근과 주말 근무를 밥 먹듯이 할 수밖에 없었던 까닭이다. 오죽하면 둘째를 낳을 시간이 없어서 국군의 날 휴무일을 이용하여 유도분만 했겠는가.

당연히 공군에서 탄약시스템 전문가로 인정받았다. 공군뿐만이 아니라 국방부나 육·해군에서도 인정하였다. 대부분 사람이 교체되었지만, 사업 준비단계부터 사업이 끝날 때까지 근무하였으니 당연한 일이다. 그 과정에서『공군 탄약 정보체계 개발 방향』과『탄약 자료집 1, 2, 3권』책자를 발간하였다. 형식적으로 사업단 이름으로 펴냈지만, 내 주도로 이룬 일이다. 개발 방향은 최종 시스템이 갖추어야 할 구조와 처리내용을 설명하였고, 탄약 자료집은 시스템 개발 후 초기 입력자료를 집대성한 것이다.

마지막으로 할 일이 운영시험이 끝난 탄약시스템을 정상 운영하도록 제도절차를 마련하는 일이었다. 사업이 끝난 1998년에는 공군 전 부대에서 탄약시스템을 운영할 서버와 클라이언트용 컴퓨터 600여 대를 확보하여 설치한 바 있다. 중기계획부터 예산을 반영하는 일이 쉽지 않았으나 무사히 마쳤다. 정상운영을 위해서 공군본부와 공군 군수사령부에서 근무할 인원도 편제에 반영하였다. 나는 무장전자처 탄약과에 근무할 세 명 중 한 명으로 선발되었다.

1999년부터 2000년까지 한 일은 주로 규정과 교범을 제정하는 일이었다. 공군본부의 임무는 정책 수립과 인사 관리도 있지만, 공군 제도절차를 제정하여 관리할 책임이 있다. 법률과 국방부 훈령을 바탕으로 공군에서 적용할 규정과 교범을 만든다. 공군본부 각 부서는 분야별 규정과 교범을 부대 상황과 상위법의 변화를 반영하여 매년 검토하고 개정해야 한다. 신규 업무에 대해서는 용어의 정의, 적용 대상, 부대별 부서별 책임을 정하는 공군규정과 세부 업무 처리절차를 명시한 교범을 제정한다.

쉽지 않은 과정이었으나 탄약시스템 운영규정과 교범 3종을 제정하였고, 책자로 발간하여 전 부대에 배포하였다. 사업 준비부터 정상운영에 이르기까지 만 7년이 걸린 셈이다. 탄약시스템이 정상 운영 중이었지만 완벽한 건 아니다. 고쳐야 할 부분과 새로 반영해야 할 내용이 지천이다. 지난 2년 동안 그런 일을 꾸준히 하였으나 새로운 일은 끊이지 않았다. 하긴 어떤 조직이나 업무라도 아예 사라지지 않는 한 새로운 일이 끊임없이 발생하리라.

나는 탄약시스템 전문가가 되었으나 현업에서 너무 오래 떨어져 있었다. 소령이나 중령을 끝으로 예편할 마음이었다면 한 가지 일을 계속해도 문제가 없다. 내 꿍꿍이속은 달랐다. 누가 들으면 터무니없는 망상으로 치부할 것이기에 겉으로 표현하지는 않았으나 내 꿈은 자못 원대하였다. 군에서 탁월한 업적을 이루어서 정계에 입문하여 최종 대통령이 되겠다는 포부다. 국민이 알 정도로 빛나는 업적은 영관장교로도 불가능하다. 최소한 별 두세 개는 다는 장군이 되어야 한다. 공군에 한 명뿐인 사성장군(四星將軍)은 참모총장뿐이다. 사관학교를 나오지 않은 나에게 그런 기회가 올 리 만무하다. 물론 공군에서 사관학교를 나오지 않고 별 둘이나 셋을 단 장교는 없다. 누군가 걸어가면 길이 된다. 나는 그 선구자가 되는 걸 꿈꿨다.

대령이나 장군이 되려면 특정 전문가로는 부족하다. 분야의 광범위한 업무를 접하고 해결할 능력이 있어야 한다. 그 첫걸음은 비행단 통제실장과 대대장이다. 통제실장은 소령 직위고 대대장은 중령 직위다. 비행단 무장대대 통제실장 직위가 소령이었으나 공군은 병력이 부족하여 대위가 대부분이었다. 나는 이미 소령 2년 차다. 지금 나가지 않으면 통제실장을 경험할 수 없다. 통제실장을 경험하지 않은 사람을 대대장으로 받을 비행단장은 없으리라. 원대한 꿈을 이루기 위해서는 반드시 통제실장직을 경험해야 한다. 탄약시스템 운영규정과 교범 제정을 마쳤으므로 사업에서 빠져나오기에도 적절하였다.

2000년 후반기 인사철이 다가오자 나는 처장에게 다음 보직으로 비행단 통제실장을 건의하였다. 처장은 무장전자분야 인사권자다.

"처장님, 탄약시스템을 운영할 규정과 교범이 제정되었으니 저도 분야 실무를 경험하고 싶습니다. 비행단 통제실장으로 보내주십시오."

"안 돼!"

처장은 한마디로 거절하였다. 처장은 업무 완벽주의자다. 바둑으로 틀어진 이유도 있었으나, 처장이 보기에는 탄약시스템이 완전하지 않았다. 내 능력이 부족한 탓도 있으나 탄약시스템은 공군만의 것이 아니다. 국방부와 육·해·공군 통합시스템이다. 부족하여 개선해야 할 부분이 있지만 내 책임만은 아니다. 처장 생각은 달랐다.

"7년 동안이나 뭐 했어? 이 상태로 끝났다고 떠난다는 게 말이 돼? 완벽하게 운영될 때까지 책임지고 그 자리를 지켜."

"처장님, 제가 자리를 지킨다고 크게 달라질 건 없습니다. 어차피 공군본부에서 결정할 권한은 제한적입니다. 예하 부대의 의견을 취합하여 국방부에 건의하는 정도는 누구라도 할 수 있습니다. 저는 지금 못 나가면 영원히 비행단에서 근무할 수 없을지도 모릅니다. 꼭 나가고 싶습니다."

"그건 조 소령 생각이고, 비행단 통제실장은 아무나 할 수 있지만, 탄약시스템 개선은 네가 적임자야. 개인보다는 공군 전체가 중요하지 않나? 절대로 안 돼!"

아무리 간절히 사정해도 막무가내였다. 처장 말이 틀린 건 아니다. 처장은 사관학교 출신도 아닌 내가 본인도 꿈꾸지 않는 포부를 가졌다는 걸 꿈에도 모르리라. 그렇다고 처장에게 내 야망을 드러낼 처지도 아니다. 괴로웠다. 허무맹랑한 꿈이라도 갈 때까지는 가 봐야 하는데 이렇게 초장부터 허무하게 끝낼 수는 없다. 어느 토요일 밤 소주를 몇 병 사 들고 직속 상관인 탄약과장 이 중령 댁을 찾아갔다. 과장은 나 못지않게 술을 좋아한다. 회식할 때는 술 좋아하는 나를 챙길 정도다.

"과장님, 저는 비행단 통제실장을 꼭 경험하고 싶습니다. 그런데 처장님은 탄약시스템이 완벽하게 운영될 때까지는 절대로 안 된다고 합니다. 완벽한 운영이라는 기준도 없는 마당에 이 자리를 영원히 떠날 수 없을지도 모릅니다."

"그게 어때서. 공군본부에서 계속 근무하면 중령 진급에도 유리할 텐데."

과장은 의아하다는 듯 말했다. 과장에게도 내 마음을 솔직하게 말할 수는 없었다. 장군이니 대통령이니 하는 말은 아내 외에는 누구에게도 말한 적이 없다. 말해봤자 미친놈 소리를 들을 게 뻔한데 말해 무엇하랴.

"통제실장을 하지 않으면 대대장을 할 수 없지 않습니까? 비행단 실무 경험이 없는 사람을 대대장으로 받을 비행단장이 있겠습니까?"

"조 소령, 대대장이 무에 그리 중요한가? 위관장교가 볼 때는 대대장이 대단해 보일 수 있으나 특별한 거 없어. 권한보다는 책임이 훨씬 더 크지. 오히려 공군본부나 군수사령부에서 과장하는 게 더 나을 텐데."

"과장님, 아닙니다. 저는 꼭 지휘관을 경험하고 싶습니다. 병력을 이끌며 제 부대가 최고라는 걸 증명하고 싶습니다. 과장은 지휘관이 아니지 않습니까? 제 소원입니다. 제발 처장님을 설득하셔서 저를 비행단 통제실장으로 보내주십시오."

내 꿍꿍이속을 모르는 과장이 이상하게 생각하는 건 당연하였다. 사관학교 출신이라도 중령 진급을 장담할 수 없던 때다. 사관학교도 나오지 않은 장교가 중령 진급이 유리한 직위라면 감지덕지해야 할 판에 굳이 힘든 비행단을 경험해야겠다는 내 말을 이해하지 못했다. 그래도 끝까지 우기는 내 주장에 처장에게 건의하는 걸 허락했다.

"거 참 이상한 놈일세. 편안한 자리를 박차고 고생길을 자초하다니……. 어쨌든 네 마음은 알았다. 처장이 허락할지는 모르지만 내가 잘 말씀드려 볼게."

힘든 공본 탈출이었다. 공군본부에서 우물 안 개구리라는 걸 깨닫고 벗어나기 위해 노력하였다. 업무적으로 어느 정도 인정받았고, 개인적으로도 아내와 세 자녀를 얻었다. 긴 세월 고된 업무에 시달렸으나 성과는 충분하다. 문제는 허황한 내 꿈이었다. 꿈을 이루기 위해 내딛는 첫걸음은 힘들었다. 과장과 처장 사이에 어떤 말이 오갔는지는 모른다. 과장은 부하 장교를 위해 여러모로 애썼으리라. 마침내 나는 비행단 통제실장으로 나가는 데 성공하였다.

누구나 하는 비행단 통제실장이지만 내게는 그 의미가 남달랐다. 통제실장은 단순히 대대의 살림꾼이 아니라 내가 유능한 지휘관이 되기 위한 사전 연습이다. 비행단 업무와 부대원의 애로사항을 모두 파악하여 해결해야 하리라. 대대장 직위에서 탁월한 능력을 발휘하여 대령, 장군 진급에 도전해야 한다. 펼쳐질 앞날은 전혀 알 수 없지만, 당면과제는 관철하였다. 삶의 가장 큰 시련과 위기를 넘기고 결혼에 성공하였고, 인간의 소중함에 눈뜨게 한 아이를 얻은 공군본부 생활은 파란만장하였다. 공군본부에 온 건 아무것도 모른 채 우연히 왔으나, 나가는 건 내 꿈을 향한 의지였다. 내 선택은 과연 어떤 앞날을 가져올 것인가.

유치원 등원 희망 조사

첫딸 하연이는 유치원에 다녔다. 여섯 살이었지만 12월생이어서 실제로는 다섯 살이 채 안 되었다. 그래도 동생이 둘이나 있다. 두 살 아래 준연이가 있고, 올해 4월에는 예연이가 태어났다. 또래와 비교해서 체구는 작았지만, 돌 무렵부터 글을 터득한 하연이다. 작다고 친구에게 밀리는 법이 없었다. 집에 있던 아빠 책을 모두 읽어버렸다. 하연이를 지식으로 따라올 친구는 없었다. 유치원에서 가장 작았지만 잘 적응하였다. 어느 날 유치원 선생이 이듬해 유치원 등원 희망 조사를 하였다.

"내년에 유치원에 오지 않을 사람 있어요? 내년에 유치원에 올 수 없는 사람 손들어 주세요!"

하연이는 여섯 살 반이었기에 일곱 살인 이듬해에도 대부분 다시 유치원에 와야 할 테다. 등원 희망 조사를 하였으나 아이는 부모 사정을 모른다. 대부분 부모가 현역 군인이기에 다음 해 보직에 따라서 근무지가 바뀐다. 부모 따라서 떠나야 할 사람이 다수였으나 아무도 손을 드는 사람이 없었다. 그때 하연이가 손을 번쩍 들었다.

"하연이는 왜? 아버지가 다른 부대로 전속 가시니?"

"그건 모르는데요, 집에 일이 많아서요. 아무래도 저는 동생을 돌봐야 할 거 같아요."

하연이의 뜻밖의 말에 교사는 깜짝 놀랐다. 그럴 만한 게 1960년대나 1970년대라면 어려서부터 집안일을 돕는 게 당연하였으나 지금은 2000년이다. 아이를 하나나 둘을 낳아서 금이야 옥이야 하고 키울 때다. 아이에게 집안일을 시키기는커녕 왕자나 공주처럼 극진하게 모시는 엄마가 대부분이다. 그런데 체구가 가장 작은 꼬맹이가 동생을 돌보기 위해 유치원에 올 수 없다는 말에 놀라지 않을 수 없었다.

"아니, 왜? 집에 엄마가 계시지 않니?"

"아니요, 엄마는 있어요. 그런데 너무 바빠요. 개구쟁이 남동생이 하나 있는데 올해 여동생이 한 명 더 생겼거든요. 저는 막내 기저귀도 갈아주고 함께 놀아 주어야 할 거 같아서요."

하연이 얘기를 들은 유치원 교사는 득달같이 아내에게 전화하여 면담을 신청하였다. 유치원에 간 아내에게 대뜸 물었다.

"혹시 하연이 친엄마 아니세요?"

"예? 그게 무슨 말이에요? 내 배 아파서 난 아인데……."

아내는 기가 차서 눈을 동그랗게 치뜨고 대답하였다.

"그런데 하연이가 집안일 때문에 내년에 유치원에 올 수 없다고 해서요. 혹시 집안에 무슨 일이 있나요?"

"그래요? 금시초문인데요? 아무런 문제 없어요. 애가 왜 그런 말을 했는지 모르겠네요. 애 아빠가 비행단으로 전속 갈 예정이어서 유치원에 가지는 못하겠지만, 그런 사실을 하연이가 알 턱이 없는데요."

"하연이가 막내를 돌봐야 하기에 유치원에 올 수 없대요."

"무슨 말인지 모르겠네요. 제가 한 번 알아볼게요."

그날 저녁 아내는 하연이에게 물었다.

"너 왜 내년에 유치원에 갈 수 없다고 말했어?"

"엄마 혼자서 애 둘을 돌볼 수 없잖아요? 준연이는 천방지축 날뛰어서 내가 돌보기 어려울 것 같고, 가만히 누워만 있는 예연이는 제가 돌볼 수 있을 거 같아요."

그랬다. 사실 아내가 눈코 뜰 새 없이 바쁜 건 사실이다. 새벽 여섯 시에 밥 먹고 출근하는 남편 뒷바라지부터 하연이 유치원 준비와 준연이 예연이와 놀아주고 뒤치다꺼리하느라고 종일 정신이 없다. 애 엄마는 하연이에게 늘 다짐하듯 말하곤 했다.

"하연아, 너는 이제 많이 컸으니까 네 할 일은 네가 해야 해. 엄마는 네가 알다시피 너무 바쁘잖니? 너를 도와줄 시간이 없으니 네 할 일은 네가 알아서 하렴. 시간 날 때 동생과 놀아주거나 도와주고."

가방도 제대로 메고 다니기 힘들 정도로 작은 체구였으나 엄마 말을 잘 알아듣기에 하는 말이다. 아내는 더 어린아이가 둘이나 있기에 무심코 한 말이나 사실 하연이도 꼬마다. 아직 혼자서 모든 일을 처리하기엔 어린 나이다. 지나친 요구였으나 하연이는 엄마 말을 심각하게 받아들였다. 그러니 유치원에 가지 않고 동생을 돌봐야겠다고 생각한 것이다.

어리고 작은 체구에도 하연이는 정신적으로 조숙하였다. 세상일을 어렴풋이 짐작하였다. 엄마가 바쁘고 힘들게 산다는 걸 알았다. 한편으로는 기특하였으나 일찍 두 동생이 생기는 바람에 오래 어리광을 부리지 못한 게 안타깝다. 엄마 아빠에게 재롱이나 부릴 나이건만 바쁜 엄마 걱정에 유치원에 가지 않을 생각을 하다니…….

어쩌면 애늙은이라는 어릴 적 별명이 있던 아빠를 닮아서인지도 모른다. 초등학교 들어가기 전부터 집안에 도움이 되려고 노력한다. 부모 말을 철석같이 믿고 따랐다. 그렇더라도 돌이켜보니 천진난만해야 할 꼬맹이 어린 딸이 그런 생각을 했다는 게 안쓰럽고 마음 아프다.

- 5권 끝 / 6권에 계속 -